【제2판】

어린이집 원장 일반직무교육(기본과정)

김지현 김미정 김민희 김준희 김현진 김혜심
심진아 양선영 이미숙 이미애 정애련 허현정

KNOWLEDGE COMMUNITY 공동체

머리말

어린이집을 총체적으로 관리 · 감독하는 어린이집 원장은 한 기관의 책임자 역할을 한다. 어린이집 원장은 보육 · 교육전문가로서 리더자이자 관리자, 경영자뿐만 아니라 학부모들의 상담부터 영 · 유아들의 놀이 관찰까지 다양한 업무를 한다. 이에 원장은 보육교직원이 안정적으로 근무할 수 있고 학부모들과 영 · 유아들이 편안하게 어린이집을 이용할 수 있도록 전문성을 향상하기 위한 노력을 해야 한다. 어린이집 원장의 철학과 자질, 보육운영 능력에 따라 어린이집 보육의 질이 결정된다. 질 높은 보육과 수평적인 조직문화를 평가하기 위해 국가 수준의 평가제 항목에서도 원장의 리더십이 큰 비중을 차지하고 있음은 원장의 역할이 그만큼 중요하다는 방증이다. 원장의 역할이 이처럼 중요함에도 불구하고 보육사업 안내에 따르면 어린이집 원장 직무교육은 현직에 종사하고 있는 어린이집 원장으로서 어린이집 원장의 직무를 담당한 때부터 만 2년이 지난 사람과 어린이집 원장 직무교육을 받은 해부터 만 2년이 지난 사람이 받는 교육이다. 따라서 원장 일반직무교육은 초임원장이 원장 역할을 하면서 처음으로 받는 보수교육이다.

원장이라는 자리에서 받는 첫 번째 보수교육이라는 점을 고려하여 이 교재는 국가 수준의 보수교육과정을 충실히 다루고 현장의 사례를 중심으로 구성하였다. 이 교재의 저자들은 이론과 실천적 영역에서 다양한 경험과 지식을 보유한 전문가들로서 이러한 문제의식을 바탕으로 실제 원장직무 수행에 도움이 될 교육 자료를 제작해 보고자 하였다. 구체적으로, 직접 현장에서 보육교사, 상담사, 원장 등의 직무를 수행한 경험과 대학에서 (예비)보육교사, 상담사 및 원장을 대상으로 강의하고 연구한 내용을 통합적이고 체계적으로 정리하여 교재에 담았다.

교재의 내용은 크게 세 가지 주제를 중심으로 구성되어 있다.

첫 번째 주제는 인성 · 소양과 관련된 내용으로 보육철학과 윤리, 원장의 리더십과 조직관리에 대하여 다룬다. 두 번째 주제는 건강 · 안전에 대한 것으로, 영유아의 건강 · 안전 교육의 계획 및 관리, 안전사고 예방 및 대응, 보건위생관리, 아동학대, 성폭력, 실종예방 및 사후 관리, 친환경 급식 및 영양관리, 어린이집 시설 · 설비 안전관리, 안전과 건강관리, 아동학대 예방과 대처에 대한 내용이 포함되어 있다. 마지막으로 세 번째 주제는 전문지식 · 기술에 대한 것이다. 구체적으로 영유아 관찰과 평가지원, 영유아 상호작용과 놀이지원 중재, 영유아 발달지연과 부적응행동 지도, 보육교사 장학과 평가, 다양한 가족의 양육지원, 부모-교직원 관계 형성과 협력, 보육정책 동향 이해에 대한 내용을 다룬다.

어린이집 원장은 현장에서 끊임없는 반성적 고찰과 실천적 지식을 쌓아가는 전문가이다. 이 책은 각 어린이집의 원장이 알아야 할 최신이론과 실제 사례를 다루고 있다. 다양한 전문가들이 이론과 실제를 통합적이고 체계적으로 다루는 이 교재가 어린이집 원장으로서 효과적인 어린이집 운영과 새로운 관점을 발전시키는 데 도움이 되길 바란다. 더 나아가 이를 통하여 질 높고 신뢰할 수 있는 보육 및 교육을 제공하는 어린이집이 많아지기를 기대한다.

이 책을 출판하면서 저자들과 함께 고민하고 논의하며 이 책이 출판될 수 있도록 도와주신 공동체 출판사 관계자분들께 감사드린다.

2025년 4월

저자 일동

차 례

CONTENTS

PART 03 전문지식 · 기술(23시간)

01

PART

인성 · 소양(8시간)

CHAPTER 01

보육철학과 직업윤리

김지현(명지대학교 아동학과 교수)

학습목표

- 현대사회에서 보육의 가치와 필요성, 사회적 기능, 양육에서의 책임과 역할 등을 이해하고, 원장으로서의 보육철학을 정립한다.
- 돌봄에 대한 사회적 편견에 대응하여, 포괄적인 전문서비스로서의 보육에 대한 직업정체성과 사명감을 가진다.
- 아동인권의 관점에서 원장의 책무를 인식하고, 아동권리 관점의 보육실무를 정착시킨다.
- 어린이집 운영과 보육실무에서 윤리적 기준이 무엇인지 잘 알고, 이를 행동지침으로 삼아 실행한다

1. 보육철학과 보육전문가로서의 직업 정체성

1) 원장의 보육철학과 가치관 정립 및 인성함양

보육의 개념과 역할은 시대에 따라 변화해 왔다. 기존에 보호 및 양육을 위주로 한 보육의 개념에 교육의 개념이 포함된 것은 이미 오래되었다. 제4차 어린이집 표준보육과정(2019 개정 누리과정 포함)에서는 미래 사회에 요구되는 역량을 기르기 위해 영유아가 놀이를 주도하며 배울 수 있도록 영유아 중심, 놀이 중심 교육과정을 채택하고 있다. 시대의 변화에도 불구하고 보육에 있어 가장 중요한 점은 영유아에

게 질 높은 보육을 제공하는 데에 있다.

보육의 개념 변화는 우리 사회에서의 보육의 필요성이 점점 높아지는 것과 연결된다. 과거 저소득층 및 맞벌이 가정 등 보호가 필요한 영유아를 대상으로 제공되었던 보육은 이제 영유아가 우리 사회의 구성원으로서의 양질의 발달을 지원받을 수 있는 권리로서의 보편적 측면이 강화되었다. 부부 중심의 핵가족이 가족의 기본 형태로 자리잡고 여성의 사회진출이 보편화되면서 맞벌이 가정이 늘어나며 자녀양육을 온전히 책임지게 된 부부에게 자녀양육을 지원하고 그 역량을 강화시킬 수 있는 역할이 보육에 부여되었다. 특히 저출생 사회의 체제 존속을 위해 여성 노동력이 반드시 필요하다는 점에서 보육이 더 필요하게 되었다. 더 나아가 한부모가족, 입양가족, 조부모가족 등 다양한 가족형태도 가족에서 이루어지던 돌봄을 보육이 지원해야 할 배경이 되었다.

보육의 필요성이 높아지고 있는 사회의 변화 속에 이제 초점은 '질 높은 보육'이 되었다. '영유아에게 질 높은 보육은 무엇일까?', '질 높은 보육을 위해 우리는 무엇을 어떻게 해야 할까?'와 같은 질문에 대한 고민이 곧 보육철학이다. 보육철학은 보육에 대해 스스로 자각하고 반성하는 것으로부터 출발한다(정옥분 외, 2021). 더불어 '영유아는 어떤 존재인가?', '교사 및 원장의 역할은 무엇인가?'와 같이 보육의 근원적인 존재이유와 목적에 대해 고민하고 보육 관련 문제들을 철학적으로 검토하는 작업도 보육철학에 포함된다. 보육의 지향점은 무엇인지, 지금의 보육이 과연 영유아를 위한 것인지, 보육을 통해 우리 사회에 기여하는 것은 무엇인지 등에 대해 반성적으로 고찰하는 행위이다.

원장에게 보육철학이 중요한 이유는 다음과 같다(정옥분 외, 2021). 첫째, 보육철학은 원장으로서의 보육 및 교육관 형성에 필요하다. 보육 및 교육의 본질에 대해 탐구하면서 원장은 일관된 보육 및 교육관을 형성할 수 있고, 보육이 영유아 발달에 미치는 영향, 우리 사회에서의 보육의 의미와 중요성 등에 대한 비판적으로 고찰하며 보육신념을 형성할 수 있다. 둘째, 어린이집 운영이 지향해야 할 바를 제시한다. 보육철학에 따라 보육의 개념, 목적, 내용, 방법, 평가 등에 차이가 있다. 셋째, 보육

상황에서 발생하는 여러 문제에 대해 반성적으로 사고할 수 있는 능력을 길러준다. 보육 현장에서의 다양한 문제를 해결하는 데 있어 보육철학이 있다면 구심점이 되어 스스로 그 해결 방향을 모색해 나갈 수 있다.

원장의 철학, 자질과 능력에 따라 어린이집의 질이 좌우된다(이순형 외, 2013). 우선 원장의 철학과 신념에 따라 어린이집을 운영하고 교구를 구입하며, 교사들을 관리하는 모든 곳에 영향을 미친다. 어린이집의 리더(문혁준 외, 2014)는, 첫째, 긍정적이고 생산적인 근무 분위기를 만든다. 어린이집 교직원 모두가 함께 문제점을 분석하고 해결책을 모색하고 구체적인 계획을 세운 후 실제로 적용하는 것이 필요하다. 둘째, 보육교사가 발전할 수 있도록 지원한다. 보육교사가 스스로 발전할 수 있는 기회를 제공하는 것은 어린이집의 질을 높이는 데 있어 매우 중요하다. 원장에게 있어 보육철학 설정은 매우 중요하다. 왜냐하면 규모가 작고 인간관계가 밀접한 특성을 가진 어린이집 조직에서 그 책임자인 원장의 영향력은 보육 전반에 걸쳐 매우 크기 때문이다.

원장의 보육철학은 인성에 기반한다. 인성은 개인의 사고, 태도, 행동의 특성을 포괄하는 개념으로, 어린이집 원장의 인성은 일반적인 인성의 개념과 더불어 보육 교직원으로서의 인성의 개념이 함께 고려되어야 한다(김은설 · 김길숙 · 이민경, 2015). 올바른 인성을 갖춘 원장이 올바로 판단하고 실천한다면 영유아뿐만 아니라 교사, 더 나아가 부모의 인생에도 의미 있는 영향을 미칠 수 있다. 원장의 인성함양을 위한 노력은 보육의 질 확보를 위한 가장 필수적인 요소이다(박정빈 · 조미영 · 황은희, 2018). 어린이집 원장의 인성이 높을수록 직무만족도가 높게 나타났는데(이용주 · 서원경 · 조경서, 2022), 원장이 스스로 직무에 만족하고 직무 스트레스를 조절하며 보육 교직원에게 긍정적인 본보기가 될 수 있으려면 무엇보다 원장의 인성이 밑바탕이 되어야 함을 알 수 있다. 이처럼 타 교육기관의 장보다 어린이집 원장의 차별화된 훌륭한 인성과 세심한 전문성이 중요하다.

생각나누기

- 원장님의 보육철학은 무엇인가요? 함께 이야기 나누며 나의 보육철학을 되돌아 보아요.

2) 전문적 돌봄과 직업 정체성 확립

정체성이란 개인 존재의 본질로서 오랜 기간 유지되는 고유한 실체이자 자신에 대한 주관적 경험이다(박부숙, 2023). 원장으로서의 직업 정체성은 사회문화적 맥락 속에서 이루어지는 수많은 상호작용을 통해 원장의 내면에서 일관되게 인식되는 원장으로서 이루어지는 사고 과정을 통해 형성되는 개념이다(박부숙, 2023). 원장은 자신의 직업적 정체성을 통해 부모나 가족으로부터 자신을 개별적 존재로 인식할 수 있기도 하다. 원장의 직업 정체성이 중요한 이유는 건강한 원장의 인격을 토대로 건강한 인격체를 길러낼 수 있기 때문이다(박부숙, 2023). 원장의 직업 정체성은 보육 대상인 영유아에 대한 인식으로부터 출발하며, 원장이 스스로 내적으로 성찰하는 수준과 관련되면서, 보육 현장에서 이루어지는 여러 관계를 통해 역할이 실행되는 기반이 된다. 보육교사의 소명의식이 교직전문성을 인식하는데 가장 큰 영향력을 가진다는 연구결과(전홍주 · 권현조 · 변길진, 2018)는 원장의 직업 정체성이 전문성 인식에 많은 영향을 미칠 것임을 시사한다.

돌봄, 즉 영유아보육은 전문적 영역이다. 보육의 질은 영유아의 발달에 결정적인 영향을 미치는 요소라는 점에서 본질적 가치를 가지고 있다. 영유아의 발달 및 가정의 일 · 가정양립에 대한 사회적 공헌성, 보육 업무 수행에 필요한 특화된 다양하고 깊은 전문 지식, 보육의 다양한 장면에서 발휘되도록 기대되는 자율성, 보육교사직에 존재하는 윤리강령 등은 보육과 관련된 업무가 전문직의 요소를 충분히 가지고 있음을 보여준다. Jalongo와 Isenberg(2003)는 보육 직무에서의 역할을 반성적 사고를 하는 실천인, 영유아 권리의 수호자, 아동발달의 전문가, 배움 지원자, 배움의 환경 구성자, 교육과정 개발자, 교육활동 계획 및 평가자, 영유아 및 부모에 대한 역할 모델, 부모교육 전문가, 성장하는 전문인, 정보의 관리자라고 말하였다. 이 수

많은 다양한 역할은 사실상 보육과 관련된 직무가 단편적인 지식의 습득만으로 가능하지 않고 수많은 시행착오 및 자기평가 과정을 통해 발달하고 성장하는 전문직임을 보여준다(최인숙 외, 2022). 특히 생의 초기를 다루는 보육 직무는 영유아의 발달적 요구에 긴밀하게 부합하고, 전적으로 성인에게 의존적인 영유아와 애착 관계를 형성하는 특수성이 포함되어 더 다면적이고 포괄적인 전문직이다(김은설 외, 2009). 보육의 질을 향상시키는 데 있어 보육교사 및 원장의 질이 가장 핵심적이라는 점을 잊지 말아야 한다.

원장의 전문가적 신념은 오랜 기간 이론과 실제의 경험을 통해 형성된 것이며, 원장이 내리는 중요한 결정들은 이 전문가적 신념에 근거한다(공인숙 외, 2017). 이처럼 원장의 전문성은 원장의 역할수행이나 영유아의 발달에 큰 영향을 미친다. 선행연구들에 의하면, 보육교사의 전문성은 영유아의 권리인식 및 권리존중 보육실행(김태윤 · 김미숙, 2018), 교사－유아 상호작용(정지은 · 이유미, 2020) 및 직무만족도(강란혜, 2006) 등에 영향을 미친다. 따라서 원장 및 보육교사의 직업적 정체성은 보육의 전문성과 질 향상에 상당히 중요한 의미를 지닌다.

3) 사회적 양육의 책임과 의무 : 아동보육과 가정양육의 지원을 위한 보육역할

아동권리협약상 양육의 1차적 책임은 부모에게 있다. 그럼에도 불구하고 사회와 산업 분야, 가족의 형태 등에서의 변화는 양육의 사회적 책임이 보육에 있다고 강조해 왔다. 저출생 사회가 되면서 더더욱 보육의 사회적 책임과 의무는 강화되었다. 그러나 보육은 자녀양육을 대신 하는 것이 아니라 부모가 자녀를 잘 양육할 수 있도록 역량 강화를 지원하는 차원에서 본질적인 역할을 해야 한다.

보육은 부모양육에 대한 사회적 지원으로서 기능한다. 사회의 변화에 따라 영유아를 길러내기 위해서는 가정뿐만 아니라 지역사회, 어린이집, 국가와 사회가 함께 역할을 나누어야 한다. 아주 어린 연령에 기관에 다니기 시작하는 영유아기의 특성을 고려할 때, 가정과 기관 간의 소통과 협력은 영유아의 바람직한 성장과 발달에 필수적이다. 좋은 어린이집은 좋은 교직원에 의해 만들어지지만, 좋은 교직원은 협력적이고 지지적인 부모가 있어야 가능하다(정옥분 외, 2021). 브론펜브레너(Bronfenbrenner)의 생태체계이론에 따르면, 가정과 기관은 영유아에게 가장 밀접한 미시체계이며, 이들 간의 관계는 중간체계로, 중간체계의 유기적이고 동반자적인 관계는 영유아의 건강한 성장과 발달에 매우 긍정적인 기여를 한다. 부모와 자녀의 관계, 교사와 영유아의 관계와 더불어 부모와 교사의 관계도 중요한 것이다.

최근에는 영유아가 어린이집에서 장시간을 보내고 있다. 따라서 교사와 부모가 영유아의 생활에 대해 정보를 공유하고 의사소통하면서 서로의 역할을 상호보완하고 깊이 협력할 필요가 있다. 이러한 관계 속에서 상호 신뢰가 키워질 수 있고, 신뢰롭고 지지적인 관계는 원활하고 일관된 상호작용을 가능하게 하여 결국 보육의 질을 높일 수 있다. 어린이집 원장은 동반자적인 가정-기관 간의 연계를 위해 어린이집을 개방하고, 어린이집 운영에 부모의 참여를 지원하며, 부모의 양육철학과 기관의 보육철학을 공유하며 상호호혜적인 관계를 구축할 필요가 있다.

생각나누기

"아이를 돌보아 주시는 이모님이나 조부모님에게 맡겨 놓고 전혀 소통을 하려고 하지 않아요. 그러나 어떤 문제가 생기면 인간적 교류나 이해가 없다 보니 강하게 문제 제기를 하는 경우가 있어요. 또 어떤 경우에는 이모님이나 조부모를 통해 상황을 전해 듣다 보니 오해도 생기고 이런 경우 소통이 어려워요."

출처 : 신현숙(2017).

"요즘은 대소변 가리기를 조금 늦게 시작하면 빨리 뗄 수 있다는 것을 부모님들이 잘 아는 듯해요. 신경 쓰기 귀찮아서, 시간이 없어서, 여름에나 하지 뭐 등 다양한데요. 민정이 어머니는 '빨리 기저귀를 떼고 싶은데 원에서 꼭 좀 시켜 주세요.' 해서 일주일 동안 열심히 훈련시켰는데 가정에서는 전혀 협조를 안 해주셔서 힘들어요. 특히 주말을 보내고 난 뒤에는 예전처럼 다시 돌아가 버리거든요. 그래서 기저귀를 안 보내주셔서 수시로 연습시켰지만 옷에 실수를 자주 하는 바람에 교사 1명인 저로서는 정말 힘들더라고요. 가정에서도 함께 협력해 주셨으면 하는데 원에만 무조건 강요하시는 게 너무 이기적인 느낌이 들어요."

출처 : 서울시 · 서울시 육아종합지원센터(2017).

2. 아동인권과 직무윤리

1) 아동권리존중 관점에서 본 원장의 책무

영유아는 발달 특성상 자신의 권리를 스스로 보호하기 어려워 주변 성인들이 영유아의 권리를 존중해 주어야 한다. 장시간 어린이집에서 지내는 영유아이기에 어린이집에서 아동권리존중 보육을 실천하는 것은 원장의 책무 중 하나이다. 원장은 어린이집의 하루 일과에서 영유아의 권리가 충분히 고려되고 있는지, 보육과정의 계획, 실행 및 평가에서 영유아의 이익이 최우선으로 고려되는 최선의 선택이 이루어지고 있는지 늘 스스로에게 되물어야 한다. 영유아의 권리를 존중하는 보육은 무엇보다 영유아의 의견을 존중해 주고, 영유아가 자신의 흥미와 관심에 따라 스스로 선택한 활동을 지지하며, 잠재적 능력을 발휘할 수 있도록 지원하는 데 초점을 두어야 한다(조혜경 · 구경선 · 안미희, 2022).

영유아의 권리를 존중하는 보육은 구체적으로 영유아의 권리에 대해 원장 및 교사가 민감하고, 영유아의 주도성을 인정하며, 영유아를 공감하는 따뜻한 정서적 지원으로 이루어진다(우정순 · 김영옥 · 차승환 · 배진희 · 김란옥, 2018). 김은설과 박수연(2010)에 따르면, 영유아 권리존중보육의 구체적인 실천방안은 인격 존중 및 개인의 잠재력과 개성 인정, 차별 없는 공평한 기회 제공, 고른 영양 및 충분한 휴식 제공, 학대하지 않기, 안전한 보호, 학대나 방임을 민감하게 관찰하여 필요한 경우 신고, 개별적 상호작용 과정에서 영유아의 요구 수용, 통합적으로 발달을 지원하는 보육 프로그램 실행, 특별한 도움이 필요할 때 전문가와 협력하여 최선의 안 찾기, 개인적 기록과 정보에 대한 비밀보장, 영유아의 흥미와 의사 반영 등이다.

대부분의 어린이집 원장과 교사들은 영유아가 보호받아야 할 존재라는 인식에서 더 나아가 영유아는 존중받아야 할 주체자이며 유능감을 지닌 존재이기에 영유아가 주도하며 발현되는 보육과정 실행이 영유아권리존중보육이라고 인식하고 있다(이지영, 2011). 실제로 어린이집 원장 및 교사가 영유아의 권리를 어떻게 인식하는지와 구체적인 실행 및 교수학습방법은 권리존중보육 실행에 직접적인 영향을 미친다(박은혜, 2009). 연구결과 전문성이 높거나 어린이집 조직문화가 잘 형성되어 있을 때 어린이집에서의 영유아 권리 존중이 향상되기에(이유미 · 안지혜, 2014), 어린이집 원장의 아동권리존중보육에의 책무는 중요하다.

영유아권리존중보육 실행 차원에서 최근에 원장의 윤리적 리더십이 대두되고 있다. 윤리적 리더십은 조직의 구성원을 영리추구의 수단으로 바라보지 않고 조직의 목적과 함께 개인의 가치와 신념을 존중하며, 기관의 철학을 정의롭고 가치 있는 목표 추구에 둔다(김정희, 2020). 원장의 윤리적 리더십하에 교사들은 자신의 역량을 계발하여 보육실행을 개선하고, 보육교사직에 긍지를 가질 수 있으며, 무엇보다 원장의 비전하에 보육에 전념할 수 있게 된다. 특히 언어표현능력이 부족한 영아의 권리를 존중하고 세심하게 지원하는 데에 있어 윤리적 리더십이 무엇보다 중요할 것이다. 원장의 윤리적 리더십은 실제로 영아의 개별성을 인정하고 공정하게 대하고자 하는 영아권리존중보육에 정적인 영향을 주었다(김정희, 2020).

생각나누기

2세반의 담임인 김 교사는 교실의 '물 마시는 영역'에서 준수가 흘린 물에 민식이가 넘어져 우는 것을 보고 달래 주었다. 김 교사는 이곳에서 자주 영아들이 흘린 물로 인해 넘어지는 등 사고가 빈번히 발생하는 것을 알고 있다. 김 교사는 물 마시기 영역의 음용수 물을 영아들이 물 따르기 조절이 부족하여 발생한 것으로, 2세반 영아들이 직접 따라 마시는 행동이 다소 위험하다고 판단하여 영아들의 동의를 얻어 물과 물컵을 안전한 곳으로 옮겼다. 다만, 물을 마시고 싶으면 선생님에게 도움을 요청하도록 지도하였다.

출처 : 정희정 외(2019).

한편 원장의 아동권리존중보육에 대한 책무성에서 우리는 교사와의 관계와 부모와의 관계를 살펴보아야 한다. 먼저, 원장과 교사와의 관계는 수직적 구조의 형태를 띠기에 원장이 교사를 심리적으로 지지할 수 있는 반면 반대로 스트레스를 유발할 수도 있다(김유정 · 박수경 · 임정진 · 안선희, 2011). 교사들 간에 서로 성격 차이가 나거나 가치관의 차이가 있어 관계가 불편해지면 교사들의 직무불만족이 심해질 수도 있다(나석희 · 이현진, 2012). 이는 교사가 원장 및 동료교사와 가지는 관계가 하루 일과를 통해 영유아의 권리 존중을 실천하는 것에 영향을 미친다는 점을 보여준다. 실제로 교사는 원장 및 동료교사와 관계가 좋을수록 영유아권리존중보육 실행의 수준이 높게 나타났다(정동재 · 김진욱, 2021).

생각나누기

"교사가 영유아를 한 명 한 명 살펴야 하는 마음의 여유를 갖기 어려운 상황인 것 같아요. 영아반 교사가 영아들 간에 놀잇감으로 갈등상황이 일어날 때 문제를 빨리 해결하려고만 하는 거예요. 교사 입장에서 보면 해당 영유아뿐 아니라 다른 아이들도 봐야 하는 상황이니 문제 상황을 빨리빨리 해결하려고 하는 거죠." (원장 집단면담)

출처 : 황인애 외(2017).

더 나아가 원장과 부모와의 관계도 영유아권리존중보육의 실행에 영향을 미친다. 부모의 의견을 반영하는 데 치중하다 보면 정작 가장 우선시해야 할 영유아의 권리 존중을 소홀히 할 수 있다. 실제로 부모들은 초등학교 준비교육 등을 이유로 선행교육을 요구하거나 본인의 출퇴근시간을 위해 영유아의 낮잠지도를 거부하기도 한다. 따라서 부모가 가지는 영유아권리존중 인식을 높이고 영유아의 발달 특성이 고려된 영유아중심, 놀이중심 교육과정의 중요성을 부모에게 이해시키기 위한 부모참여 및 부모교육 등의 지속적인 노력이 병행되어야 어린이집에서 영유아의 권리를 침해하지 않는 보육을 실천할 수 있겠다.

생각나누기

"부모들의 요구로 아이들의 놀 권리가 보장되지 못하는 게 현실이에요. 아이들의 자유놀이 시간을 보장하기 위해 특별활동을 오후 시간에 실시하도록 하고 있지만 어린이집에 따라 일주일 내내 오후시간을 특별활동만 하는 곳도 있어요. 맞벌이하시는 부모님들이 다양한 특별활동 수업을 받는다고 좋아하시고 요구한다는 이유에서요. 이런 수업이 아이들이 스스로 원하는 것들을 선택한 것도 아니고 아이들이 빽빽한 시간표대로 움직이게 되는 문제가 있거든요." (원장 집단면담)

출처 : 황인애 외(2017).

〈표 1-1〉 어린이집 영유아 권리존중을 위한 자가 체크리스트

연번	내 용	확인
1	어린이집 일과에서 영유아의 권리 존중을 실천하고 있습니까?	
1-1	낮잠 및 휴식에 대한 영유아의 개별적 욕구를 반영할 수 있는 적절한 환경(시간, 공간)을 조성해 주고 있다.	
1-2	대소집단 활동에 참여하지 않거나 계속해서 놀이하려는 영유아의 욕구를 존중해 주고 있다.	
1-3	급·간식에 대한 영유아의 기호, 먹는 속도와 양을 존중해 주고 있다.	
1-4	배변, 배뇨 등 영유아의 기본적인 생리적 욕구를 존중해 주고 있다.	
1-5	보육교직원은 일관성 있는 태도로 영유아의 욕구를 존중해 주고 있다.	
2	영유아가 보육과정의 계획과 운영에 참여할 수 있는 구조가 있습니까?	
2-1	영유아가 만든 결과(작품, 사진, 노래, 블록, 구조물 등)에 대해 존중하며 적절히 게시되어 있다.	
2-2	영유아의 의견이 잘 표현될 수 있는 분위기를 조성하며 영유아의 의견을 반영한 보육과정을 운영한다.	
2-3	규칙을 정할 때는 영유아의 의견을 반영하거나 동의를 구하고 있다.	
3	자유선택활동 시간에 영유아를 존중하는 상호작용을 하고 있습니까?	
3-1	영유의 개인차를 인정하고 놀이에서 자율성과 주도성을 지지하는 상호작용을 한다.	
3-2	영유아의 흥미, 관심, 기분 및 건강상태를 전반적인 맥락으로 파악하고 있다.	
3-3	영유아 간의 관계를 살피며 상호 역동성을 파악하여 상호작용한다.	
4	영유아 권리 실천을 위해 어린이집을 다양한 방법으로 개방하고 있습니까?	
4-1	어린이집 운영위원회를 운영하고 있다.	
4-2	열린어린이집 운영 등의 다양한 방식으로 양육자의 참여가 이루어지고 있다.	
4-3	양육자의 보육실 참관(절차 및 방법, 안내)이 이루어지고 있다.	
5	보육교직원은 영유아 권리 존중을 위해 양육자와 소통하고 있습니까?	
5-1	보육교직원은 양육자와의 소통을 통해 영유아의 전반적인 상태(기분, 건강, 배변 등)와 가정 내 주요한 정보를 파악하고 있다.	
5-2	양육자에게 규칙적인 등·하원 시간 등 안정된 생활습관의 중요성을 전달하고 있다.	
5-3	보육교직원은 영유아에 대하여 양육자와 서로 협의하고 책임을 공유하는 적극적인 노력을 하고 있다.	
6	영유아 권리 존중의 이해와 실천을 위한 보육교직원의 교육이 이루어지고 있습니까?	
6-1	영유아 권리 존중을 위한 보육교직원의 교육이 실행되고 있다.	
6-2	아동학대 신고의무자에 대한 교육, 양성평등교육 등을 이수하였다.	
6-3	영유아 권리의 기초가 되는 'UN아동권리협약'의 내용을 이해하고 있다.	

7	영유아의 권리 보호를 위해 보육교직원의 적절한 근무환경이 이루어져 있습니까?	
7-1	보육교직원의 적절한 근무환경에 대한 노력이 이루어지고 있다.	
7-2	보육교직원의 업무스트레스 해소를 위한 구체적인 노력이 이루어지고 있다.	
8	영유아 권리 존중을 위해 보육교직원 간 협의 · 지원이 이루어지고 있습니까?	
8-1	어린이집 운영(보육과정, 특별활동, 견학, 행사 등)의 계획과 평가에 보육교직원의 의견이 수렴되고 있다.	
8-2	반 운영의 어려움이 있을 때 자체회의를 통해 협력 및 해결하는 구조가 있다.	

출처 : 서울특별시육아종합지원센터(2015).

2) 아동권리기반의 직무윤리 이해와 실천

윤리적 딜레마가 발생하는 전문직에는 윤리강령(Code of Ethics)이 필요하다. 윤리강령은 전문직업인이 지켜야 할 도덕적 약속들로서, 도덕적 성찰을 포함하며, 직장에서 일어나는 옳고 그른 행동에 관심을 갖게 하여 개인이 처한 도덕적 딜레마를 해결하도록 도울 수 있는 전문직 윤리 강령이다(이순형 외, 2013). 윤리강령은 직업의 핵심 가치가 무엇인지를 정의하고 의무 또는 책임이 서로 갈등을 유발하는 상황을 만났을 때 무엇을 해야 할지 기준을 제공해 준다. 김은설과 박수연(2010)의 연구에 따르면, 실제로 어린이집 원장들은 영유아의 권리를 존중하기 위해서(37.4%)와 갈등해결의 준거(34.3%)로서 윤리강령을 요구하고 있다. 그 외에도 보육의 질을 제고하고(16.1%), 전문직으로서의 위상(7.4%), 시설에 대한 인식 개선(3.9%)을 위해서도 윤리강령이 필요하다고 인식하였다.

문혁준 외(2014)에 따르면, 윤리강령은 다음과 같은 구체적인 필요성에 의해 필요하다. 첫째로, 전문직으로서 보육교직원의 전문성 함양과 윤리의식을 고취하기 위한 윤리강령이 필요하다. 둘째, 보육교직원의 권력은 기관에서 강력하기에 모든 영유아가 건강하고 안전하게 보육교직원으로부터 보호와 교육을 받고 동등하게 대우받으며 영유아들의 인권을 보호하기 위해서 윤리강령이 필요하다. 셋째, 영유아들은 연령과 개인차, 특별한 요구가 다양하기에, 보육교직원은 그에 적절한 보육을 하며 그에 따른 윤리적으로 책임져야 하기 때문에 윤리강령이 필요하다. 넷째, 현대

사회는 다양한 가족이 나타나고 있다. 따라서 다양한 요구를 지닌 영유아나 부모로부터 비롯되는 윤리적 딜레마에 효과적으로 대응하기 위함이다. 다섯째, 보육교직원의 역할이 다양해져 교육, 보호, 양육, 갈등해결, 학대신고 등 다양한 역할 속에서 윤리적 책무를 다할 수 있도록 윤리강령을 통한 명확한 준거를 제시해 주어야 한다. 여섯째, 보육교직원의 자격과 직위의 다양성으로 보육교직원들이 현장에서 맞닥뜨리는 여러 윤리적 문제를 해결하기 위해 필요하다. 일곱째, 프로그램의 다양성으로 영유아를 대상으로 하는 프로그램이 영유아, 가정, 부모, 지역사회의 요구를 반영한 것인지 올바른 판단을 내리는 데 도움이 된다. 여덟째, 지역사회의 요구와 변화에 민감하게 반응하고 불합리한 요구나 변화에는 목소리를 내야 하며, 새로운 법령이나 보육정책 수립 시 보육교직원은 전문가적 입장에서 의사를 표현해야 한다. 이에 따라 보육교직원의 윤리적, 사회적 역할과 책임에 대한 윤리강령이 필요하다. 마지막으로, 안전하고 건강한 근무환경을 보장받기 위해 윤리강령이 필요하다. 원장과 교사, 교사와 동료교사, 교사와 부모 간에 윤리적 딜레마가 생길 때 올바른 해결을 위해서 윤리강령이 필요하다.

(1) 우리나라의 보육교사 윤리강령

우리나라 어린이집 원장과 보육교사가 지켜야 할 윤리강령은 2009년 보건복지부와 한국보육시설연합회에서 육아정책연구소에 의뢰하여 개발되었고, 2010년 제정 · 공포되었다(김은설 · 박수연, 2010). 이후 놀이의 중요성이 강조되고, 아동학대 관련한 법적 측면이 변화되었으며(신고의무 강화, 신고방법 변경 등), 아동권리에 대한 사회적 인식이 증가함에 따라 윤리강령 개정에 대한 필요성이 대두되었다(한국보육진흥원, 2022). 이에 현장의 활용도를 높이고, 보육교직원의 의무만을 강조하기보다 교사의 권리나 자긍심을 함양할 수 있도록 하며, 보육교직원이 윤리강령 개발과정에 참여하는 방향으로 윤리강령 개정이 이루어졌다(한국보육진흥원, 2022). 현장의 활용도를 높이기 위해 중복 항목을 통합하여 항목 수를 줄이고 보육교직원이 이해하고 실천하기 쉽도록 기존 4영역 36항목을 4영역 26항목으로 개정하였다. 그리고 기존의 영유아나 가족의 권리 존중을 위한 보육교직원의 의무에 초점이 맞추어졌던 부분을 '나' 또는 '전문성'을 반영하여 교사의 권리나 자긍심 함양을 위한 항목을 추가하였다. 그 결과 2021년 11월에 영유아에 대한 윤리 8항목, 가족에 대한 윤리 6항목, 동료에 대한 윤리 8항목, 나와 사회에 대한 4항목, 총 26항목으로 구성된 새로운 '어린이집 윤리강령'이 개발되었다.

각 장에서 개정된 주요 내용은 다음과 같다(한국보육진흥원, 2022). 영유아에 대한 윤리는 영유아 존중, 놀이권 보장의 내용을 포함하고, 보육교사를 아동학대의 잠재적 가해자로 오해할 수 있는 표현을 수정하였다. 가족에 대한 윤리는 아동양육의 1차적 책임이 부모에게 있음을 명시하고, 보육은 가족과의 협력적 관계에서 이루어지는 것임을 명확히 하였다. 동료에 대한 윤리는 보육교직원과 원장의 문항을 구분하고, 원장이 추가로 지향해야 할 내용을 명시하였으며, 비차별의 내용을 '다양성 인정'의 의미로 포함하였다. 나와 사회에 대한 윤리는 영유아뿐 아니라 보육교직원의 권익, 사명감, 사회적 위상 문항을 추가하였다. 또한 윤리강령의 전문에는 윤리강령이 추구하는 일반적, 보편적 이념과 그 배경을 밝히는 1문장과, 기본 이념을 윤리강령에 적용할 시 준거 기준으로 삼아야 할 8개의 기본원칙이 구성되었다. 2021년에 개정된 우리나라 어린이집 윤리강령은 〈표 1-2〉와 같다.

〈표 1-2〉 어린이집 윤리강령

어린이집 윤리강령 전문
모든 영유아는 **불가침의 인권**을 가진 존재임을 확인하고, 보호의 대상이기 이전에 한 사람의 구성원으로서 헌법이 정한 **인간의 존엄과 가치를 가지고 있음**을 인식하여, 유엔아동권리협약의 이념에 따라 보육의 윤리원칙을 정하고, **이에 준거한 보육교직원 윤리강령을 준수할 것을 다짐한다.**
하나. 영유아 한 사람 한사람을 **독립된 인격체**로 존중한다. 하나. 보육의 과정에서 **영유아의 이익**을 최우선으로 고려한다. 하나. 영유아를 어떠한 이유로도 차별하지 않고 **평등**하게 대한다. 하나. 영유아의 바람과 감정이 무엇인지 **항상 귀 기울인다.** 하나. 영유아가 보육경험을 통해 세상에 대한 **신뢰를 형성**하도록 돕는다. 하나. 부모가 자신의 양육책임을 잘 수행하도록 **협력적 관계**에서 보육을 수행한다.

하나. 동료를 공정하고 포용적인 태도로 존중하고 **민주적인 조직문화**를 조성한다.
하나. 보육업무의 가치에 **자긍심**을 가지고, 보육철학, 지식, 기술을 지속적으로 키워나간다.

제1장. 영유아에 대한 윤리

1. 영유아를 독립된 인격체로 존중하고 건강하고 행복한 사회 구성원으로 성장하도록 돕는다.
2. 영유아를 성별, 종교, 문화, 장애, 가정배경 등에 따라 차별하지 않고 평등하게 대한다.
3. 영유아의 신체적, 심리적 발달에 부정적인 영향을 주는 행위를 하지 않고 안전하게 보호한다.
4. 영유아의 발달 특성을 이해하고 영유아 개인의 흥미와 요구, 의견을 존중한다.
5. 놀이가 영유아의 권리임을 인식하고 충분히 놀이할 수 있도록 지원한다.
6. 영유아가 학대나 방임에 노출되어 있는지 민감하게 관찰하고 필요한 조치를 한다.
7. 특별한 보호와 지원이 필요한 영유아에게 관심을 가지고 적절한 서비스를 받도록 한다.
8. 영유아의 사생활을 존중하고, 개인정보에 대한 비밀을 보장한다.

제2장. 가족에 대한 윤리

1. 양육의 1차적 책임이 부모에게 있음을 인식하고, 그들과 협력적 관계에서 보육을 수행한다.
2. 개별가족의 양육가치와 신념, 가족의 사회문화적 다양성과 고유성을 이해하고 존중한다.
3. 어린이집의 보육철학, 프로그램 특성을 가족과 공유함으로써 보육에 대한 이해를 돕는다.
4. 영유아의 보육경험과 발달 특성, 건강 및 안전 상황에 관한 정보를 가족과 공유한다.
5. 어린이집을 가족에게 개방하고, 보육에 대한 가족의 참여를 보장한다.
6. 가족의 사생활과 비밀보장에 대한 권리를 존중한다.

제3장. 동료에 대한 윤리

▶ 보육교직원

1. 서로의 자율성과 다양성을 인정하고 존중과 신뢰를 바탕으로 협력한다.
2. 갈등이나 의견 차이를 개방적이고 수용적인 태도로 해결한다.
3. 어린이집의 철학과 신념을 공유하여 프로그램을 지속적으로 개선시킨다.
4. 서로의 지식과 경험, 자원을 공유하고 전문성 향상을 위해 노력한다.

▶ 원장

5. 보육교직원의 업무를 명확히 안내하고 업무기준을 준수한다.
6. 근로여건을 보장하고 최적의 인적, 물적 업무환경을 조성한다.
7. 민주적으로 의견을 개진하고 상호 협력하는 조직문화를 조성한다.
8. 원내외 교육, 학습공동체, 코칭 등으로 보육교직원의 전문성 향상을 지원한다.

제4장. 나와 사회에 대한 윤리

1. 보육의 사회적 책임을 인식하고 질 높은 보육을 제공한다.
2. 영유아와 보육교직원의 권익을 위한 제도의 수립과 개선에 적극 참여한다.
3. 아동친화적인 양육환경 조성을 위해 지역사회 관련 기관들과 협력한다.
4. 보육교직원으로서 사명감을 갖고 사회적 위상을 높이기 위해 노력한다.

(2) 윤리적 딜레마의 해결

어린이집 원장과 보육교사는 모두 윤리강령의 영역 중 영유아에 대한 윤리가 가장 중요하다고 인식하였으며, 다음으로 가족에 대한 윤리, 동료에 대한 윤리, 나와 사회에 대한 윤리의 순으로 나타났다. 윤리강령 영역별 실행도에서 어린이집 원장과 보육교사 모두 영유아에 대한 윤리영역의 실행도가 가장 높게 나타났다. 각 관계의 윤리가 충돌하는 경우 무엇보다 영유아에 대한 윤리를 최우선으로 두어야 궁극적으로 다른 관계와의 윤리에도 이익이 된다는 점을 명시해야 한다.

원장은 보육현장에서 영유아의 이해 및 지도, 영유아의 가정과의 협력, 동료와의 관계, 보육과정 운영, 보육교사 전문성 신장 등을 위한 직무를 수행하는 데 있어서 수많은 윤리적 딜레마를 경험하게 된다. 윤리적 딜레마란 같은 비중의 윤리적 가치가 서로 충돌하여 의사결정을 내리기 어려운 상태를 의미한다. 윤리강령은 실제 교사가 딜레마 상황에 부딪혔을 때 그 문제를 해결하는 데 도움을 준다. 윤리강령을 실제에 적용하기 위해서는 다음의 단계를 거치는 것이 필요하다(박은혜 · 박선혜 · 박신영 · 장민영 · 김지은, 2019).

1단계		2단계		3단계		4단계
상황과 관련된 이슈 분석하기	➡	윤리강령에 포함된 원리 찾아 문제해결 지침 세우기	➡	원리를 적용하여 초기 문제해결 시도하기	➡	결과를 평가하여 반성하기

| 그림 1-1 | 윤리강령 적용 단계

김은설과 박수연(2010)의 연구에 따르면, 원장은 현장에서 여러 유형의 윤리적 갈등을 겪고 있다. 그중 가장 많은 윤리적 갈등은 부모와 관련해서이며(41.0%), 아동 관련(19.0%), 시설운영 관련(16.2%), 교사 관련(11.4%), 타 시설 관련(9.5%), 지역사회 관련(2.9%)의 순으로 윤리적 갈등을 겪고 있다. 보육교직원은 영유아, 학대신고, 학부모와의 딜레마뿐 아니라 교사와의 관계로부터도 딜레마가 생길 수 있다. 원장의 역할을 수행할 때 보육교사와의 관계로부터도 딜레마가 발생한다. 보육에 대한 신념이 다른 데서 오는 딜레마 상황, 조직운영에 대한 생각이 다른 데서 오는 딜레마 상황이 있다.

첫 번째로 보육에 대한 신념이 다른 데서 오는 딜레마는 보육을 할 때 아이들의 문제행동을 다루는 것에서나 부모와의 관계에 대한 부분, 프로그램에 대한 이해와 수행 부분에서 차이가 나타날 때 생긴다. 이런 경우는 원장이 면접을 통해 자신과의 신념이 유사한지를 확인해야 한다. 그러나 면접을 통해서 보육에 대한 신념을 확인하기는 어려운 실정이다. 원장에게는 교직원의 관리, 채용관리의 역할이 요구되는 부분이다. 두 번째로는 조직운영에 대한 생각이 다른 데서 오는 딜레마로, 원장과 교사가 조직운영에 대한 생각에 차이를 보일 수 있다. 이 역시 면접과정에서 보육교사가 평소에 가지고 있던 가치나 생각을 많이 듣고 평가해 볼 수 있다.

원장과 교사는 다양한 딜레마를 경험하게 된다. 이러한 딜레마들을 경험할 때 보육교사 윤리강령을 적용하며 해결할 수 있다. 다음은 어린이집과 가정의 양방향 소통, 가정의 문화를 이해하는 것에 초점을 둔 윤리적 딜레마 사례와 윤리강령에 따른 적용에 대한 사례이다.

생각나누기

알리샤가 담임인 3세반에 미아라는 아이 엄마가 다음과 같이 요청한다. 딸인 미아의 청결 때문에 지저분해지고 더러워지는 미술이나 감각 활동을 안 했으면 한다고.

> 미아의 옷이 더러워지면 물감, 풀 등 자국 제거가 너무 어렵고, 온갖 세제를 써봤지만 소용없었다. 미아가 학교갈 때 단정하고 깨끗해 보이는 것은 엄마인 내게 매우 중요해서 나는 매일 딸의 모든 옷을 교체하는 데 더 이상 추가적 지불을 할 수 없다. 게다가 물감을 손톱 밑, 머리, 팔, 다리에 묻혀 오면 목욕시간이 길어지고 자국 지울 때 미아는 울고 그런다. 바빠서 매일 밤 이럴 시간이 없다. 요리하고 다른 애들 숙제도 봐줘야 하고 잠자리까지 챙겨야 한다.

알리샤는 청결한 옷차림에 대한 미아 가족의 가치를 존중하고 워킹맘이 얼마나 바쁜지 이해한다. 동시에 미아가 모든 활동을 얼마나 많이 즐기는지를 안다. 특히 지저분해지는 놀이를. 그것은 미아의 발달과 학습을 돕는 것으로 미아에게 필요한 것이다. 미아가 반 친구들과 함께 상호작용하며 활동하는 것도 매우 중요하며 또한 미아의 선택사항이기도 하다. 알리샤는 미아의 선택들을 제한하는 것은 정말 몹쓸 짓이 되리라고 생각한다.

출처 : NAEYC의 기관지 [Young Children] 2012년 3월호, 'Focus on Ethics' (이순형 외, 2013).

〈표 1-3〉 윤리적 딜레마 해결 과정

적용 단계	과 정
1. 문제를 정의하고 문제가 윤리를 포함하는지를 결정한다. (1) 첫 단계는 문제가 윤리를 포함하는지를 결정하는 것이다. 옳고 그름, 또는 공정 불공정 용어가 상황에 적용되는지 질문해 본다.	• 미아 엄마의 욕구를 존중하는 것이 옳다. • 또한 미아가 놀이를 하게 하는 것도 옳다.
(2) 두 번째 단계는 윤리적 딜레마인지 아닌지를 결정하는 것이다.	• 윤리강령 적용으로 두 가지 가능한 해결책 ① 감각 및 창의적 경험을 원하는 영유아의 욕구를 지지하고 엄마의 요구 거절 ② 영유아에게 지저분해지는 놀이를 금지하여 깨끗하게 하원하기를 원하는 엄마의 욕구 존중
2. 적용 가능한 핵심가치 정의하기 (매우 많은 핵심가치가 있으므로 우선순위를 부여해야 한다)	• 영유아가 발달하고 학습하는 방법에 대한 지식 • 영유아와 가족 간의 유대를 인정, 지지 • 영유아는 가족, 문화, 공동체와 사회 맥락 속에서 가장 잘 이해되고 지지됨 • 개별(영유아, 가족원)의 존엄, 가치, 개성을 존중
3. 상황으로 인해 영향 받는 사람 정의하기	알리샤의 결정으로 영향 받는 사람들에 대해 알리샤는 책임이 있다.
4. NAEYC 윤리강령에서 지도 구하기	알리샤는 부모와의 관계와 영유아 욕구 중 어느 것을 우선할지 정해야 한다.
5. 윤리적으로 가장 보호할 행동 정하기	① 부모 요구의 '의미' 이해 ② 윤리적 기교 적용하기 : 윈-윈 전략 ③ 윤리적 기교가 작동하지 않는다면? - 미아 요구 vs. 미아 엄마의 요구

출처 : 이순형 외(2013).

3) 성인지적 관점의 실천

생각나누기

"아이들과 함께 주의 집중을 위한 손 유희 노래에서 저도 모르게 성인지 감수성이 떨어져서 노래를 불렀던 것 같아요. 아빠는 크고, 씩씩하게, 회사에 가는 노래들을... 그리고 엄마는 요리하고 예쁜 옷을 입는 그런 노래들을 선택해서 아이들과 즐겁게 부르면서도 전혀 이 노래 속에서 이상한 점이 있다는 것을 발견하지 못했어요." (교사 면담)

출처 : 김정숙(2022).

"안녕하세요. 저는 샬롯이고 7살이에요. 레고를 좋아하지만, 레고 남자 인형이 여자 인형보다 여전히 더 많다는 게 마음에 들지 않아요. 여자 레고 인형은 집에 머물러 있거나, 해변에 가거나, 쇼핑을 하고, 직업은 없어요. 하지만 남자 인형은 모험을 하고, 일하고, 사람을 구하고, 상어와 함께 수영하기도 해요. 여자 레고 인형을 더 많이 만들어서, 그들이 모험을 떠나고 재미있는 일을 더 많이 할 수 있게 해주세요, 네?"

출처 : 김정숙(2022).

영국에서도 비슷한 일이 있었다. 7살 소녀 매기는 평소 영웅 캐릭터에 관심이 많았다. 어느 날 테스코 장난감 매장에서 슈퍼 히어로 캐릭터가 있는 시계를 집어 들었다. 뒷면에는 '소년용 장난감 선물'이라는 문구가 적혀 있었다. 화가 머리끝까지 치솟았다. 매기의 엄마는 이 화난 모습을 찍어 트위터에 항의하는 글을 올렸다. 이 트위터 글이 화제가 되면서 여론이 악화되자 테스코 측은 사과와 함께 성별 구분 문구를 없애겠다고 밝혔다.

출처 : 김주현(2017. 8. 11).

성인지 감수성이란 성차로 발생하는 일상생활 속 차별과 유·불리함을 이해하고 불평등을 인지하여 이를 해결하려는 관점과 태도이며, 성인지 감수성 교육이란 성별 간 불평등에 대한 이해와 지식을 쌓고 일상의 성차별적 요소에 대한 민감성을 기르는 교육이다(여성가족부·한국양성평등교육진흥원, 2020). 영유아에게 성인지 감수성을 길러주는 것은 아동의 권리인 평등권을 보장하는 것이고, 어린이집 평가제에서도 영유아의 성별이나 외모, 옷차림 등을 차별하거나 평가하지 않는다는 필수지표를 갖추고 있다. 어린이집 원장 및 교사가 성인지 감수성이 부족하면 무의식적으로 영유아에게 성별 고정관념을 심어주어 성장 가능성을 제약할 수 있고, 그 결과 영유아는 성별과 상관없이 자신이 원하는 것을 선택하고 꿈꾸는 사람으로 성장하기 어렵다(여성가족부·한국양성평등교육진흥원, 2020).

보육 현장에서는 우리가 부적절함을 인식하지 못한 채 다음과 같은 많은 장면들이 이루어진다.

생각나누기

- 선생님이 아이들에게 그림책을 읽어주고 있어요. 커다란 곰이 나오는 장면에서 선생님은 굵은 남자 목소리를 흉내 내요.
- 선생님이 아이들을 위해 구매할 놀잇감을 살펴보며 남자아이들이 좋아하는 것과 여자아이들이 좋아하는 것을 구분하고 있어요.
- 남자아이가 울고 있어요. 선생님은 아이에게 무슨 일인지 물어보기 위해 자세를 낮추고 눈을 맞춰요. 이 아이는 속상한 일이 있을 때마다 울음을 터뜨려요. 그래서 선생님은 남자아이인데도 눈물이 많다고 생각했어요.
- 아이들의 신발장에 이름표가 붙어 있어요. 남아들의 이름표는 파란색, 여아들의 이름표는 분홍색이네요.

| 그림 1-2 | 성인지 감수성이 부족한 보육 장면의 예시들

출처 : 여성가족부 · 한국양성평등교육진흥원(2020); 서울시여성가족재단(2016).

생각나누기

"여자 친구들 먼저 오세요!" 등 성별로 구분하는 지도는 여러 아이들을 편리하게 통솔하게 해준다. 그러나 이렇게 성별에 따라 구분하여 범주를 나누는 것은 나와 친구의 특징을 있는 그대로 받아들이기보다 "여자애들은 원래 다 저래!"와 같이 한 사람의 행동을 집단 전체로 일반화하는 오류를 낳을 수 있다. 화장실 가기, 옷 갈아입기 등 생물학적 특성의 영향을 받는 상황에서는 물론 성별을 구분할 필요가 있다.

위와 같은 상황에서는 성별이 아닌 다른 특성(예 모자가 달린 옷을 입은 친구들, 이름에 ㅅ이 들어가는 사람 등)으로 나누어 볼 수 있다. 남자아이들이 블록 놀이를 하고 있을 때 "여기는 남자아이들이 많네"라고 말하기보다 "블록 놀이 좋아하는 친구들이 여기 다 모여있네"라고 말할 수 있다.

생각나누기

교사가 처음에 남자와 여자의 의상을 교체하여 제공하였더니 유아들이 남자가 치마 입은 모습을 보고 웃음을 보이거나 "남자가 치마를 입고 있잖아?"라고 이야기하는 모습을 보였음. 이후 교사가 3일에 1번 정도 지속해서 의상을 다양하게 교체하여 제공하였더니 유아들이 교사가 입혀준 의상을 바꾸지 않고도 자연스럽게 인형을 가지고 놀이함. 교사가 유아에게 혹시 "남자친구가 치마를 입고 ○○아 나랑 공주 놀이하자 하라고 이야기하면 어떻게 하고 싶니?"라고 질문을 하였더니 유아들이 함께 놀이할 수 있다고 이야기하는 모습을 보임.

출처 : 김정숙(2022).

참고문헌

강란혜(2006). 보육교사의 전문성 인식과 교사효능감 및 직무만족도에 관한 연구. **직업교육연구, 25**(1), 71-88.

공인숙 · 권기남 · 권혜진 · 김영주 · 김진욱 · 민선영 · 민하영 · 박초아 · 이성옥 · 이완정 · 최지현(2017). **보육교사 인성론**. 서울 : 학지사.

김영명 · 복예은 · 김미희 · 곽현인 · 우성정 · 최분숙 · 박혜림 · 김경실(2019). **영유아의 의사 존중과 의사결정 참여 중심 영유아 권리 존중 보육과 교육**. 서울 : 창지사.

김유정 · 박수경 · 임정진 · 안선희(2011). 보육교사-원장 간의 관계의 질과 근무기관 내에서 경험하는 사회적 지지가 교사효능감에 미치는 영향. **한국영유아보육학, 68**, 189-213.

김은설 · 김길숙 · 이민경(2015). 영유아교사 인성평가도구 개발 및 교육. 육아정책연구소 연구보고서 2015-17.

김은설 · 박수연(2010). 보육시설장 교사 윤리강령 개발 연구. 한국보육시설연합회 · 육아정책연구소.

김은설 · 안재진 · 최윤경 · 김의향 · 양성은 · 김문정(2009). 보육종사자의 전문성 제고 방안 연구. 보건복지부 · 육아정책연구소.

김정숙(2022). **어린이집 교사의 '성 인지 감수성 일깨우기'에 관한 협력적 실행연구**. 가천대학교 일반대학원 박사학위논문.

김정희(2020). 원장의 윤리적 리더십이 영아권리존중보육에 미치는 영향에 대한 교사소진의 매개효과. **학습자중심교과교육연구, 20**(23), 1168-1188.

김주현(2017. 8. 11). 장난감의 성별 장벽을 없애라. 미미더파인.
http://www.mediafine.co.kr/news/articleView.html?idxno=4848 2023년 11월 19일 인출

김태윤 · 김미숙(2018). 보육교사의 전문성 발달수준이 권리존중 보육실행에 미치는 영향에서 보육교사의 유아권리인식 매개효과. **한국영유아보육학, 108**, 97-122.

나석희 · 이현진(2012). 어린이집 교사들이 보육경험과정에서 겪는 인간관계의 어려움과 해결방안. **유아교육학논집, 16**(1), 69-94.

문혁준 · 안효진 · 김경회 · 김영심 · 김정희 · 김혜연 · 배지희 · 서소정 · 이미정 · 이희경 · 정다운 · 조혜정(2014). **보육교사론**. 서울 : 창지사.

박부숙(2023). **쉽고 재미있는 영유아 교사론**. 경기 : 양서원.

박은혜(2009). **유아교사론**. 서울 : 창지사.

박은혜 · 박선혜 · 박신영 · 장민영 · 김지은(2019). **보육교사 인성론**. 서울 : 창지사.

박정빈 · 조미영 · 황은희(2018). 어린이집 원장의 자기 인성에 관한 인식 차이 : 기관유형, 경력을 중심으로. **한국보육지원학회지, 14**(1), 149-166.

서울시 · 서울시 육아종합지원센터(2017). **서울시 국공립 어린이집 컨설팅: 소통과 협력을 위한 셀프컨설팅**. 서울 : 디자인 나무.

서울시여성가족재단(2016). 세 살 성평등, 세상을 바꾼다: 성평등 의식개선을 위한 교육가이드북. 서울시여성가족재단.

서울특별시육아종합지원센터(2015). 서울시 어린이집 영유아 권리존중을 위한 자가 체크리스트.

신현숙(2017). 부모와의 관계에서 보육교사가 겪는 어려움과 해결방안에 관한 연구. 중앙대학교 일반대학원 석사학위논문.

여성가족부 · 한국양성평등교육진흥원(2020). 어린이집 · 유치원 교사 등을 위한 성인지 교육 교재. 여성가족부.

우정순 · 김영옥 · 차승환 · 배진희 · 김란옥(2018). **보육교사론**. 서울 : 태영출판사.

이순형 · 권기남 · 김진욱 · 민미희 · 김정민 · 김은영 · 이성옥 · 정현심 · 심도현 · 안혜령(2013). **보육교사론**. 경기 : 양서원.

이용주 · 서원경 · 조경서(2022). 어린이집 원장의 인성이 직무만족에 미치는 영향. **인문사회21, 13**(3), 367-378.

이유미 · 안지혜(2014). 유아교사의 전문성이 영유아 권리존중 보육실행에 미치는 영향. **한국유아교육 · 보육행정연구, 18**(3), 239-259.

이지영(2011). 영아의 권리에 대한 보육교사의 인식. 이화여자대학교 교육대학원 석사학위논문.

이현혜(2019). 성평등한 조직문화 만들기 성인지 감수성 UP! : 성희롱 고충심의위원 대상 성인지력 향상교육. 한국양성평등교육진흥원. http://kigepe.godohosting.com/genderbooklet/ebook/09/21/01/index.html#page=1에서 2023년 11월 18일 인출.

정동채 · 김진욱(2021). 영유아보육 · 교육기관에서 영유아권리존중보육 실행에 영향을 미치는 변인 분석. **아동과 권리, 25**(2), 187-204.

정옥분 · 김경은 · 김미진 · 노성향 · 박연정 · 방은정 · 서정연 · 엄세진 · 임정하 · 정순화 · 황현주(2021). **보육교사인성론**. 서울 : 학지사.

정지은 · 이유미(2020). 보육교사의 전문성 수준에 따른 교사-유아 상호작용 수준과 보육교사의 교사 권리존중 인식. **한국보육학회지, 20**(1), 17-29.

정희정 · 박주현 · 모아라 · 박은미 · 이소현 · 조아라(2019). **보육교사인성론**. 경기 : 양성원.

전홍주 · 권현조 · 변길진(2018). 보육교사의 교직윤리의식과 교직인성이 교직전문성 인식에 미치는 영향. **한국영유아보육학, 110**, 33-57.

조혜경 · 구경선 · 안미희(2022). **보육교사론과 인성**. 서울 : 창지사.

최인숙 · 김혜라 · 이정현 · 장유진 · 채진영 · 최은정(2022). **보육교사인성론**. 서울 : 학지사.

한국보육진흥원(2022). 어린이집 윤리강령 전문.
https://www.kcpi.or.kr/kcpi/cyberpr/noti/detail.do?colContentsSeq=63861에서 2023년 11월 09일 인출

황인애 · 봉진영 · 권경숙(2017). 영유아 권리존중 보육실행에 대한 어린이집 원장들의 어려움과 요구. **미래유아교육학회지, 24**(2), 127-149.

Jalongo, M. R., & Isenberg, J. P.(2003). *Exploring Your Role : A Practitioner's Introduction to Early Childhood Education*(2nd ed.). NJ : Upper Saddle River, Prentice Hall.

CHAPTER 02

원장의 리더십과 조직관리

김혜심(아이젤어린이집 원장)

학습목표

- 어린이집 운영에 적합한 조직관리와 리더십을 키운다.
- 원장의 직무윤리와 보육행정에 책무성을 확고히 다진다.
- 전문적 돌봄의 가치와 중요성을 안다.
- 보육교사 업무를 지원할 수 있는 전문적 역량을 강화한다.
- 전문직업적 정체성을 확립하고 원장 역할에 유능성을 기른다.
- 보육전문가로서의 권익보호와 자기관리에 힘쓴다.

1. 어린이집 특성에 적합한 리더십과 조직관리

1) 직무윤리에 기반한 어린이집 운영

(1) 원장의 직무윤리

윤리란 사람으로서 마땅히 지켜야 할 도리로서 법과 같은 규정이 아닌 내적이고 자율적인, 옳고 그름에 대한 비공식적 사회규범을 말한다. 경영윤리는 경영 목적을 달성하고자 하는 조직구성원들에게 요구되는 도덕적 도리와 규범을 일컫는 개념인 반면 직무윤리는 조직구성원 개개인들이 자신의 업무를 하면서 따라야 하는 윤리적 행동과 태도를 구체적으로 세워놓은 것이다. 따라서 직무윤리는 기업의 경영윤리의 기본 구성요소로서 윤리의 개념을 업무와 직접적인 연관성을 높여 실제적인 의미를 갖도록 만든 것이다. 직무윤리를 소홀히 해서 발생한 사건은 여러 직업에서 다양한 원인과 결과로 우리를 충격에 빠뜨리곤 한다. 직무윤리가 효과적으로 작동하기 위해서는 필수적으로 조직구성원에게 적용되는 윤리적인 규범, 강령, 행동 지침 등을 제정해야 한다. 또한 구성원 개개인이 업무를 하면서 요구되는 윤리적 행동에 대한 분명한 지침이 필요하다. 직무윤리는 기관의 인사관리와 밀접한 관계가 있고 직무윤리가 정착되기 위한 시작은 직무 중심의 인사관리이다. 직무윤리를 위해 직무분석은 필수적인 활동으로 구성원 개개인이 직무 수행하면서 요구되는 역할과 책임 범위가 분명하게 제시되어야 한다. 직무윤리는 이해관계자의 개념이 중요한데, 이해관계자는 직접 직무를 하면서 연관되는 모든 이해관계자가 가시화되어야 하고, 각각의 이해관계자와 윤리적 관계가 설정되어야 한다.

어린이집은 공익을 위해 설립이 허가된 기관으로서, 영유아와 그 부모 및 가정, 사회와 국가에 대한 윤리적 책임을 가지고(권혜진, 2021), 그에 따른 책무성을 준수해야 할 의무가 있다. 2021년 한국보육진흥원에서는 어린이집 보육교직원이 영유아의 건강한 성장과 발달을 위한 보육 활동 시 지켜야 할 직무윤리와 행동 지침을 담은 윤리강령을 개발하였다. 보육교직원의 영유아 인권 존중 의식 제고 및 직업윤리 등의 인성 소양 증진과 권익을 존중하는 문화를 조성하고 도모하기 위한 윤리강령을 교육 현장에 공표하였다. 윤리강령은 원장이 어린이집을 운영할 때 발생하는 다양한 상황에서 단순히 지식이나 교육철학만으로 해결하기 어려울 때 직업에 대한 윤리의식이나 가치관에 근간을 두어 방향성을 세우고 원장의 역할을 인식하며 올바른 결정을 내릴 수 있게 한다.

(2) 원장의 어린이집 운영

원장은 영유아의 삶의 표본이 되는 윤리의식에 따라서 원장으로서의 자질을 향상하기 위한 전문성 함양이 필요하며 어린이집은 전문성을 갖춘 원장에 의해 체계적이고 합리적으로 운영될 필요가 있다. 다음은 어린이집을 운영하는 원장이 고려해야 할 기본 원리이다(문혁준 · 김정희 · 김혜연 · 서기남 · 이성복 · 최윤희, 2022).

① 타당성의 원리

바람직한 보육 운영계획을 세우고, 운영 및 관리가 계획에 비추어 타당성이 있어야 하는 원리로서, 어떤 활동을 할 때 이것이 보육의 목표 달성을 위한 방법 중 하나의 활동이 되어야 한다.

② 수용성의 원리

원장과 보육교직원은 서로가 인정하고 수용적이어야 한다. 원장은 보육교직원이 자신의 역량과 능력을 최대한 발휘할 수 있도록 수용하는 태도를 유지한다.

③ 효율성의 원리

최소한의 고정된 자원으로 최대한의 결과를 산출하는 것이다. 그러나 보육의 효과는 단시간에 나타나는 것이 아니므로 경제적 효율성보다는 기존의 자원으로 최대의 목적을 달성하는 사회적 효율성이 강조되어야 한다.

④ 적응성의 원리

어린이집이 처한 현실적인 상황을 파악하기 위해 보육 관련 법과 정책의 변화 등을 정확하게 알고 출산장려정책, 맞벌이 부모의 요구, 다문화 가정의 지원 등을 반영하도록 한다.

⑤ 민주성의 원리

전 교직원이 민주적으로 어린이집 업무에 참여할 때 업무를 더 잘 수행할 수 있으며 어린이집의 전체적인 운영도 능률적으로 변한다. 그러므로 원장은 운영관리를 독단과 편견을 배제하고 민주적으로 진행해야 한다.

⑥ 균형성의 원리

일의 우선순위를 고려하고 자원과 노력을 공정하게 분담하여 보육의 목적을 효율적으로 달성하려는 원리로서, 여러 학습 내용과 경험이 균형 잡혀 있어야 한다.

⑦ 개방된 의사소통의 원리

원장과 보육교직원이 서로의 생각이나 감정을 상대방과 공유하고, 바르고 진실하게 행동하고 반응하는 것을 의미한다. 개방된 의사소통은 어린이집 운영관리 과정의 효율성과 효과성을 높인다.

⑧ 안정성의 원리

운영관리에 있어 일관성과 지속성을 유지하려는 원리로 조직의 관습이나 인습을 이어나가며 그 속에 있는 좋은 부분을 강화 및 발전시켜 나가는 것이다.

⑨ 자원 활용의 원리

어린이집과 관련한 시설, 인력, 예산 등과 같은 자원들을 개발하고 확실하게 보유해서 기관의 현 상황에 맞게 합리적으로 이용해야 한다. 더불어 지역사회 자원을 활용할 수 있도록 관계 기관과의 교류를 확대해야 한다.

⑩ 전문책임성의 원리

효과적인 어린이집 운영을 위해 정책과 지침에 맞는 설치기준에 근거한 최적의 전문적 서비스를 준비해야 한다. 보다 전문적으로 어린이집을 운영하기 위해 법적, 행정적인 기준을 강화하고 이를 수행해야 할 것이다.

2) 효율적인 조직관리와 리더십 발달

(1) 어린이집 조직관리

조직은 한 명의 힘으로 달성하기 어려운 목표를 완수하기 위해 두 사람 이상이 모인 조직구성원들의 집합체이고, 조직문화는 조직의 관습, 마음가짐, 행동으로 정의한다. 사람이 제각각 자신만의 고유한 개성을 가지고 있듯이 조직도 다른 조직과 구분되는 독자적인 정체성과 특성, 실력과 재능을 가지고 있다. 어린이집은 보육의 목적을 달성하기 위해 조직구성원들이 집단 경험을 공유하면서 나타나는 사고와 생활방식을 갖는 조직사회이며 고유한 조직문화를 가지고 있다. 조직구성원의 역할과 직무는 각자의 노력과 정치, 경제, 문화, 사회적 환경에 따라 변한다. 그러나 아무리 사회 환경이 바뀌어도 각자 맡은 역할의 중심은 유지하면서 역할의 내용과 폭을 변화하여 수행해야 한다. 원장은 최고운영자로서, 교사는 교사 나름대로, 각자의 역할의 축과 역할 내용, 역할의 폭을 가지고 있으며 이 세 요소의 조합에 의해 그 조직의 조직문화가 형성된다.

어린이집의 기본 특성은 다른 조직과 같지만, 규모와 기능 그리고 구성원 등이 학교나 회사 등의 조직과는 다른 특성이 있다. 원장은 어린이집만이 갖는 조직문화의 특성을 이해하고 어린이집을 효율적으로 관리하는 것이 중요하다. 어린이집 조직문화의 특성은 대략 다음과 같다.

① 어린이집은 다른 조직에 비해 규모가 크지 않고 인적 구성이 비교적 복잡하지 않다. 규모가 작으면 한 명이 여러 과제를 수행하기 때문에 과제 수행 부담이 커지고 책임소재도 불분명해서 조직구성원 간 갈등 발생의 소지가 많다. 조직 구조가 단순해서 과학성, 체계성, 합리성보다는 가족적 분위기이다.

② 보육교직원은 교육적 역할과 안정적인 양육자의 역할이 동시에 이루어진다. 돌봄이 매우 중요한 기능을 하는 어린이집은 다른 학교 조직과 비교해 부모-어린이집, 교사-영유아 간 친밀감, 관심 지원 등이 강조되며 교육도 중요하지만 양육자로서의 역할이 더 중요할 때가 많다.

③ 어린이집 조직구성원들의 공동체 의식이 약한 편이다. 어린이집의 경우 구성원들 간의 집단 응집력이 약해서 일치감을 느끼지 못하고 이직률이 높은 편이다.

④ 조직구성원의 연령대가 다양하고 여성이 대부분이다. 여성이 주 구성원인 조직은 남성 위주의 조직과 비교했을 때, 의사소통 방식이 개인적이며 업무 과제가 아닌 인간관계에 초점을 둔다. 이로 인해 관계 형성 후, 공적인 업무도 개인적인 관계 안에서 해결하는 방식이며 이는 공적인 업무처리에 부정적인 영향을 준다.

⑤ 어린이집의 가치와 질에 결정적인 역할을 하는 교사의 업무가 개인적이고 독립적이면서 대체로 업무량이 많은 편이다. 업무상 꼭 필요한 교직원 회의마저도 시간 제약으로 주 보육 시간 전·후 혹은 낮잠 시간을 활용하므로 교직원

교육, 교직원 간 협의, 의사소통의 시간이 부족하다.

⑥ 설립 주체가 매우 다양하다. 국공립, 민간, 가정, 법인, 직장, 가정, 협동 등 각 설립 주체별로 설립 취지가 다양하며 조직의 특성이 다르고 규모, 재정, 운영도 다르다.

이와 같은 어린이집 조직의 다양한 특성은 보육 서비스의 질적 다양성의 원인이 된다. 원장은 어린이집의 다양한 조직 특성을 이해하고 어린이집의 조직문화를 효율적으로 운영하기 위해 계획, 조직, 인사, 실행, 평가의 다섯 단계를 거친다. 계획은 아동 발달에 대한 원리와 이론에 따른 계획으로 어린이집이 성취 및 획득하고 싶어 하는 것에 대한 방향성을 제시하는 단계라고 할 수 있다. 조직은 목표와 목적을 완수하기 위한 인적, 물질적 기본요소들을 적절하게 배정하고 연결하는 운영관리 단계이며, 인사는 인적 환경과의 통합단계로 인적자원 모집부터 교직원의 질적 수준 향상을 위한 시간, 물적 투자가 된다. 실행은 직접 활동을 이해하는 단계이며 평가는 계획 및 실행에 대한 점검 및 평가 단계로서 원장은 전문적 지식을 바탕으로 객관적인 평가영역, 도구, 방법을 마련해야 한다.

(2) 원장의 리더십 발달

리더십은 특별한 사람만 갖는 것이 아니라 누구에게나 잠재된 능력으로, 개발 가능한 것이며 경영뿐 아니라 모든 분야에 필요하다(김경숙, 2019). 리더십은 조직의 목표를 효율적으로 완수하기 위해 집단 구성원이 목표를 성취하는 데 자발적으로 기여할 수 있도록 조정하는 리더의 행동이다. 과거에는 리더십을 정해진 규범이나 규칙에 따라 관리하고 주어진 업무를 바르게 하는 관리자로서의 리더십을 발휘하게 하고 그것을 평가하였으나 현대 사회로 접어들면서 조직은 관리자로서의 리더를 기대하는 것이 아니라 조직의 모든 구성원의 리더십에 주목하며, 일을 빨리 처리하기보다 창조성, 혁신성, 협력성에 중점을 두어 올바른 판단과 장기적 효과를 중요시하고 있다.

보육의 질을 위해 보육교사의 직무만족도 및 조직 몰입은 중요한데 보육교사와 직접적으로 상호작용하는 원장의 리더십은 중요한 요인이며 어린이집이라는 조직이 발전하고 목적된 보육사업의 성과를 만들기 위해서도 그러하다. 즉, 보육의 질적 향상은 어린이집 원장이 발휘하는 리더십이 절대적인 요소라 할 수 있다. 리더가 비전을 가지고 리더십을 수행할 때 조직구성원이 만드는 조직문화가 변하고 구성원 개인이 가지고 있는 역량을 최대한 발휘할 수 있는 환경이 되며 종국에는 전 구성원들이 업무 만족을 느낀다.

원장의 리더십은 영유아의 경험, 보육교직원의 역량 강화 만족, 학부모의 만족과 신뢰, 국가의 공보육 실천 등에 강력한 영향을 주는 강력한 역량이다. 더불어 어린이집의 리더는 원장이지만, 한 학급의 리더는 교사이며 더 중요한 것은 영유아도 리더의 역할이 부여될 수 있다는 사실이다. 다음은 다양한 유형의 리더십 유형이며 각각의 리더의 특성을 알아본다(최석란 · 김현미 · 신윤지 · 이슬기 · 이윤정, 2020).

① **강압적인 리더** : 자신의 의견에 모든 구성원이 따르기를 요구하며 자신의 지시에 대한 즉각적인 이행을 요구한다.

② **설득적인 리더** : 설득을 중요시하는 리더는 직원들의 비전을 제시하고 이를 향해 구성원을 결속시키며 비전의 중요성을 설명하고 동참하기를 요구한다.

③ **친화적인 리더** : 조직구성원 간의 감정적인 유대감을 중요시하며 구성원 간의 화합을 끌어낸다.

④ **민주적인 리더** : 민주적인 리더는 구성원 간의 의견 교환을 중요시하며 구성원의 참여와 활발한 의사소통의 합의를 끌어낸다.

⑤ **선도적인 리더** : 구성원에게 우수함과 자발성을 기대한다.

⑥ **코칭 리더** : 구성원을 코칭하며 미래를 위해 구성원의 역량을 개발하고자 한다.

3) 민주적인 의사결정과 합리적인 보육행정

(1) 의사결정 유형

의사결정이란 효과적인 목표 완수를 위해 제시된 대안 중에서 최적인 것을 선택하는 행위이다. 이것을 기본으로 어린이집에서의 의사결정 유형은 보육의 목적과 목표를 달성하기 위해 업무처리나 해결할 방법을 선택하는 원장과 보육교직원의 사고와 문제해결의 방식이 된다. 원장이 의사결정과정에서 보육교직원의 참여 정도를 어느 만큼 허용하고 인정하는가에 따라 의사결정 유형은 다음과 같이 분류할 수 있다.

① **참여형** : 바람직한 의사결정 유형으로써 원장은 보육교직원들이 집단토의를 거쳐 의사결정을 하도록 하며 보육교직원들의 참여를 최대한 허용한다. 이러한 유형을 선호하는 원장은 민주적으로 원을 운영한다. 참여형 원장이 운영하는 기관의 보육교직원들은 직무만족도와 교사효능감이 높게 나타나는 경향이 있다.

② **조절형** : 원장이 한계와 범위를 정해놓고 보육교직원의 참여 기회를 허용하는 의사결정 유형이다.

③ **조종형** : 원장은 보육교직원이 참여하는 기회를 직접적으로 주지 않으며, 이미 결정된 내용에 대해 직원들이 수긍하게 하여 예정대로 추진해 나가는 형태이다.

④ **독단형** : 보육교직원들에게 참여 기회를 전혀 주지 않고, 그들의 의견을 배척하거나 제외하는 유형이다. 이러한 상황에서는 자율적으로 프로그램을 개선하거나 어린이집과 영유아들을 위해 헌신적으로 참여하는 것을 기대하기 어렵다.

(2) 의사결정 과정

Rodd에 의하면 의사결정 과정이란 조직의 모적과 목표를 완수하기 위한 여러 가지 방안 중 가장 합리적인 방안을 선택하여 결정되기까지 조직의 목표 달성을 위한 가장 기본적이면서도 중심이 되는 활동이라고 하였다. 일반적으로 어린이집에서의 전체적인 의사결정과정은 회의를 통해 진행되는데, 회의란 자신과 다른 입장과 의견을 가진 여러 사람과 특정한 문제에 대해 의논하고 해결하기 위한 의견과 정보를 교환하는 과정이다. 회의는 의견의 일치를 가져오고 행동력을 불러일으키며, 상호협력을 통해 목표를 완수하기 위한 업무의 배분과 성취 결과를 위한 의지와 방향을 위한 화합의 장이 된다. 어린이집에서 원장과 보육교직원들을 도와줄 수 있는 의사결정 과정을 7단계로 제시하였다(문혁준 · 김정희 · 김혜연 · 서기남 · 이성복 · 최윤희, 2022). 1단계는 현재 상황, 당면한 문제, 목적에 정의를 내리고 결정에 필요한 정보를 조사한다. 2단계는 결정을 위한 기준을 세우며 의사결정 과정에서 중요한 문제로 대두되는 특성들을 확인한다. 3단계는 해결 방안을 발전시키고 선택을 명확하게 제시한다. 4단계는 각각의 선택에 따른 가능한 결과를 두고 방안을 평가한다. 5단계는 가장 합리적인 방안, 대안을 선택한다. 6단계는 결정된 방안을 실행에 옮길 수 있도록 지지한다. 7단계는 첫 번째 문제를 해결하면서 선택한 결정에 대한 효과성을 평가한다. 다음은 효율적인 회의를 위한 준비전략이다.

① 목표를 갖고 교직원 회의를 소집한다. 만일 특별한 내용이 없다면 정기적인 회의를 소집할 필요가 없으며 일상적인 공고는 게시판, 이메일 등의 방법을 사용한다.

② 회의를 소집할 때 참여 교직원의 수를 정한다.

③ 모두에게 적합한 시간에 회의를 소집한다.

④ 회의 며칠 전에 회의 주제와 관련된 자료를 참여할 교직원에게 미리 배포한다.

⑤ 시간제한을 지킨다.

⑥ 토론하는 동안 교직원 개개인의 의견을 적극적으로 경청한다.

2. 원장의 전문성과 유능성 신장

1) 원장의 전문적 자질과 원 운영 효과

어린이집은 영유아와 그 가족 그리고 지역사회에 통합적 서비스를 제공하는 보육시설이며, 어린이집의 최고운영자는 원장이다. 발달의 토대를 이루고 있는 영유아들을 보육하는 어린이집 원장의 보육 철학, 신념, 보육에 대한 가치관과 견해는 영유아의 모든 활동과 경험에 직접적인 영향을 미친다. 이에 어린이집 원장의 전문성은 질 높은 보육을 제공하고, 항상성을 유지하며 주양육자를 대신하는 적절한 돌봄의 역할을 수행하기 위해서뿐만 아니라 보육 서비스의 질을 일관성 있게 유지하고 개선하기 위해 중요하다. 우수한 자질과 능력을 갖춘 원장이 성실하게 최선을 다해야만 보육의 질이 보장될 수 있다는 것은 보육의 기본 전제조건이다. 최근 교직의 전문성에 대한 논의가 활발해지면서 전문성을 갖춘 원장의 역할도 재조명되고 있다.

어린이집 원장의 전문성이란 어린이집의 운영 및 방향을 결정하고, 전반적인 관리와 책임에 대한 역할, 기관의 업무를 수행하기 위해 요구되는 전문적 기술과 사회적 능력을 겸비한 상태(이명희, 2021), 교육과 신념, 가치관 및 도덕성과 기관의 업무를 수행하기 위해 요구되는 영유아보육, 교육전문가로서의 지식과 기술, 교직 윤리, 직업적 헌신, 학부모 및 지역사회와의 관계 능력, 운영자의 자질, 조직관리 및 행정운영에 대한 수행 능력을 원장이 겸비한 상태(이유미 · 김선정, 2021)라고 정의할 수 있다.

원장의 다양한 업무로 인해 원장의 전문성을 반영하는 이론과 지식, 가치와 태도, 기술은 제각각 기능하지 않고 연합된 형태로 나타난다. 따라서 원장의 전문성이란 단순히 원장이 갖는 지식이나 기술을 의미하는 것이 아니라 실제 어린이집 현장에서 원장이 하고 있는 업무와 역할 그리고 역할 수행하기 위해 원장이 갖추어야 하는 인성과 자질 등을 모두 포함하는 것으로 전문적 이론에 대한 지식과 기술, 전문직

직업윤리, 봉사와 헌신 등으로 전문성이 구성된다.

Hayden은 어린이집 원장의 전문성을 보육서비스 질의 향상이라는 점에 초점을 두고 기술적 능력, 보육교직원과의 관계, 보육 프로그램 운영의 지식과 기술, 공적 관계, 상징적 능력 등의 다섯 단계로 분류하였다(김희숙, 2018).

① 기술적 능력은 보육시설의 예산 운영에 관한 서류 업무, 시설 · 설비관리, 업무계획, 정책에 따른 지침 준수, 영유아의 건강과 안전한 어린이집 생활에 관한 업무 등과 관련된 시설 운영관리 기술이다.

② 보육교직원과의 관계 수립 능력은 보육종사자의 전문성을 향상하기 위한 긍정적 상호관계의 형성에 필요한 지식 및 기술과 관련된다. 그리고 원장의 지도 · 조언, 보육교직원과의 회의, 개별 면담, 보육교사의 전문성 발달을 위한 계획과 대책, 평가와 지원을 위한 능력 등도 포함된다. 효율적인 의사소통이야말로 인간관계 형성에 있어 중요한 핵심이기 때문이다.

③ 보육 프로그램 운영을 위한 원장의 지식과 기술은 영유아와 부모를 위한 보육과정 및 운영계획, 실제 방법, 영유아 교수 방법의 수행과 평가 및 감독 등과 관련된다.

④ 공적 관계 형성은 어린이집과 관계된 중앙부처나 지자체 등의 행정기관 및 전문기관과의 다양한 연계와 지원, 재정 확보 등 지역사회와의 관계를 형성하기 위해 기획하는 능력과 연관된다.

⑤ 상징적 능력은 미래의 비전을 계획하고, 보육철학과 사업의 가치를 확실히 다지며, 꾸준한 발전을 위해 노력하고, 지역사회와 지역문화를 공동 유지하고 계승시킬 수 있도록 하며, 정부의 규정과 지침을 준수하고, 어린이집을 대표하면서, 정체성을 위한 상징의 역할을 하는 것이라고 할 수 있다.

원장의 전문성은 어린이집의 거의 모든 영역에 영향을 미쳐 어린이집 보육의 질과 보육교직원의 수준, 나아가 어린이집의 생존을 결정짓는 요인으로 작용한다. 전문성이 높은 원장은 보육 과정 설계, 아동과 교직원의 교육 및 관찰자, 안전과 건강

관리자, 상담 및 조언자, 기관 및 재정 관리자, 행정가, 지역사회 계몽자 등의 다양한 원장으로서의 역할을 자신감 있게 수행하며, 도전적이고 구체적 목표를 세우고, 기관 운영에 어려움이 닥쳤을 때 이것을 해결하고자 노력하면서 문제해결의 중요한 역할을 한다. 또한 어린이집 원장의 전문성은 기본적으로 어린이집에 대한 신뢰, 기관 운영의 방향성, 서비스에 직 · 간접적인 영향을 미치기 때문에 보육의 질과 직접 연결되는 가장 중요한 핵심적인 요소라고 할 수 있다. 따라서 어린이집 원장 전문성의 중요성을 인식하고 원장의 전문성 향상에 영향을 미치는 원장의 보육신념, 직무만족, 역할수행, 리더십, 자아존중감의 향상을 위해 평가제와 같은 과업 수행 경험과 업무수행에 대한 과업 역량 및 자신을 긍정적으로 대하고 존중하는 마음을 갖도록 한다(김희숙 · 이유미 · 김선정, 2021).

2) 갈등해결 능력의 유능성

(1) 갈등관리

어린이집 원장은 영유아, 학부모, 보육교직원 등 다양한 인간관계를 맺고 업무를 수행해 가면서 여러 갈등 상황에 직면하게 된다. 어린이집은 다른 조직 및 교육기관과 비교해 규모가 작아 인간관계가 다양하고 밀접하기에 다른 조직에서보다 갈등이 깊어질 요인이 많다. 관습적으로 갈등은 목표 달성에 방해되거나 능률이 떨어질 수 있다는 부정적 관점에서만 보았다. 그러나 점차 갈등은 자연 발생적이라는 사실을 인식하게 되었고, 문제해결을 위해 갈등을 인정하게 되었다. 갈등은 그 자체로 좋고 나쁜 것이 아니기 때문에 갈등이 가진 긍정적인 잠재력이 현실화가 될 수 있도록 하는 것이 중요하다. 갈등은 개인 또는 집단이 서로의 현실과 각자의 목표 그리고 가치 등 이해관계가 달라서 생기는 것이다. 갈등관리는 갈등 상황에서 관계를 유지하기 위해 자신과 타인의 만족 욕구의 정도에 따라 상황을 고려하면서 갈등을 관리하는 것이다.

어린이집에서 주로 발생하는 갈등은 불균형적인 업무 배정, 교직원 간의 적대감 및 심리작용으로 인해 발생한다. 또한 교사와 학부모 간의 교육권 상충, 담임에 대한 불만, 학급 영유아 간 문제, 안전과 관련된 문제 등으로 학부모와 갈등이 발생하기도 한다. 갈등의 원인은 다양하고 범위가 넓으며 어느 조직에서나 존재한다. 어린이집도 예외는 아니며 갈등의 원인을 분석하여 바람직한 관리방안을 모색해 나가야 한다.

(2) 의사소통

의사소통은 가지고 있는 생각이나 뜻이 서로 통하는 것으로, 두 사람 이상이 언어적 방법 또는 몸짓, 표정 등의 비언어적 방법을 통해 감정, 느낌, 생각, 정보를 전달하고 공감하면서 상호작용하는 과정이다. 소통은 조직 내의 정서적 유대감을 형성하며 공동체 의식을 형성하게 하고 이러한 유대감은 조직의 결속력을 높여 궁극적으로 행복한 조직문화 만들기에 기여한다(최진숙, 2020). 원활한 의사소통으로 교류가 활발해지면 구성원의 사기와 업무 효율성이 높아진다. 따라서 서로 존중하고 배려하는 분위기 속에 교육목표 달성과 업무 만족도가 높아지므로 조직 내에서의 의사소통은 중요하다.

어린이집은 다른 학교급의 기관에 비해 학부모와 더 많이 소통하고 그 의사소통 역시 대단히 구체적이고 민감하게 이루어진다. 의사소통은 건강한 조직의 핵심 요소이다. 효과적인 의사소통을 위해서는 자신의 주장만큼 다른 사람의 생각과 의견을 경청할 수 있어야 하고, 상대에게 나의 의견을 전달하고자 하는 만큼 상대의 생각이나 주장도 내가 설득될 수 있다는 열린 마음을 지니고 있어야 한다. 그러나 개인의 권리에 대한 요구가 증대되고 업무는 나날이 증가하면서 갈등 요인도 증가하고 있다. 작은 문제를 방치하여 커다란 갈등이 되는 사례가 일어나지 않도록 지혜로운 의사소통 전략에 대해 고민해야 한다.

의사소통 유형에는 공식적 의사소통과 비공식적 의사소통이 있다. 공식적 의사소통에는 수직적, 수평적 의사소통이 있고, 수직적 의사소통은 다시 하향적, 상향적 의사소통으로 나눌 수 있다. 그리고 비공식적 의사소통은 비공식적인 인간관계에 의한 의사소통을 의미한다.

① 공식적 의사소통

구성원에게 기관의 목표, 방침 및 교육 내용, 지시사항 등을 알리는 것으로서, 주로 공문서, 구두 명령, 보고(직급체계 통해 이루어짐)가 이루어지며 확실하고 편리하며 권위 관계가 유지된다. 전달자, 수신자의 책임 한계가 분명히 나타나며 인간관계가 소홀하고 엄격하게 경직될 수 있다. 신속 대응이 어렵고, 획일적이고 융통성이 적다. 수직적 의사소통에서 하향적 의사소통은 조직의 위계나 명령 계통에 따라 명령과 일반 정보 등을 아래로 전달하는 방식으로 규정, 방침, 규칙, 지시, 고시 형식의 의사전달 체계를 간결, 정확하게 이해하도록 전달하며 상향적 의사소통은 교사가 원장에게 의사전달 보고, 제안, 실태조사, 상담, 고충 처리, 각종 계획 등을 하는 것으로 적극적이고 창의적인 활동을 기대할 수 있고 자발성이 촉진된다. 수평적 의사소통은 동일한 지위의 단체 및 개인 간에 일어나는 의사소통으로 비공식적 특성이 있으며 교직원 간에 상호작용한다. 조직구성원 간의 목표, 업무, 의견 등의 차이의 문제를 조정하기 위해서는 수평적 의사소통이 필요하다.

② 비공식적 의사소통

경직, 엄격, 획일, 지연 등의 특성을 가진 공식적 의사소통을 극복하기 위해 비공식적 의사소통이 발생한다. 대면접촉을 통한 잡담이나 풍문 또는 밀담 등 여러 형태로 나타나는 의사소통으로서 우정과 신뢰 그리고 존경심 등의 자연스러운 의사소통이다. 인간의 내면 욕구를 충족시킬 만큼 다양하고 융통성이 있으며 순발력 있는 대응이 가능하다. 단점은 왜곡이 될 수 있고, 권위가 손상되기 쉬우며, 소문이나 험담 등에 의해 사기가 저하되기 쉽다. 책임소재가 불분명하고 부정확하다. 비공식적 의사소통은 공식적 의사소통의 단점을 보완해 주는 긍정적인 역할을 하기도 하지만 역기능을 일으키기도 해 그로 인해 갈등이 발생하기도 한다.

원장은 일방적인 하향적 의사소통을 지양하고 보육교직원들의 적극적인 의사결정 참여를 통한 직무에 대한 만족도를 향상시키고 기관에 대한 소속감 및 자긍심 발달을 위해 상향적 의사소통과 수평적 의사소통 모두 원활하게 이루어질 수 있도록 노력한다.

3) 전문적 돌봄이 영유아에게 미치는 영향

'돌봄'은 스스로 자신을 돌볼 수 없는 사람을 보살펴 주는 실질적인 동작 행동이다. '돌봄'은 성인에게 전적으로 의존하는 영유아들과 생활하는 보육교사들이 보육하며 행하는 중요한 요소임에도 불구하고 누구나 할 수 있는 비전문적이고 비전문성을 띤 여성의 영역으로 인식하는 경향이 사회적으로 일반화되어 있었다. 그러나 최근 돌봄의 전문성을 강조하고, 역할의 특성화를 구축하려는 연구들이 등장하였으며 보육교사의 돌봄의 역할이 전문적 영역으로 정착되기 시작하였다.

신체적인 발달이 미숙한 영유아는 성인의 도움과 보호가 무조건 필요하므로 보육교사는 영유아를 교육하면서 돌봄의 역할을 함께 한다. 전반적인 발달이 덜 완성되었고 발달의 진행 속도가 다른 시기의 진행보다 속도가 빠른 영유아기는 성인의 돌봄이 절대적으로 필요하므로 보육교사는 영아가 온정으로 따뜻하고 반영하고 수용적이며 안전한 환경 속에서 발달할 수 있도록 안정된 정서 · 심리적 지원을 해야 한다. 보육교사들은 돌봄의 관계 속에서 영아의 욕구와 요구에 관심을 기울이고 필요에 진심으로 반응하는 것이 매우 중요하다. 이러한 돌봄의 관계는 보육과정에서 필수적인 부분이다. 보육교사는 영유아가 안정 애착을 형성하고 정서적으로 안정되고 편안할 수 있도록 교감하고 영유아를 안전하게 돌보는 등의 역할도 매우 중요하다. 어린이집에서의 하루 일과에서 알 수 있듯이 영유아의 식사, 낮잠, 배변 활동 등과 같은 일상생활 지도는 영유아들의 기본욕구를 충족해 주면서 교육적 의미도 함께 의미하고 있다. 이는 표준보육과정의 0~2세 여아의 기본생활 영역의 내용에서도 찾아볼 수 있는데 영아에게 낮잠 수면, 오전 · 오후 간식 및 점심식사, 기저귀 갈기, 대소변 뒤처리 등 배변 활동의 의미가 얼마나 중요하며 이때 교사의 적절한 지원이 얼마나 중요한 가치를 두고 있는지 제시하고 있다.

이와 같이 '돌봄'이란 영유아의 건강과 안전을 위한 행동일 뿐만 아니라 가치와 윤리를 포함하고 있다. 따라서 보육교직원은 영유아의 인지발달을 돕는 교육뿐 아니라 신체적, 정서적 돌봄에도 전문 지식과 이해를 반영할 필요가 있다. 보육교사는 영유아의 발달 특성을 고려하여 발달에 도움을 주는 전문가적인 역할을 하며, 영유아를 대상으로 따뜻하고 온정적인 태도와 동시에 가르치는 이로서의 전문가적 행동이 조화로울 때 바람직한 역할수행을 할 수 있다. 즉, 보육교사는 돌봄의 역할과 교육의 역할을 동시에 할 수 있어야 한다. 영아의 발달 특성을 고려할 때 교육과 돌봄의 행위는 밀접하게 연결되어 있다. 보육교사는 '돌봄'을 하는 과정에서 교사가 갖는 신념들이 영유아에게 표현되기 때문에 보육교사의 '돌봄'은 단순히 기능적인 동작이 아니라 전문적이라는 것을 간과해선 안 될 것이다.

3. 보육전문가의 자기관리

1) 원장에게 걸맞은 이미지메이킹과 자기관리

현대 사회는 이미지의 시대라고 할 정도로 자신의 이미지를 다른 사람들에게 긍정적으로 인식시키는 이미지메이킹의 중요성이 부각되고 있다. 특히 '퍼스널 이미지'라고 하는 개인의 이미지는 자신을 표현하는 의사소통의 한 가지 방법으로 상대방에게 자신의 이미지를 더욱 긍정적으로 전달하기 위한 외모, 언변, 예의 등의 다양한 이미지메이킹 요소이다. 이들을 통하여 자신이 원하는 모습으로 만들어 가는 자기관리가 이미지메이킹인데, 특히 외모는 경쟁력의 한 요인으로 인식되고 삶의 영역에 많은 영향을 미치고 있다(김영희 · 황진숙, 2018). 어떤 사람을 만나면 호감이 가는 반면, 이유 없는 거부감으로 부정적 감정을 주는 사람이 있다. 주위 사람들 모두에게 호감과 만족을 준다는 것은 불가능한 일이지만 자신의 이미지를 긍정적으로 연출한다는 것은 상대방에게 신뢰감을 주고 인간관계를 바람직하게 발전시키며 목표 달성을 이끄는 성공의 지름길이라고 할 수 있다. 따라서 이미지 향상을 통한 리더십의 강화야말로 무한경쟁 시대를 살아가는 현대인들에게 필수코스라고 할 수 있다. 밝은 표정은 성공을 부른다. 호감 주는 느낌의 표정과 분위기를 위해 웃음과 따뜻한 미소를 지어본다. 또한 성공하는 사람들의 패션 전략에서는 신분과 역할에 어울리는 패션과 때, 장소, 분위기에 맞는 자신에게 어울리는 자신이 아름다워 보이는 색상을 제안한다. 색깔을 잘 쓰는 사람은 긍정적 메시지를 주며 색깔은 사람을 행복하게 해주는 기운을 갖고 있다.

바람직한 어린이집 원장의 이미지는 영유아에게 양질의 보육을 제공하고 이러한 보육을 통해 보육교직원들이 만족감과 직업적 만족감을 얻고 부모는 물론 사회적으로 보육의 진가를 인정받는 데 필수적이다. 원장의 얼굴, 몸짓, 표정, 말투, 태도, 옷차림, 헤어스타일 등 신체적 특징으로 보여지는 모든 부분들이 원장의 성격과 생각과 의도를 알고자 할 때 원장에 대한 이해와 지식으로 작용하여 원만한 관계를 형성하고 유지하는 데 이미지의 역할로 영향을 미친다(임난주, 2015). 어린이집 원장은 이미지메이킹과 자기관리로 나의 브랜드가치를 높이고 자존감을 향상시키며 자기계발에 힘쓰도록 한다.

2) 전문직업인으로서의 권익보호와 사회인정감 높이기

사람이 행복을 추구하는 것이 지극히 당연한 것처럼 다른 사람들로부터 인정받고 싶은 욕구 또한 일반적이다. 인정은 상대방을 긍정적으로 인식하려는 일차적 목적에 따른 행위를 말하며, 개인의 자아실현을 성공적으로 실현하기 위한 조건이기도 하다. 인정은 행위 동기의 하나로서, 스스로를 조직의 구성원으로 인식하기 위해 사회적으로 인정받는 것은 필수이다. 사회적 인정이 부재한 경우, 사람은 자신이 속해 있는 사회와 갈등 관계가 되고 이는 자아정체성의 혼란이 되고 만다.

알짜닷컴에서는 현직 보육교사 100명을 대상으로 '보육교사는 전문직인가'라는 보육교사 직업정체성에 대한 인식을 조사하였다. 조사 결과 84%가 보육교사는 전문직이라고 하였으며 16%는 전문직이 아니라고 하였다(YouTube, 꼬미쌤 TV, 2021). 이 결과는 아직도 보육교사가 전문직으로 인정받고 있지 못한다는 인식이 존재함을 의미한다. 영유아 발달에 막대한 영향을 미치는 교사의 자질과 역할은 중요하다. 영유아와 부모와의 관계 못지않게 밀접한 관계에 있는 교사의 권익을 강화해서 인성을 갖추고 재능을 겸비한 인재를 보육 현장에 유입해야 한다. 권혜진(2021)은 교권을 명시적으로 정의하고 있는 법령상의 규정은 없으나 법적으로 해석한다면 먼저 교사의 인권, 교사의 권리로 보아야 하며, 교육자로서의 가장 중요한 권리인 수업권으로 해석할 수 있다고 하였다. 헌법재판소는 교권은 기본권이라기보다는 '교사의 지위에서 발생하는 직권'으로 보고 있다.

2016년 8월 시행된 「교원의 지위 향상 및 교육활동 보호를 위한 특별법(교원 지위법)」은 교권의 개념을 별도로 정의하지 않고, 교권 침해는 교육활동 침해행위라고 명명하여 시행령과 고시로 구체화하고 있다. 이후 2019년 10월 17일 개정을 통해 시행령의 내용을 법률로 상향 규정하였다. 어린이집 보육교사의 경우 교원 차원에서의 권리 보장은 부족한 편이라고 하였다(김정례 · 박준호 · 최진숙, 2022). 2021년 12월에 서울시는 서울특별시 보육교직원 권익보호 및 지원에 관한 조례안을 발표하였다. 학교 기관이나 보육 현장에서도 보육교직원에 대한 인권 침해가 이미 많은 사례가 보도되고 있어 이에 대한 개선책으로 보육교직원의 권익 보호와 지원을 통해 인권 증진 및 안전한 근무환경을 조성하여 보육의 질 향상을 위해 제정 공포된 조례는 총 9조로 구성되어 있다. 보육교직원의 권익보호 및 지원에 대한 시장의 책무(제3조), 보육교직원의 권익 보호 및 지원을 위한 기본계획과 시행계획 수립(제5조), 보육교직원 권익보호위원회 설치 · 운영(제7조), 보육교직원 권익보호를 위한 지원사업 및 행정적 · 재정적 지원근거(제8조), 협력체계 구축(제9조) 등에 관해 규정하고 있다(2022. 서욱특별시 보육교직원 권익보호 지원에 관한 조례안). 보육교직원의 권리란 보육전문가이자 영유아를 보육하는 사람으로서 보육교직원의 권리를 뜻하며, 이는 교육권과 보육교직원으로서 신분 및 지위를 보장받을 권리, 재산 및 경제상의 원리, 기본적인 인권의 측면을 포함한다고 하였다(김정례 외, 2022).

최근 보건복지부와 사회부총리가 어린이집 보육교사의 권익 보호를 위한 조치를 마련한다는 계획을 발표했다. 보육 현장의 특수성을 고려한 교사의 보육 활동 보호 방안과 보육교사의 권익 보호를 위한 조치를 충실히 마련하겠다고 밝혔다(2023. 한국유아교육신문, http://www.kindernews.net). 어린이집 원장은 조직구성원 중 조직에 미치는 영향이 가장 강력한 존재로서 함께 일하는 교직원의 직장 생활뿐 아니라 개개인의 삶과 발전에 긍정적인 영향을 주고 교직원들이 전문 보육인의 긍지와 자부심을 가질 수 있도록 해야 할 것이다. 그러기 위해 원장은 앞서 제안한 바와 같이 자신의 전문직 정체성을 확고히 확립하고 관련 정책 지원 방안이 계속 개선될 수 있도록 해서 최종적으로 보육의 질이 향상될 수 있도록 한다.

참고문헌

권혜진(2021). **영유아교육기관 운영 관리**. 서울 : 창지사.

김영희 · 황진숙(2018). 중장년층 퍼스널 이미지메이킹이 직무만족에 미치는 영향 : 직업군을 중심으로. **무역연구, 14**(6), 479-498.

김정례 · 박준호 · 최진숙(2022). **영유아교육기관 운영관리**. 경기 : 어가.

김희숙(2018). 어린이집 원장의 리더십 유형과 자아존중감이 원장의 전문성에 미치는 영향. 가천대학교 대학원 석사학위논문.

김희숙 · 이유미 · 김선정(2021). 어린이집 원장의 리더십과 자아존중감이 원장의 전문성에 미치는 영향. **학습자중심교과교육연구, 21**(14), 671-683.

문혁준 · 김정희 · 김혜연 · 서기남 · 이성복 · 최윤희(2022). **어린이집 운영관리**. 서울 : 창지사.

이명희(2021). 유아교육기관장의 전문성, 조직효과성, 유아교사의 수업전문성 및 교수효과성 간의 구조적 관계. 경성대학교 대학원 박사학위논문.

이유미 · 김선정(2021). 어린이집 원장의 리더십, 정서지능, 전문성 간의 구조적 관계 분석. **학습자중심교과교육연구, 21**(18), 821-835.

최진숙(2020). 유치원 조직의 효율적인 의사소통 및 문제해결 전략. 한국교원대학교 종합연수원 원장자격연수 교재.

한국보육진흥원(2023). 보수교육과정 매뉴얼.

한국유아교육신문. www.kindernews.net

YouTube, 꼬미쌤 TV(2021). wwww. youtu.be/XjRsxZYQXn8?si=CP17MB8pXBw0yswU

02
PART

건강 · 안전(9시간)

CHAPTER 03 안전과 건강관리

CHAPTER 04 아동학대 예방 및 대처

CHAPTER 03

안전과 건강관리

심진아(사이언스파크 어린이집 원장)

학습목표

- 안전사고 관련 법령을 이해하고, 안전사고 발생 시 절차에 따라 대처할 수 있다.
- 영유아의 응급처치와 사후관리 방법을 안다.
- 감염병, 약물 오남용 대응 매뉴얼을 작성하고, 이에 따라 대처할 수 있다.
- 영유아 미디어 중독예방을 위한 지도 및 가정연계방안을 계획하고 실행한다.

1. 안전사고 대처와 사후관리

최근 어린이집에서의 안전사고가 빈번히 발생됨에 따라 어린이집을 이용하는 영유아의 안전에 관한 중요성이 강조되고 있다. 2018~2022년까지 어린이집안전공제회의 최근 5년간 종단분석 결과 아동사고의 부상빈도는 코로나19 이후 다시 증가추세를 보였고, 사망사고는 최근 낮은 발생빈도를 보였으나 2021년 1건에서 2022년 5건으로 증가하였다. 따라서 어린이집에서 발생하는 안전사고에 관하여 살펴보고, 사고를 미연에 방지하기 위하여 노력할 필요가 있다.

2022년 어린이집 안전공제회 통계자료집에 따르면 최근 5년간(2018~2022년) 발생한 아동사고는 남아가 11,444건(60.2%), 여아 7,578건(39.8%)으로 지속적으로 높은 추세를 나타냈으며, 영아 7,201건(37.9%), 유아 9,795건(51.5%)으로 사고 현황률이 나타났는데, 특히 2세가 전 연령을 통틀어 4,403건(23.1%)으로 가장 높게 나타났고, 3세 3,912건(20.6%), 4세 3,085건(16.2%) 순으로 나타났다. 사고 시각별 사고 당시 활동은 모든 시각에서 실내 자유선택활동 중 사고 발생빈도가 가장 높게 나타났고, 사고시각은 오전시간 69.1%, 오후시간 30.8%, 사고 당시 활동은 실내 자유선택활동 7,791건(41.0%), 현장학습(실외활동 등) 4,553건(23.9%), 정리정돈 및 전이 1,555건(8.2%)의 순으로 나타났다. 사고 원인은 영유아 본인에 의해 발생한 사고가 14,195건(74.6%), 영유아 간 활동 및 다툼에 의한 사고 2,677건(14.1%), 시설설비에 의한 사고 1.062건(5.6%) 순이다.

연령별 어린이집에서 발생한 사고유형을 살펴보면 전체 19,022건 중 넘어짐과 물체에 부딪힘이 10,749건으로 전체의 56.6%를 차지했으며, 부상유형에 따른 사고는 찢어짐 4,507건(23.7%), 타박상 4,160건(21.9%), 찰과상 3,948건(20.8%) 순이다. 부상 부위는 얼굴이 12,084건(59.0%), 팔 4,249건(20.7%), 다리 2,271건(11.1%)의 순으로 나타났으며, 얼굴 중에서도 특히 눈 주변 부위에 부상빈도가 2,932건(14.3%)으로 가장 높았다. 사고 시설설비 현황에서는 실내 설비로 인한 부상은 15,601건(82.0%)으로 실외설비 3,421건보다 높게 나타났으며, 특히 실내설비 중 바닥에 넘어짐 1,688건(70.9%), 영유아용 책상 및 의자에 부딪힘 1,290건(65.7%) 순으로 나타났으며, 실외설비에 의한 부상의 경우 바닥에 넘어짐 681건(82.2%), 실외놀이기구 등에 부딪힘 163건(35.5%)의 순으로 나타났다.

보육교직원의 사고분석 결과 성별에 따른 사고는 여성이 2,885건(97.5%)으로 대부분의 사고를 차지하고 있으며, 연령별로 살펴보면 50대가 945건(31.9%), 40대(25.0%), 30대 541건(18.3%) 순이다. 직종은 보육교사가 1,975건(66.7%), 조리원 428건(14.5%), 원장 389건(13.1%) 순이며, 아동과 동일하게 오전시간이 60.7%로 오후시간보다 높게 나타났다. 사고 당시 활동은 실내 보육활동이 673건(22.7%)으로 가장 높게 나타났으며 청소 403건(13.6%), 급간식 조리 402건(13.6%)의 순으로 나타났다. 사고장소도 관내가 87.9%로 관외 12.1%보다 높게 나타났으며, 특히 보육실 884건(29.9%), 식당 및 조리실 546건(18.4%), 복도 및 계단 271건(9.2%)의 순이다. 사고 원인은 보육교직원

본인에 의해 발생한 사고 1,893건(64.0%), 영유아에 의한 사고 50건(19.6%), 시설설비 439건(13.8%) 순으로 나타났다. 사고유형은 넘어짐이 634건(21.4%), 물체에 부딪힘 506건(17.1%), 베임 349건(11.8%) 순이며, 부상 부위는 팔부상 1,377건(40.3%), 다리 1,063건(31.1%), 몸통 472건(13.8%) 순으로 나타났는데, 특히 팔 부위 중에서도 손이 799건(23.4%)으로 가장 높게 나타났다.

1) 안전사고관리 관련 법령의 이해

참고

안전관련 법규

<table>
<tr><th colspan="4">어린이집 시설 · 설비 및 안전 관련 법률</th></tr>
<tr><td rowspan="2">• 아동복지법
• 도시가스사업법
• 도로교통법
• 교통안전법</td><td rowspan="2">• 영유아보육법
• 국민건강증진법
• 전기사업법
• 환경보건법</td><td>• 승강기안전관리법
• 실내공기질관리법
• 국가정보화기본법</td><td>• 석면안전관리법
• 중대재해처벌법</td></tr>
<tr><td colspan="2">• 어린이놀이시설 안전관리법</td></tr>
<tr><td colspan="2">• 아동 · 청소년의 성보호에 관한 법률</td><td colspan="2" rowspan="2">• 어린이안전관리에 관한 법률</td></tr>
<tr><td colspan="2">• 전기용품 및 생활용품 안전관리법</td></tr>
</table>

(1) 영유아보육법

이 법은 '영유아의 심신을 보호하고 건전하게 교육하여 건강한 사회 구성원으로 육성함과 아울러 보호자의 경제적 · 사회적 활동이 원활하게 이루어지도록 함으로써 영유아 및 가정의 복지 증진에 이바지함'을 목적으로 밝히고, 「영유아보육법 시행규칙」 제9조(어린이집의 설치기준) 별표 1에 보육실, 화장실, 조리실 등 설치 기준의 세부사항을 제시하고 있어 어린이집 원장은 이점을 유념하여 안전한 어린이집 시설 관리에 유의해야 한다. 또한 영유아 성행동 관리 및 대응에 따라 「어린이집 영유아의 성행동문제 관리 · 대응 매뉴얼」을 참고하여 관리하여야 한다. 「영유아보육법」의 주요 내용 및 안전교육 주요 내용은 〈표 3-1〉과 같다.

〈표 3-1〉 영유아보육법의 주요 내용

구분	조 항		주요 내용
법률	제15조의4	폐쇄회로 텔레비전 설치 등	어린이집을 설치·운영하는 자는 아동학대 방지 등 영유아의 안전과 어린이집의 보안을 위하여 「개인정보 보호법」 및 관련법령에 따른 폐쇄회로 텔레비전(이하 "폐쇄회로 텔레비전"이라 한다)을 설치·관리하여야 함
	제15조의5	영상정보 열람금지 등	어린이집을 설치·운영하는 자는 제15조의4 제1항의 영상정보가 분실·도난·유출·변조 또는 훼손되지 아니하도록 내부 관리계획의 수립, 접속기록 보관 등 대통령령으로 정하는 바에 따라 안전성 확보에 필요한 기술적·관리적 및 물리적 조치를 하여야 함
	제18조의2	보육교직원 책무	① 보육교직원은 영유아를 보육함에 있어 영유아에게 신체적 고통이나 고성·폭언 등의 정신적 고통을 가하여서는 아니 됨 ② 보육교직원은 업무를 수행함에 있어 영유아의 생명·안전보호 및 위험방지를 위하여 주의의무를 다하여야 함
	제31조	건강관리 및 응급조치	어린이집의 원장은 영유아에게 질병·사고 또는 재해 등으로 인하여 위급상태가 발생한 경우 즉시 응급의료기관에 이송하여야 함
	제31조의2	어린이집안전공제 사업등	공제회에 가입한 어린이집의 원장은 공제사업의 수행에 필요한 출자금과 다음 각 호의 공제료 등을 공제회에 납부하여야 함. 다만, 제2호와 제3호의 공제료는 어린이집의 원장이 선택하여 납부할 수 있음 ① 영유아의 생명·신체에 대한 피해를 보상하기 위한 공제료 ② 보육교직원 등의 생명·신체에 대한 피해를 보상하기 위한 공제료 ③ 어린이집의 재산상의 피해를 보상하기 위한 공제료 • 입소 영유아 전원 생명신체 피해보상 관련 공제 의무가입 • 화재보험(화재배상책임공제)관련 공제 의무가입 • 가스사고 배상책임, 놀이시설 배상책임 가입(해당시설) • 자동차보험(차량 운행 어린이집) • 기타 보육교직원 관련 보험
시행령	제20조의8	영상정보의 안전성 확보조치	어린이집을 설치·운영하는 자는 법 제15조의5 제3항에 따라 영상정보의 안전성 확보에 필요한 다음 각 호의 조치를 하여야 함
시행 규칙	제4조의2	보호자교육	법 제9조의2에 따른 보호자 교육에는 다음 각 호의 사항이 포함되어야 함 ① 영유아의 성장·양육방법 ② 보호자의 역할 ③ 영유아의 인권보호 및 아동학대 예방 ④ 가족윤리 및 예절 ⑤ 가족의 건강·영양·안전 등
	제9조	어린이집의 설치기준 등	어린이집의 설치기준(놀이터, 비상재해대비시설 및 폐쇄회로 텔레비전의 설치기준을 포함)은 별표1과 같음
	제23조	어린이집의 운영기준	[별표 8] 어린이집의 원장은 「아동복지법」 제31조 제1항에 따라 매년 안전교육계획을 수립하여 보육 영유아에 대하여 안전교육을 실

		시한 후, 그 사실을 특별자치도지사 · 시장 · 군수 · 구청장에게 보고하여야 하며 보육교직원에게도 안전교육을 하여야 함
제33조의3	등 · 하원 시 영유아 안전관리	① 어린이집 원장은 보육교직원을 대상으로 등 · 하원 시 영유아 안전에 관한 교육을 실시하여야 함(영유아의 등하원방법, 보호자 지정 등 포함) ② 어린이집 원장은 등 · 하원 시 영유아가 담당 보육교사나 부모 등 보호자에게 안전하게 인계될 수 있도록 조치하여야 하고, 모든 영유아가 안전하게 인계되었는지 여부를 확인하여야 함

(2) 화재예방, 소방시설 설치유지 및 안전에 관한 법률

이 법은 '화재와 재난 · 재해, 그 밖의 위급한 상황으로부터 국민의 생명 · 신체 및 재산을 보호하기 위하여 화재의 예방 및 안전관리에 관한 국가와 지방자치단체의 책무와 소방시설 등의 설치 · 유지 및 소방대상물의 안전관리에 관하여 필요한 사항을 정함으로써 공공의 안전과 복리 증진에 이바지함'을 목적으로 한다. 「화재예방 · 소방시설 설치유지 및 안전에 관한 법률」의 주요 내용 및 안전교육 주요 내용은 〈표 3-2〉와 같다.

〈표 3-2〉 「화재예방 · 소방시설 설치유지 및 안전에 관한 법률」 주요 내용

구분	조 항		주요 내용
법률	제10조	피난시설, 방화구획 및 방화시설의 유지 · 관리	특정소방대상물의 관계인은 「건축법」 제49조에 따른 피난시설, 방화구획 및 같은 법 제50조부터 제53조까지의 규정에 따른 방화벽, 내부 마감재료 등(이하 "방화시설"이라 한다)에 대하여 다음 각 호의 행위를 하여서는 아니됨 ① 피난시설, 방화구획 및 방화시설을 폐쇄하거나 훼손하는 등의 행위 ② 피난시설, 방화구획 및 방화시설의 주위에 물건을 쌓아두거나 장애물을 설치하는 행위 ③ 피난시설, 방화구획 및 방화시설의 용도에 장애를 주거나 「소방기본법」 제16조에 따른 소방활동에 지장을 주는 행위 ④ 그 밖에 피난시설, 방화구획 및 방화시설을 변경하는 행위
	제11조	소방시설기준 적용의 특례	소방본부장이나 소방서장은 제9조 제1항 전단에 따른 대통령령 또는 화재안전기준이 변경되어 그 기준이 강화되는 경우 기존의 특정소방대상물(건축물의 신축 · 개축 · 재축 · 이전 및 대수선 중인 특정소방대상물을 포함한다)의 소방시설에 대하여는 변경 전의 대통령령 또는 화재안전기준을 적용

	제12조	소방대상물의 방염 등	대통령령으로 정하는 특정소방대상물에 실내장식 등의 목적으로 설치 또는 부착하는 물품으로서 대통령령으로 정하는 물품(이하 "방염대상물품"이라 한다)은 방염성능기준 이상의 것으로 설치하여야 함
	제25조	소방시설등 자체점검 등	특정소방대상물의 관계인은 그 대상물에 설치되어 있는 소방시설등에 대하여 정기적으로 자체점검을 하거나 관리업자 또는 행정안전부령으로 정하는 기술자격자로 하여금 정기적으로 점검
	제41조	소방안전관리 등에 대한 교육	다음 각 호의 어느 하나에 해당하는 자는 화재 예방 및 안전관리의 효율화, 새로운 기술의 보급과 안전의식의 향상을 위하여 행정안전부령으로 정하는 바에 따라 소방청장이 실시하는 강습 또는 실무교육을 받아야 함 ① 선임된 소방안전관리자 및 소방안전관리보조자 ② 선임된 소방안전관리자
시행령	제24조	소방안전관리 대상물의 소방계획서 작성 등	소방계획서에는 다음 각 호의 사항이 포함 ① 소방안전관리대상물의 위치 · 구조 · 연면적 · 용도 및 수용인원 등 일반 현황 ② 소방안전관리대상물에 설치한 소방시설 · 방화시설, 전기시설 · 가스시설 및 위험물시설의 현황 ~⑬까지 확인
시행 규칙	제14조의5	피난유도 안내정보의 제공	① 연 2회 피난안내 교육을 실시하는 방법 ~ ④ 엘리베이터, 출입구 등 시청이 용이한 지역에 피난안내영상을 제공하는 방법
	제15조	특정소방대상물의 근무자 및 거주자에 대한 소방훈련과 교육	소방훈련과 교육을 연 1회 이상 실시 소방서장이 화재예방을 위하여 필요하다고 인정하여 2회의 범위 안에서 추가로 실시할 것을 요청하는 경우에는 소방훈련과 교육을 실시

(3) 어린이놀이시설 안전관리법

이 법은 '영유아가 안전하고 편안하게 놀이기구를 사용할 수 있도록 어린이놀이시설의 설치 · 유지 및 보수 등에 관한 기본적인 사항을 정하고 어린이놀이시설의 효율적인 안전관리 체계를 구축함으로써 어린이놀이시설 이용에 따른 어린이의 안전사고를 미연에 방지함을 목적으로 한다. 「어린이놀이시설 안전관리법」의 주요 내용과 안전교육 주요 내용은 〈표 3-3〉과 같다.

〈표 3-3〉「어린이놀이시설 안전관리법」 주요 내용

구분	조 항		주요 내용
법률	제12조 제2항	어린이놀이시설의 설치검사 등	설치검사를 받은 시설에 대하여 2년에 1회 이상 안전검사기관으로부터 정기시설검사를 받아야 함 • '행정안전부 어린이놀이시설 안전관리시스템' 홈페이지에서 어린이 놀이시설과 관련된 정보를 종합적으로 관리하고 이를 사용자에게 제공
	제12조 제4항		설치검사 및 정기시설검사에 합격되었음을 표시
	제15조 제1항	안전전검 실시	월 1회 이상 자체 안전점검 실시(3년 보관) 안전점검 결과 위해 우려가 있는 시설에 대해 이용금지하고 1개월 이내에 안전검사기관에 안전진단 신청
	제17조 제1항	점검결과 등의 기록 · 보관	안전점검 및 안전진단결과 기록보관 (안전진단실시대장을 작성하여 최종기재일로부터 3년간 보관)
	제20조	안전교육	안전관리자 변경 및 시설물 인도 후 3개월 이내에 안전관리자에게 안전교육을 받도록 하여야 하고 재교육은 2년에 1회 이상 받도록 해야 함
	제21조	보험가입	시설을 인도받은 날부터 30일 이내에 사망 시 8천만 원, 실손해액이 2천만 원 미만인 경우에는 2천만 원까지 보상받을 수 있는 보험에 가입하여야 함
	제22조 제1항	사고보고의무 및 사고조사	중대한 사고가 발생할 경우 관할 관리감독기관에 통보

(4) 승강기 안전관리법

이 법은 '승강기의 제조 · 수입 및 설치에 관한 사항과 승강기의 안전인증 및 안전관리에 관한 사항 등을 규정함으로써 승강기의 안전성을 확보하고, 승강기 이용자 등의 생명 · 신체 및 재산을 보호함'을 목적으로 하며, 어린이집은 엘리베이터 및 덤웨이터 등의 시설이 해당되므로 지속적으로 점검 · 관리해야 한다. 「승강기 안전관리법」의 주요 내용은 다음 〈표 3-4〉와 같다.

〈표 3-4〉「승강기 안전관리법」 주요 내용

구분	조 항		주요 내용
법률	제30조	보험가입	관리주체는 승강기의 사고로 승강기 이용자 등 다른 사람의 생명·신체 또는 재산상의 손해를 발생하게 하는 경우 그 손해에 대한 배상을 보장하기 위한 보험(이하 "책임보험"이라 한다)에 가입
	제8조	승강기의 안전검사	정기검사 : 검사주기는 2년 이하

(5) 어린이안전관리에 관한 법률

이 법은 어린이의 생명과 신체에 대한 위험을 예방하고 어린이안전을 확보하기 위한 사항을 규정함으로써 어린이가 행복하고 건강한 삶을 누릴 수 있는 환경을 조성하는 것을 목적으로 한다. 「어린이안전관리에 관한 법률」의 주요 내용과 안전교육 주요 내용은 〈표 3-5〉와 같다.

〈표 3-5〉「어린이안전관리에 관한 법률」 주요 내용

구분	조 항		주요 내용
법률	제16조	어린이 안전교육	어린이이용시설 관리주체는 종사자에게 응급처치 실습 등을 포함한 어린이안전교육을 실시하여야 함
	제17조	어린이안전관리 담당자	어린이이용시설 관리주체는 다음 각 호의 업무에 관하여 어린이 안전 관리 담당자를 지정하여야 함 ① 응급조치 수칙의 수립 및 교육에 관한 사항 ② 안전관리 교육에 관한 사항

(6) 기타법령

어린이집은 이 외에도 「교통안전법」, 「도로교통법」, 「실내공기질 관리법」, 「석면안전관리법」, 「액화석유가스의 안전관리 및 사업법」 등이 해당되므로 보육교직원은 해당시설을 지속적으로 점검·관리해야 한다. 기타법령 관련 내용과 안전교육 주요 내용은 〈표 3-6〉과 같다.

〈표 3-6〉 기타법령 관련내용

법 령	관련내용
도시가스사업법	정기검사 및 수시검사, 보험 가입 등
전기사업법	여러 사람이 이용하는 시설 등에 대한 전기안전점검 기준 등
환경보건법	어린이활동공간의 위해성 관리, 보고와 검사 등
교통안전법	어린이집의 통학차량에 국토교통부령으로 정하는 기준에 적합한 운행기록장치를 장착하여야 함
도로교통법	어린이집에서 통학차량을 운행하는 경우 어린이보호구역 지정 · 관리 및 운전자, 동승보호자 교육 관련
실내공기질 관리법	실내공기질 유지기준 준수, 실내공기질 관리에 관한 교육 이수 등
석면안전관리법	석면건축물 안전관리인 지정 및 석면안전관리교육 이수 관련 등
액화석유가스의 안전관리 및 사업법	집단급식소로 신고 · 운영하는 어린이집에서는 보험에 가입하여야 함
중대재해처벌법	상시 근로자 5명 이상 사업장 적용 ① 재해예방에 필요한 인력 및 예산 등 안전보건 관리체계의 구축 및 그 이행에 관한 조치 ② 재해 발생 시 사업주와 경영책임자 등이 보고받을 수 있는 절차 및 업무분장상 보고체계 확정 ③ 관계법령상 개선 · 시정 명령(행정처분)을 명할 경우 이행할 의무 ④ 관계 법령에 따른 의무 이행에 필요한 인력배치, 예산 편성 및 집행 등

2) 안전관련 지침

(1) 보육사업안내

보건복지부(2024) 보육사업안내에서는 어린이집의 설치기준과 운영 등 전반적인 지침이 수록되어 있으며, 어린이집의 안전관리에서는 안전관리 원칙과 분야별 안전관리, 안전사고 예방대책 등의 내용을 담고 있다. 어린이집의 안전관리 내용은 다음과 같다.

〈표 3-7〉 어린이집 안전관리 원칙

관련내용
• 원장 등 보육교직원은 업무를 수행함에 있어 영유아의 생명·안전보호 및 위험방지를 위하여 주의의무를 다해야 함 • 어린이집 원장은 보육교직원 및 부모와 함께 영유아의 안전사고 예방을 위해 성실하게 노력하고 안전교육을 실시해야 함 • 어린이집은 인근 소방서, 경찰서 및 가스, 유류 등의 안전상태를 점검하는 유관기관에 의해 정기점검을 실시하고 비상연락체계를 구축해야 하며, 자체적으로 정기적인 시설 안전점검을 실시하고 기록·관리해야 함 • 어린이집 보육교직원은 영유아의 실내·외 활동 시 안전을 위해 영유아를 보호·감독해야 하며 원장은 영유아에 대한 물리적 환경과 인적환경에 대한 안전확보를 위해 시설 및 환경을 조성하고 관리해야 함 • 어린이집 내 'CCTV' 등 설치 운영과 관련된 사항은 어린이집 영상정보처리기기 설치운영 가이드라인에 따름

〈표 3-8〉 분야별 안전관리(물리적, 인적)

구 분	관련내용
물리적 환경에 대한 안전관리	• 어린이집의 보육교직원은 안전관리의 중요성을 인식하고 이를 실천하기 위하여 노력해야 함 • 원장은 『어린이집 통합안전점검표』(② 안전분야)에 따라 매일, 매월 시설안전점검을 실시하여 화재·상해 등 위험발생요인을 사전에 제거해야 함 • 아동복지법 제32조에 따라 유괴 등 범죄의 위험으로부터 아동을 보호하기 위해 필요하다고 인정하는 때에는 어린이집의 아동을 보호하기 위하여 어린이집의 주변구역을 아동보호구역으로 지정하여 폐쇄회로 텔레비전을 설치하거나 그 밖의 필요한 조치를 할 수 있음 • 100인 이상을 보육하는 시설은 어린이보호구역으로 지정·관리할 수 있음
인적환경에 대한 안전관리	• (보육교직원 행동 지침) 어린이집 보육교직원은 영유아의 안전사고 예방을 위해 영유아에 대한 보호와 감독을 철저히 해야 함 • (안전관리 및 교육) 어린이집 보육교직원은 안전점검방법 및 안전점검표의 활용법, 영유아의 발달단계 특성을 고려한 보호 및 안전교육 방법에 대해 숙지 • 어린이집 보육교직원은 영유아의 안전을 위해 영유아의 보호자와 상호 협력 • 어린이집에서는 영유아와 부모에 대한 안전교육을 시행 • 원장은 모든 보육교직원에 대해 안전교육을 실시하고, 관련 기관 등에서 전문적인 안전교육을 받을 수 있도록 조치

〈표 3-9〉 차량안전관리

구 분	관련내용
통학차량 신고	• 도로교통법 제52조(어린이통학버스의 신고 등) 참조 • 원장이 전세버스 운송사업자와 운송계약을 맺은 차량도 어린이통학버스로 신고 가능(2008. 9. 2.) • 어린이통학버스 미신고 차량 운행 시 행정처분 : 시정명령(시정명령 위반 시 최대 3개월 운영정지) • 현장체험 등 비상시적 교육활동을 위한 이동은 어린이통학버스 대상에서 제외(2023. 10. 25. 시행)
운전자	• 운전기사 채용 시 채용신체검사서 제출, 교통안전교육 이수 여부 확인 및 성범죄경력 조회 실시 • 운전자는 통학차량에 승차한 영유아가 좌석에 앉았는지, 하차한 영유아가 보도 또는 길 가장자리구역 등 자동차로부터 안전한 장소에 도착했는지를 확인한 후 통학차량 출발 • 음주, 휴대폰, 이어폰 사용 등 운전판단 능력에 영향을 미치는 행위 금지 • 출결상황 확인이 종료될 때까지 통학차량을 다른 장소로 이동하지 아니하고 차량에서 대기해야 함 • 영유아의 승하차를 위해 차량을 주정차할 경우 도로방향이 아닌 보도나 길 가장자리 구역 옆 등 안전 위해요소가 없는 방향에서 승하차할 수 있도록 차량을 주정차해야 함
동승자	• 등하원차량 운행 시 운전기사 및 보육교사 등 동승자는 영유아를 안전하게 담당 보육교사나 보호자에게 인도해야 하며, 모든 영유아가 안전하게 인도되었는지 여부를 확인해야 함 • 보건복지부 장관이 정하는 동승보호자 안전교육(온, 오프라인 모두가능)을 받고 수료증을 어린이집원장에게 제출, 2년마다 정기이수 * 교통안전 교육센터 홈페이지 • 교사와 영유아는 차량 운행시작 전 안전벨트 착용 • 어린이집에 통학차량이 도착하여 영유아가 하차한 후 지체 없이 통학차량 이용 영유아들의 승하차 상황을 확인하고 담임교사에게 통보해야 함(무단결석 영유아 확인 시 보호자를 통해 영유아의 소재확인－확인이 되지 않을 시 통학차량에 영유아가 남아 있는지 재확인)
통학차량 설비	• 신고필증 : 항상 차량 내부에 비치(앞면 창유리 우측 상단 보기 쉬운 곳에 부착) • 어린이 보호표지 : 창유리 우측 상단과 뒷면 창유리 중앙하단에 탈부착 • 운전자는 통학차량 내부에 차량 내 안전수칙을 부착하고, 차량용 소화기 및 구급상자를 비치, 『어린이집 통합안전점검표』(③ 차량분야)에 의한 안전점검 실시 • 금연을 상징하는 표지판 또는 스티커 부착, 스티커 미 부착시 시정명령 부과, 시정명령을 따르지 아니한 경우 500만 원 이하의 과태료 부과 • 통학버스 책임보험, 통학버스 종합보험 등 가입 • 영유아의 하차 여부를 확인할 때에는 행정안전부령 '어린이하차 확인장치'를 작동하고 작동 여부를 확인 • 어린이집 통학차량으로 운행하는 경우 반드시 매년 1회(1. 1.~12. 31) 어린이통학버스 정보시스템에 차량정보, 안전교육이수번호 등을 입력

	• 영유아 안전띠 설치 및 보호장구 구비 • 모든 보호장구는 안전인증(KC)마크 인증번호 반드시 부착, 장착방법 준수(2점식 안전벨트, 3점식 안전벨트, 등받이 고정 등)하여 장착 • 36개월 미만 영아의 경우 체중범위에 해당하는 안전인증 검사기준 선택 · 사용 • 좌석안전띠 착용 및 보호자 동승확인기록(안전운행기록)을 작성, 보관하고 매 분기 어린이통학버스를 운영하는 시설을 감독하는 주무기관의 장(지자체장)에게 안전운행기록을 제출하여야 함 • 교통안전법 제52조에 따라 어린이통학버스를 운영하는 자는 어린이통학버스에 운행기록장치를 장착하여야 함(2021년 1월 시행, 기존차량은 2년 유예) • 원장은 도로교통법 제56조(고용주 등의 의무)를 준수해야 하며, 어린이집 통학차량 운전자의 운전면허 효력 여부(취소 또는 정지 등)를 정기적으로 확인 *매 반기별로 운전기사에게 운전경력증명서 등을 제출받아 확인

〈표 3-10〉 대상별 안전교육(영유아, 보육교직원, 부모)

구 분	관련내용
영유아에 대한 안전교육	• 영유아 스스로가 자신의 안전을 보호 할 수 있는 능력과 기술을 가지도록 교육해야 함 • 어린이집의 장은 비상대응계획을 작성하고, 소방 대피, 지진 대피, 폭설 대비 훈련을 포함한 다양한 유형의 재난 대비 훈련을 월 1회 실시해야 함 • 어린이집의 장은 보육대상 아동의 연령을 고려하여 아동복지법령의 안전교육 기준에 따라 매년 안전교육계획을 수립하여 교육을 실시하고, 계획 및 교육 실시 결과를 관할 시장 · 군수 · 구청장에게 매년 3월 31일까지 보고해야 함
보육교직원에 대한 안전교육	• 어린이집 보육교직원은 안전교육지침 등을 숙지해야 하며, 시 · 도 및 시 · 군 · 구 등에서 안전 관련 교육을 시행할 때 적극 참여 및 이수해야 함(어린이집안전공제회가 주관하는 온라인 보육교직원 안전교육 기본 · 심화과정 중 택 1, 전 보육교직원 이수 권장, 영유아 등 · 하원 안전교육 갈음) • 화재 등 긴급사태에 대비한 계획수립 및 정기적인 점검 · 훈련을 실시해야 함 • 행정안전부의 「어린이안전관리에 관한 법률」 제16조 1항에 따라 원장은 보육교직원에게 매년 응급처치실습(소아심폐소생술 포함)을 포함한 어린이안전교육을 실시해야 함
부모에 대한 안전교육	• 어린이집의 장은 영유아의 건강 · 위생, 아동학대, 안전, CCTV 열람 등과 관련된 내용을 포함하여 부모와 충분히 협의 · 고지해야 하며 안전, 아동학대예방 등 관련교육에 부모가 참여할 수 있도록 해야 함 • 등원 시 보호자는 보육교직원에게 영유아를 직접 인계해야 하며, 하원 시 보호자의 상태(음주상태, 미성년자 등)가 영유아의 안전을 확보할 수 있어야 함

(2) 어린이집의 안전관리

어린이집은 일정 기간별로 시설 안전점검을 시행하고, 매년 영유아 안전교육계획을 수립하고 안전교육 실시 후 특별자치도지사 · 시장 · 군수 · 구청장에게 보고하여야 한다. 또한 영유아의 건강 · 위생, 아동학대, 안전, CCTV 열람 등과 관련된 내용을 포함해 부모와 충분히 협의 · 고지하여야 한다. 어린이집 시설안전관리를 위한 주요 내용은 〈표 3-11〉과 같다.

〈표 3-11〉 어린이집 시설 안전관리

전기 안전관리	• 연 1회 전기관련 기관 의뢰검사(한국전기안전공사 1588-7500) • 월 1회 이상 전기 안전 자체 검사 실시 - 누전차단기 정상작동 확인 - 분전반 내부에 불필요한 적재물 확인 - 전기전선 및 콘센트 외관 확인 - 조명기구, 배선용 기구 등은 부품교체 없이 장기간(20년 이상) 이용한 전기기구 교체 - 어린이집 주변 감전위험 확인, 위험발견 시 한국전력공사(129)에 통보하고 안전조치 요청
가스 안전관리	• 월 1회 이상 가스 안전 자체검사 실시(경보시설, 소화시설, 대피시설 등 비상사태용 시설 · 설비 관리) - 배관(호스)가스누출점검 및 상태점검, 중간밸브 적정 설치 상태 확인, 가스누출경보기 설치 및 정상작동 여부 확인, 가스보일러 및 배기통 상태 확인, 가스용기의 보관 · 설치 적정 여부 확인, LPG가스 안전 공급계약 체결 여부 확인, 사용하지 않은 배관 막음조치 여부 확인, 가스누출자동차단장치 점검 • 최초로 가스시설 설치 공사에 따른 완성검사증명서를 받은 날로부터 매 1년이 되는 날 전후 30일 이내에 받아야 함
놀이시설 안전관리	• 놀이터 및 놀이시설 2년에 1회 이상 정기시설검사 및 안전교육을 받아야 하고 월 1회 이상 자체점검을 실시하여야 함 - 행정안전부 어린이놀이시설 안전관리시스템 이용 - 정기시설 검사 및 자체점검, 안전교육 실시 - 설치검사를 받은 후 30일 이내에 보험가입
어린이 안전관리	• 어린이안전법(13세 미만 어린이의 생명과 신체에 대한 위험예방 및 안전확보를 위하여 정부 · 지자체 · 어린이이용시설 관리주체 등의 의무사항을 규정한 법, 2020. 11. 27. 시행)에 의하여 어린이이용시설관리주체 등의 응급조치 및 안전조치 의무화 - 응급환자 발생 시 응급의료기관에 신고 및 이송조치 - 응급조치 수칙 자체 수립 후 종사자 숙지 - 안전사고 위험 인지 시 지자체장 등에 신고 및 보호조치 • 어린이이용시설 종사자의 안전교육 의무화

출처 : 한국보육진흥원(2023).

3) 안전사고 발생 시 대처 및 사후관리

2022년 어린이집 안전공제회 통계에 따르면 원인별 영유아 사고 현황 중 74.6%는 영유아 본인에 의해 발생하였고, 영유아 간 활동 및 다툼 14.1%, 시설 설비 하자 5.6%, 보육교직원의 부주의 3.2% 순으로 나타났으며, 이 중 보육교직원이 직접적인 원인이 되어 발생한 612건의 사고의 결과를 세부적으로 살펴보면, 화상 34.1%, 탈구 14.2% 순으로 나타났다.

사고유형	보육교직원이 원인이 되는 주요 안전사고(탈구, 화상)
탈 구	• 기저귀 갈이 후, 영아를 일으키는 상황 중 팔 탈구 발생 • 영유아 손 씻기 중 소매를 걷어주다가 팔 탈구 발생
탈구사고 예방법	• 영유아의 관절은 매우 연약하여 탈구가 쉽게 일어나며 또 재발하기 쉬우므로 주의하여야 함 • 손목, 팔꿈치의 탈구가 가장 빈번하며 어깨, 발목, 골반 등의 탈구도 유의하여야 함
화 상	• 교사의 뜨거운 커피(차) • 텀블러나 포트에 담긴 뜨거운 물 • 이유식을 데우고 난 후 식히지 않은 상태에서 영아가 만진 경우 • 글루건 액이 충분히 마르지 않거나, 글루건을 잡아당긴 경우 • 헤어 고데기를 영유아 손이 닿는 곳에 두어 사고 발생(발표회, 졸업사진 촬영)
화상사고 예방법	• 온수 사용은 영유아들이 출입할 수 없도록 조리실 안전문을 잠근 후 주방에서 끓여야 하며, 충분히 식힌 후 적정온도인지 확인해야 함 • 전열기구 등은 영유아의 손이 닿지 않는 곳에서 사용해야 하며, 어린이집 행사 준비나 환경 정리를 위해 사용하는 글루건 등과 같은 위험한 도구의 경우 하원 시간 이후에 사용하도록 하며 절대 영유아와 함께 있는 보육시간 중에는 사용하지 않도록 함

출처 : 어린이집안전공제회(2020).

(1) 어린이집 안전사고 매뉴얼

어린이집 안전관리에 관한 총괄적 관리감독 및 사고 발생 시 효과적인 대응을 위해 안전관리책임관을 지정하며, 원장이 안전관리책임관 역할을 수행한다.

평상시 안전관리책임관의 역할
• 어린이집이 직면할 수 있는 재난, 재해에 대해 비상대응계획 수립(연 1회) • 어린이집 비상대응 훈련 계획 수립 및 실시 총괄(월 1회) • 어린이집 비상연락망(소방서, 병원, 의료, 경찰, 지방자치단체 등 유관기관/영유아 보호자/보육교직원 연락처 포함) 수립 민 관내 안전관리 기관과의 연락체계 수립

- 어린이집 내 안전관련시설(화재감지기, 소화기, 화재경보기와 수신구 등 화재 감지기구 점검, 비상대피도 마련 가스밸브, 전기 차단기 점검 및 정기적인 유지보수) 유지관리 담당
- (비상상황 및 재해 발생 시) 인명과 재산 피해 최소화를 위한 대응활동 전개 및 어린이집의 비상대응계획을 가동 및 운영해야 함
- (비상상황 및 재해 발생 후) 안전관리책임관은 재해 발생 전 상황으로 어린이집 운영이 되돌아갈 수 있도록 복구 절차 총괄을 담당하여 어린이안전관리담당자로서 ① 응급조치 수칙의 수립 및 교육에 관한 사항을 수행하고, ② 그 밖에 다른 법률에 따른 안전관리 교육에 관한 사항을 수행함

출처 : 보건복지부(2023).

〈표 3-12〉 어린이집 안전사고 매뉴얼(예시)

일반원칙	일반지침
• 교직원 자신이 당황하지 않는다. • 환자(원아, 교직원 등)의 상태 관찰 및 응급처치 • 의료기관 이송 여부 결정 • 필요시 119 등 유관기관 협조요청 • 보호자에게 연락 • 사고원인 및 피해사항 파악 • 사고보고서 입력 후 보고 • 사고원인에 따른 재발방지책 마련 • 비용 발생 시 안전공제회 보상 신청	• 응급상황에 대한 준비(역할분담, 비상연락체계구축, 심폐소생술 및 응급처치법 교육이수, 상비의약품 확인, 특이체질 원아 및 교직원 파악) • 아픈 영유아는 가급적 가정보육 권장 • 다친 영유아는 정도에 따라 원내 처치 또는 병원으로 이송하며 진행과정을 부모에게 알리고 상의(사고상황, 상처정도, 상처 치료과정, 검사 유무 등) • 필요시 즉시 119 협조 요청 • 비상시 사고발생에 대비하여 응급처치 동의서 작성 후 보관, 상황발생 시 그대로 실행 • 응급처치 동의서 기록 변경 시 가정에 변경 요청

원내 안전사고 관리		
원내 응급처치	병원이송	긴급상황
• 가벼운 찰과상 • 가시에 찔린 경우 • 다른 원아에게 물린 경우 • 코피 나는 경우 등	• 머리에 피가 나거나 혹이 난 경우 • 눈을 부딪치거나 찔린 경우 • 이가 부러지거나 빠진 경우 • 코피가 멈추지 않을 경우 • 찰과상이 깊거나 부위가 큰 경우 • 개, 고양이, 뱀에 물린 경우 • 뾰족한 것에 찔리거나 이물질이 박힌 경우 등 • 팔이 빠지는 등 탈구 • 음식 알레르기 증상 등	• 이물질이 목에 걸렸을 때 ① 의식이 있을 때 : 119 즉시 전화, 하임리히법 시행 ② 의식이 없을 때 : 119 즉시 전화, 심폐소생술 → 인공호흡 → 자동제세동기 • 독극물 마셨을 때, 경련의식이 희미하거나 없는 경우 화상 및 알레르기 반응 시 등
• 응급처치 담당 역할 분담 • 비상연락체계 비치 • 응급처치법 숙지 • 경미한 경우 처치 후 부모에게 안내	• 관찰 및 응급처치 후 의료기관 이송 여부 결정, 신속히 연락 • 보호자에게 즉시 보고 • 비상연락체계 보고	• 심폐소생술이 가능한 경우 : 감전사고, 가스나 화학물질 중독에 의한 질식, 물에 빠진 경우, 약물중독, 산소 결핍상태에서의 질식, 기도폐쇄 등

(2) 다양한 안전사고에 따른 매뉴얼

〈표 3-13〉 비상상황 발생 시 어린이집 안전사고 매뉴얼(예시)

비상상황 발생 시		
아프거나 다친 영유아 발생 시	감염병(의심증상) 발생 시	재난사고 발생 시
① **상황 · 사고 파악** '누가, 어떻게 다쳤는지, 또 다른 위험 유무'를 판단하여 원장이나 중간관리자에게 즉시 보고 ② **응급처치** 사고 유형별 긴급조치에 따라 응급처치 실시 ③ **119 신고 또는 병원진료** • 응급상황의 경우 응급상황 위치(도로명 주소), 원아 정보(나이, 병력), 응급상황 내용(증상, 환부)을 토대로 신고 • 응급상황이 아닌 경우 보호자와 연락 후 병원진료 ④ **상황수습** 남은 영유아를 안심시키고, 아프거나 다친 원아의 사고보고서를 작성	① **감염병 발생알림** 교직원, 원아 보호자에게 (감염병명, 감염병 원아 발생원아 수 및 반명, 감염병증세, 어린이집 대응 내용 등) 발생사항에 대한 알림 ② **교육환경 점검** 등원한 모든 원아 및 교직원의 건강상태 확인, 교실 내 자체 소독 및 원아 손씻기 지도, 귀가 후 당일 원내 방역소독 실시, 원내 공동공간 사용 자제 ③ **활동 변경 및 대체** 원내 공동공간 사용 자제(체육실, 유희실, 식당 등), 오전/오후통합보육 변경 ④ **원아 및 교직원 건강 관리** 등원한 모든 원아 및 교직원의 건강상태 확인, 수시 발열체크, 마스크 착용 여부 확인 ⑤ **음식물, 조리도구 위생관리** 음식물 상태 확인 및 조리도구의 살균소독 등 위생관리 철저	① **사전 점검** 어린이집의 내 · 외부시설의 점검을 통한 위험요소 찾기 어린이집 안전점검을 통해 물리적 환경에 대한 안전관리 실시 ② **안전사고 예방대책 확립** • 비상연락체계 : 소방서, 경찰서 및 가스, 전기, 수도 등 안전상태 점검을 위한 유관기관 등 • 사고보고체계 : 교직원 역할분담, 부모 비상연락망, 시 · 군 · 구 보고기관 확보를 통한 대응 조직 편성 ③ **비상경로 확보** 비상대피로, 집결장소, 외부활동 시 대피장소 등 ④ **행동요령 숙지** 각 사고별 예방/대비, 대응, 복구 매뉴얼 숙지 ⑤ **가정과의 연계** 피해예방, 대응조치, 행동요령 등을 부모 지침서에 안내

〈표 3-14〉 재난사고 발생 시 어린이집 안전사고 매뉴얼(예시)

재난사고 발생 시		
지 진	대 설	태풍 및 집중호우
1. 행동요령 지진감지 및 알림 → 안전확보 → 긴급대피 → 응급조치 → 원아 정보 확인, 보호자 인계 2. 지진대피 3원칙 엎드려 → 가려 → 붙잡아	1. 행동요령 기상예보 확인 → 등하원시간 조정, 단축수업, 임시휴원 여부 결정 후 보호자 연락 → 등원 시 체온유지용품 안내 2. 등원 전, 등하원 시 위험상황 체크	1. 행동요령 기상예보 확인 → 등하원시간 조정, 단축수업, 임시휴원 여부 결정 후 보호자 연락 → 등원 시 우천 대비용품 안내 2. 등원 전, 등하원 시 위험상황 체크

3. 지진 대피 피난장소 확보 4. 상황이 진정된 후 피난장소로 이동 5. 상황별 대응요령 구축(어린이집 내/외, 등하원 시, 차량이동 중) 6. 2차 재난 방지를 위한 점검 및 응급조치	• 걸을 때 주머니에 손 넣지 않기 • 차량이동 원아 유의 • 안전한 출입구환경 마련 3. 상황별 대응요령 구축(등원 시, 하원 시)	• 저지대나 침수지역은 우회 • 침수가 예상되는 지하시설 출입금지 • 강풍에 날리는 간판 등 조심 • 걷기가 어려울 경우 가까운 안전한 건물로 대피 • 안전한 출입구환경 마련

(3) 안전사고 발생 시 대처법

영유아의 안전사고 예방을 위한 어린이집 보육교직원의 다양한 노력에도 불구하고 예기치 못한 안전사고가 발생할 수 있다. 이때 보육교직원은 정확하고 신속한 판단을 통해 대처할 필요가 있으며, 특히 어린이집 원장은 각 보육실에서 일어나는 사고를 해당 보육교사로부터 상황 등을 이야기 나누며 1차 응급처치, 보호자와의 상황보고를 통하여 영유아의 사고를 유연하게 대처하여야 한다.

〈표 3-15〉 안전사고 발생 시 행동요령

① 사고에 대해 상세히 설명	② 보호자와 충분히 소통	③ 사고가 일어난 후 지속적으로 보호자와의 소통	④ 보상관련 정보전달
사고장소 및 위치, 상황(어디서 무엇을 어떻게) 영유아의 상태, 응급조치, 병원방문 등을 상세히 설명	• 사고로 인해 놀랐을 부모의 감정을 공감 • 부모의 감정이 가라앉을 때까지 경청하며 공감 • 사고가 난 날 저녁, 부모에게 연락하여 아이의 상태를 묻고 사고에 대한 유감을 표명	• 영유아가 등원하지 않았을 경우 : 매일 전화하여 영유아의 상태를 파악 • 영유아가 병원에 다닐 경우 : 현재 상태는 어떤지 물어보며 언제 어린이집에 등원이 가능한지 파악 • 영유아가 등원하고 있을 경우 : 매일 등 · 하원 시 영유아가 어린이집에서 주의해야 할 사항에 대해 물어보고, 영유아의 하루생활에 대해 이야기함 • 보호자와 만나지 못하는 경우 : 전화 등을 활용하여 지속적으로 소통하며 영유아의 상태에 대해 이야기 나눔 ※ 영유아의 담임교사뿐 아니라 어린이집에 근무하는 보육교직원 모두 영유아의 상황에 대해 관심을 가지며 보호자를 대함	보호자에게 보상과 관련하여 절차 및 제출서류 등 필요한 정보를 알려줌

출처 : 어린이집안전공제회(2020).

4) 영유아 응급처치 및 사후관리

영유아보육법 제31조에 따라 어린이집원장이 응급상황 시 응급조치를 하지 않은 경우 제56조에 따라 과태료가 부과된다. 따라서 어린이집 원장은 영유아에게 질병 · 사고 또는 재해 등으로 인하여 위급상태가 발생한 경우 즉시 응급의료기관에 이송하고, 안전사고 위험을 알게 된 경우 즉시 관할 지자체 등에 신고하여야 한다. 또한 응급상황 시 대처방법 및 주의사항을 숙지하여 정확하고 신속하게 처리할 수 있도록 응급처치 실습을 포함한 안전교육을 이수하여야 한다.

응급상황 시 대처방법	응급상황 대처를 위한 보육교직원 교육 시 주의사항
① 당황하지 않고 어떤 사고인지 파악(누가 어떻게 다쳤는지, 그 현장에 남아있는 위험이나 또 다른 사고의 위험은 없는지 판단) ② 다른 영유아의 부상 정도를 파악하여 적절한 조치를 취함 ③ 구조대나 응급실에 구조 요청 ④ 부모에게 연락 ⑤ 남은 영유아를 안심시킴 ⑥ 사고보고서 작성	① 모든 교직원은 기도확보와 심폐소생술 등의 응급처치법에 관한 교육을 받도록 한다. ② 손쉽게 닿는 곳에 필요한 물품이 갖추어진 구급상자를 준비해둔다. ③ 영유아의 비상연락망, 응급 시 도움을 요청할 수 있는 기관의 전화번호와 응급절차 과정 목록 등을 전화기 옆에 비치한다. ④ 야외학습을 나갈 때 교사는 휴대용 구급상자와 비상연락망을 준비한다. ⑤ 응급상황 발생 시 조치에 대한 부모동의서를 준비한다. ⑥ 사고보고서를 준비하여 사고발생 시 작성한다.

출처 : 한국보육진흥원(2023).

(1) 영유아 부모와의 소통 및 정보의 제공

어린이집 내에서 안전사고 발생 시 응급처치 후에 사고 영유아의 보호자와 소통하는 방법 또한 중요한데, 작은 사고라도 사고가 났다는 것에 대한 보호자들의 부정적 반응에 대한 우려와 부담으로 올바른 소통을 하지 못한다면 더 큰 오해와 갈등으로 번질 수 있으니 원장은 안전사고 발생 시 보호자와의 소통방법을 익혀 오해나 갈등을 좁히도록 해야 한다.

원 칙	• 빠르게 대처하기(be quick) • 정확하게 이야기하기(be accurate) • 일관성 있게 응대하기(be consistent)

보호자에게 전달할 내용을 작성

- 보호자에게 갈등(사고)의 상황을 전달할 때, 일어난 상황 그대로 사실적으로 전달
- 어린이집에서의 영유아에게 행한 응급처치나 갈등상황의 해결을 설명
- 피해아동과 행위아동이 발생하였을 경우 부모들의 연락처 교환 및 중재를 위한 자리를 마련

※ 단, 부모 간에 통화를 위해 전화번호를 알려줄 때에는 각 부모의 동의를 받아 전화번호를 알려주어야 함

보호자와의 연락 담당자를 설정

- 어린이집 원장과 영유아의 담임교사 중 보호자와 연락할 사람을 정함

※ 심각한 사고의 경우 가급적 어린이집 원장이 연락하되, 다툼으로 인한 타박상 등은 상황에 대해 자세히 설명해야 하므로 해당 담임교사가 연락하도록 함
보호자와의 연락 전에 원장과 담임교사는 서로 정확한 상황에 대해 공유

출처 : 어린이집안전공제회(2020).

(2) 행정기관과의 소통

어린이집 원장은 안전사고 후 24시간 이내에 사고보고서를 작성하여 시장 · 군수 · 구청장에게 보고해야 하며, 중대사고(중상 이상의 안전사고, 감염병 및 식중독 등 집단 질병, 화재 · 침수 · 붕괴 등 재난사고 등)는 사고발생 즉시 보고한다(즉시 유선보고 후 24시간 이내 서식에 의한 보고). 어린이집 영유아의 안전사고 및 감염병 발생 보고는 보육통합정보시스템에 입력보고를 원칙으로 한다.

(3) 어린이집안전공제회 처리절차

어린이집에서의 보험가입에는 보육통합정보시스템을 통해 어린이집안전공제회의 '영유아생명신체담보' 공제에 가입하고, 영유아 등 입소 아동의 생명 · 신체 피해보상을 위한 공제료를 납부해야 한다. 또한 집단급식소로 신고 · 운영하는 어린이집이나 어린이놀이시설 관리 주체인 어린이집은 해당 법률('액화석유가스의 안전관리 및 사업법' 제57조 등과 '어린이놀이시설 안전관리법' 제21조 등)에 따라 공제회의 해당 공제('가스사고 배상책임' 공제, '놀이시설 배상책임' 공제)에 가입해야 하며, 어린이집 원장은

안전사고 발생 시 사고처리 절차에 따라 사고접수를 한다.

* 보육통합정보시스템(cpms.childcare.go.kr)에 접속하여 메뉴>안전공제회>사고보고를 통해 사고보고서를 작성하면 청구서류 제출에 관한 팝업창을 확인할 수 있음.

5) 재난대비, 교통안전, 실종 · 유괴 예방 등 영유아 안전교육 운영관리

(1) 안전교육 관련지침

〈표 3-16〉 대상별 안전교육(영유아, 보육교직원, 부모)

구 분	관련내용
영유아에 대한 안전교육	• 영유아 스스로가 자신의 안전을 보호할 수 있는 능력과 기술을 가지도록 교육해야 함 • 어린이집의 장은 비상대응계획을 작성하고, 소방 대피, 지진 대피, 폭설 대비 훈련을 포함한 다양한 유형의 재난 대비 훈련을 월 1회 실시해야 함 - 비상대응계획은 보육사업안내 부록 「어린이집 비상대피훈련 표준안내」를 표준으로 시행 • 어린이집의 장은 보육대상 아동의 연령을 고려하여 아동복지법령의 안전교육 기준에 따라 매년 안전교육계획을 수립하여 교육을 실시하고, 계획 및 교육 실시 결과를 관할 시장 · 군수 · 구청장에게 매년 3월 31일까지 보고, 인터넷 중독예방 및 해소 관련교육은 매년 4월 30일까지 제출 - 영유아 대상 안전교육은 놀이 등 다양한 방식으로 실시 가능
보육교직원에 대한 안전교육	• 어린이집 보육교직원은 안전점검방법 및 안전점검표의 활용법, 영유아의 발달단계 특성을 고려한 보호 및 안전교육 방법과 안전교육지침 등을 숙지해야 하며, 시 · 도 및 시 · 군 · 구 등에서 안전관련 교육을 시행 시 적극 참여 및 이수해야 함 - 아동학대예방 · 안전관리 교육/교통안전교육 및 동승자보호 안전교육 등/응급처치실습을 포함한 어린이안전교육/아동학대 신고의무자 교육 매년 1시간 이상 실시 • 화재 등 긴급사태에 대비한 계획수립 및 정기적인 점검 · 훈련을 실시해야 함 • 영유아보육법 시행규칙 별표8에 따라 어린이집 원장은 매년 보육교직원을 대상으로 안전교육을 실시하여야 함. 모든 보육교직원은 어린이집안전공제회가 주관하는 보육교직원 안전교육 온라인과정 이수(당해연도 보수교육을 받은 경우 안전교육 이수로 인정) - 보육교직원 안전교육 온라인과정은 기본, 심화, 영아담당교사, 유아담당교사 중 택 1 • 어린이안전관리에 관한 법률 제16조 제1항에 따라 원장은 보육교직원에게 매년 응급처치실습(소아심폐소생술 포함)을 포함한 어린이안전교육을 실시해야 함
부모에 대한 안전교육	• 어린이집의 장은 영유아의 건강 · 위생, 아동학대, 안전, CCTV 열람 등과 관련된 내용을 포함하여 부모와 충분히 협의 · 고지해야 하며 안전, 아동학대예방 등 관련교육에 부모가 참여할 수 있도록 해야 함

출처 : 보건복지부(2023); 한국보육진흥원(2023).

〈표 3-17〉 안전교육 기준(아동복지법 제31조, 같은 법 시행령 제28조, 지능정보화기본법 제54조의 2 제1항 및 같은 법 시행규칙 제11조의1 제1항)

구분	성폭력 예방 교육	아동학대 예방 교육	실종 · 유괴의 예방 · 방지교육	감염병 및 약물의 오남용 예방 등 보건위생 관리 교육	재난대비 안전교육	교통안전교육	지능정보서비스 과의존 관련교육
실시 주기 (총시간)	6개월에 1회 이상 (연간 4시간 이상)	6개월에 1회 이상 (연간 4시간 이상)	3개월에 1회 이상 (연간 10시간 이상)	3개월에 1회 이상 (연간 10시간 이상)	6개월에 1회 이상 (연간 6시간 이상)	2개월에 1회 이상 (연간 10시간 이상)	연 1회 이상
교육 내용	1. 내 몸의 소중함 2. 내 몸의 정확한 명칭 3. 좋은 느낌과 싫은 느낌 4. 성폭력 예방법과 대처법 5. 성폭력의 개념 및 성폭력의 주체에 대한 교육	1. 나의 권리 찾기(소중한 나) 2. 아동학대 및 아동학대행위자 개념 3. 자기감정 표현하기 및 도움요청하기 4. 신고 이후 도움받는 방법	1. 길을 잃을 수 있는 상황 이해하기 2. 미아 및 유괴 발생 시 대처방법 3. 유괴범에 대한 개념 4. 유인·유괴 행동에 대한 이해 및 유괴 예방법	1. 감염병 예방을 위한 개인위생 실천 습관 2. 예방접종의 이해 3. 몸에 해로운 약물 위험성 알기 4. 생활주변의 해로운 약물·화학제품 그림으로 구별하기 5. 모르면 먼저 어른에게 물어보기	1. 화재의 원인과 예방법 2. 뜨거운 물건 이해하기 3. 옷에 불이 붙었을 때 대처법 4. 화재 시 대처법 5. 자연재난의 개념과 안전한 행동 알기	1. 차도, 보도 및 신호등의 의미 알기 2. 안전한 도로 횡단법 3. 안전한 통학버스 이용법 4. 바퀴 달린 탈것의 안전한 이용법 5. 날씨와 보행안전 6. 어른과 손잡고 걷기	* 정보지능정보화기본법 및 동법시행규칙에 의거 매년 4월 30일까지 전년도 교육실시 결과를 과학기술정보통신부장관에게 제출해야 함(NIA한국지능정보화진흥원 스마트쉼센터 홈페이지에 실시결과 등록)

출처 : 보건복지부(2023), 법제처.

(2) 놀이중심 교육과정과 안전교육

교사는 영유아의 안전한 놀이를 위해 물리적 환경의 안전성을 점검하고, 위험물질을 사전에 차단하도록 노력하며, 영유아가 스스로 자신의 몸을 조절하고 통제하는 방법을 배울 수 있도록 영유아와 함께 토의하고, 놀이를 제한하지 않는 범위에서 규칙을 정해볼 수 있다(교육과학기술부 · 보건복지부, 2019). 교사가 먼저 위험요소가 있는지 점검한 후, 영유아에게 조심할 부분에 대해 직접 알려줄 수도 있고, 영유아가 스스로 안전하게 놀이하는 방법을 습득할 수 있도록 놀이공간과 놀이자료를 충분히 탐색하여 위험요소를 찾아보고 조심하는 방법에 대해 생각해 보도록 해야 한다(교육과학기술부 · 보건복지부, 2019).

놀이중심 교육과정에서 교사는 안전의 좋은 모델이 되어 영유아가 놀이를 통해 발생할 수 있는 다양한 위험상황을 인식할 수 있도록 영유아의 일상과 놀이 속 '영유아의 안전 관심사'를 따라가며 안전교육을 제시할 수 있다.

목표 및 주요 내용	
표준보육과정	누리과정
"놀이와 연계한 활동을 통한 영유아의 배움 지원"	"놀이를 통해 발생할 수 있는 다양한 위험상황 인식"
• 교사는 영유아의 건강과 안전을 위해 필수적으로 요구되는 일상생활 습관지도나 안전교육을 계획하여 운영 • 어린이집에서는 영유아가 놀이안전과 생활안전을 지키고, 위험한 일이 발생하였을 때 도움을 받아 대처할 수 있는 능력을 기를 수 있도록 안전교육 실시 • 화재안전, 교통안전, 약물안전, 유괴에 대처하는 방법 등 안전교육 관련 법령 및 지침 등에서 제안하는 내용을 바탕으로 영유아들이 이해하기 쉬운 방식으로 지도	• 교사는 유아의 안전한 놀이를 위해 물리적 환경의 안전성을 점검, 위험물질을 사전에 차단 • 유아가 스스로 위험요소, 위험상황에 대해 충분히 탐색 • 자신의 몸을 조절하고 통제하는 방법을 배울 수 있도록 토의, 놀이를 제한하지 않는 범위에서 규칙정하기 • 왜 그 놀이가 위험한지 이해하고, 놀이 속에서 유아 스스로 조절하고 통제하는 법을 배우며 유아 스스로 안전하게 놀이하는 방법을 습득할 수 있도록 지도

최근 제정된 어린이안전관리에 관한 법률은 '어린이의 생명과 신체에 대한 위험을 예방하고 어린이안전을 확보'하며 '어린이가 행복하고 건강한 삶을 누릴 수 있는 환경을 조성하는 것'을 목적으로 어린이의 '건강과 안전'을 별도로 강조하고 있다. 영유아보육법에서도 '보육'을 '영유아를 건강하고 안전하게 보호 · 양육하고 영유아의 발달 특성에 맞는 교육을 제공하는 어린이집 및 가정양육 지원에 관한 사회복지서비스'로 정의하여 영유아의 건강과 안전을 우선하였으며, 보육 이념도 '영유아가 안전하고 쾌적한 환경에서 건강하게 성장할 수 있도록 하는 것'으로 명시하여 영유아의 건강과 안전을 다시 한번 강조하고 있다.

2. 감염병 및 건강관리

1) 영유아 및 교직원 위생관리

(1) 영유아 및 보육교직원 위생관리의 실제

어린이집 교직원은 영유아의 위생에 영향을 미치는 다음 사항들에 대해 수시로 점검하여야 한다.

- 영유아의 감기, 독감, 홍역 등 유행성 질환 감염 여부
- 영유아의 피부, 머리 손 · 발톱, 치아상태
- 교직원의 의복 청결상태 및 피부상처 여부 등 업무 전후 위생상태
- 보육실 및 보육실을 제외한 실내외 공간의 청결상태
- 보육실 내의 놀이기구, 놀잇감과 활동자료, 보관함의 청결상태
- 침구 및 기저귀 가는 공간 등의 위생상태
- 욕실, 화장실(이동식 변기포함), 세면도구 등의 청결 및 위생상태 등

① **영유아 예방접종** : 매년 정기적으로 영유아 예방접종 사실을 확인하고, 예방접종을 받지 않은 영유아에게는 필요한 예방접종을 받도록 보호자에게 안내하며 내역에 관한 사항을 기록하여 관리해야 함

* 필수예방접종 : 감염병의 예방 및 관리에 관한 법률(제24조 제1항)에 따라 예방접종 대상 감염병 중 특별자치도지사 또는 시장 · 군수 · 구청장이 관할 보건소를 통해 필수적으로 예방접종을 시행해야 하는 16종의 감염병에 대한 예방접종(결핵, 폐렴구균, 수두, 사람유두종바이러스 감염증 등)

② **영유아 건강진단** : 보호자가 영유아에게 매년 1회 이상 건강검진을 실시할 수 있도록 영유아건강검진 방법에 대해 안내하고, 실시 여부에 따른 관련 증빙서류를 비치하여 관리함

- 영유아검진결과 정밀평가가 필요할 경우 소득에 따라 평균 20만 원 정밀검사비 지원(관할 보건소 문의)
- 보호자에게 3회 이상 건강검진 안내 · 요구사실 기록(가정통신문, 알림장, 키즈

노트 등)에 따라 건강진단 미이행으로 인한 과태료 부과대상에서 제외

③ **보육교직원 건강진단** : 어린이집 보육교직원 및 어린이집에서 함께 거주하는 자는 연 1회 이상(1. 1.~12. 31) 건강검진을 실시하고 관련 증빙서류를 비치함

- 결핵검진은 매년 실시해야 하나, 일반 건강검진 실시로 갈음 가능
- 잠복결핵검진은 다른 기관으로 소속이 변경될 경우 실시하며 잠복결핵감염 판정 시 치료 권고
- 감염병에 감염 또는 의심증상이 있는 경우 증상 및 감염력이 소멸되는 날까지 격리, 휴직 등의 근무제한을 조치하고 단, 일상적인 접촉을 통해 타인에게 감염이 일어날 가능성이 없고, 격리대상질환이 아닌 경우(B형 간염 등) 업무종사 제한 및 격리대상이 아님

2) 감염병 및 약물 오남용의 예방과 관리 계획수립

(1) 감염병 예방과 대응 및 사후관리

감염병은 「감염병의 예방 및 관리에 관한 법률」에 따라 국민 건강에 위해(危害)가 되는 감염병의 발생과 유행을 방지하고, 그 예방 및 관리를 위하여 필요한 사항을 규정하고 있다. 어린이집에서는 감염관리를 통해 어린이집 내 감염의 전파를 감소시켜야 하는데, 특히 감염병에 대한 면역이 발달하고 있는 단계로 면역이 미숙하고, 감염병에 취약하므로 그 관리가 매우 중요하다. 따라서 어린이집 내 감염관리를 위하여 감염병 관련 영유아, 보육교직원 관리수칙, 감염성 질환 관리 및 대처방법, 격리조치사항, 시 · 군 · 구 및 보건소 신고대상을 포함한 감염병 관리 계획수립의 예는 다음 표와 같이 제시한다.

〈표 3-18〉 감염병 관리계획(예시)

감염성(전염성) 질환 관리수칙	
영유아	보육교직원
1. 영유아의 감염병 의심 등 이상징후 발견 시 즉시 원장과 보호자에게 알려 의료기관의 진료를 받도록 안내한다. 2. 응급상황일 경우 즉시 119에 신고하고, 절차에 따라 응급처치를 한다. 3. 긴급하게 대처해야 하는 상황(고열 등)에서는 보호자와 유선으로 연락 후 필요한 조치를 취할 수 있다. 이미 등원한 경우 별도의 공간인 임시보건실에서 전담 보육교직원이 보살피며 쉬도록 한다. 4. 감염병 진단일 경우 감염병의 종류에 따른 잠복기간을 고려하여 감염병의심 영유아는 등원을 중단하고 어린이집으로부터 격리한다. 단, 일상적인 접촉을 통해 타인에게 감염의 가능성이 없고, 격리대상질환이 아닌 경우 감염병 질환자라 하더라도 등원 중단 및 격리대상이 아니므로 해당 질환자가 등원제한 및 별도의 규제나 불이익을 받지 않도록 각별히 주의한다. 5. 감염성 질환에 감염된 영유아는 완치 후 재등원 시 증상 또는 감염력이 소멸됨을 증명하는 의사소견서 또는 진단서를 요청한다. 6. 영유아가 사용하는 모든 공간 및 물건을 소독하며 방역한다.	1. 감염병 의심 증상이 발생할 경우 다른 사람과 접촉하지 않도록 하며 곧바로 가까운 의료기관에 방문하여 진료를 받는다. 2. 감염병 예방을 위해 보육교직원이 손을 씻어야 할 때에는 비누를 사용하여 30초 이상 손을 자주 씻고 기침이나 재채기를 할 때는 손이 아닌 휴지나 옷소매로 입과 코를 가리는 기침예절을 지킨다. 3. 집단유행을 막기 위해 감염 시 전염기간 동안에는 출근을 하지 않는다. 4. 완치 후 출근 시 미리 출근 1일 전에 원장에게 보고하고, 병원에서 증상 또는 감염력이 소멸됨을 증명하는 의사소견서 또는 진단서를 발급받아 원에 제출한다. 5. 만약 임신 중인 교직원이 있다면 수두, 풍진, 감염홍반, 사람거대세포바이러스(HCMV)에 의한 질병을 특별히 주의한다.
감염성(전염성) 질환 관리 및 대처방법	
영유아	**보육교직원**
• 매일 등하원 시 영유아의 건강상태 주의 깊게 살피기(평소와 다른 행동, 기침, 발열, 식욕저하, 충혈, 설사, 잠만 자려고 하거나 발진, 구토 등) • 감염성(전염성) 질환이 의심되거나 감염된 영유아의 경우(지속적인 심한 고열, 붉은 반점, 수포성 발진, 기침, 구토, 곱이 섞인 설사, 결막염) 즉시 격리하고 부모와 협의하여 조치 • 영유아에게 자주 발생하는 전염성 질환의 예방 및 관리에 관한 일반적 정보를 가정통신문을 통해 제공	• 감염병이 의심되는 보육교직원은 보육 업무 제외 : 영유아 격리기준을 보육교직원에게 동일 적용 • 보육교직원 스스로 몸이 좋지 않지만 일을 할 수 있다고 여겨지면 손씻기를 자주 하고, 마스크 착용 등 영유아 접촉을 최소화하는 업무 위주로 근무 • 보육교직원 등 종사자 고용 시(실습생 포함) 어린이집의 격리지침 미리 알리기 • 원장은 보육교직원에게 식중독 및 감염성(전염성)으로 의심되는 증상 발견 시 즉시(사고발생 24시간 이내) 시 · 군 · 구 보육 담당부서 및 관할 보건소에 신고

격리가 필요한 경우	격리가 필요하지 않은 경우
• 가능한 아픈 영유아와 건강한 영유아를 격리하여 보호(임시보건실 이용) • 전담 보육교직원을 두어 아픈 영유아 돌보기 • 아픈 영유아 놀잇감은 별도로 제공하고 사용 후 반드시 소독 • 물놀이 하지 않도록 하기	• 영유아가 자주 손을 씻도록 지도 • 동료교사 또한 자주 손씻기 • 가급적 아픈 영유아와 함께 물놀이 하지 않기 • 놀이시설 및 놀잇감, 보관함, 문 손잡이 등 자주 소독하기
시 · 군 · 구 보고대상 감염병	**보건소 신고대상 감염병**
• 수족구병, 풍진, 유행성결막염, 인플루엔자(유행성독감), 장염, 홍역, 유행성이하선염(볼거리), 전염성농가진, 수두, 무균성수막염, 결핵, 성홍열	• 결핵, 행역, 콜레라, 파라티푸스, 세균성이질, 장출혈성대장균감염증, A형간염

(2) 약물오남용의 예방과 관리

- 어린이집에서 아동에 대해 해열제 · 감기약 등을 투약할 경우 미리 투약의뢰서에 의한 부모의 투약의뢰서 또는 부모의 투약요청 의사를 확인(유선, 문자, SNS 등)하고 투약요청에 대한 증빙 가능 시 투약을 실시해야 함

  ※ 투약 시 약품에 기재된 투약기준(용법, 용량, 유효기간 등)을 준수해야 함

  영유아가 접근할 수 없는 안전한 장소에 응급조치를 위한 비상약품 및 간이 의료기구 등을 비치하고 유효기간을 확인하여 기간이 경과한 의약품은 폐기해야 함
- 약물 오남용에 대한 대처 방법(심성경 · 고경미 · 이선경 · 변길희 · 강 진 · 류경희, 2017).
  - **의약품에 의한 사고** : 안전한 용기에 넣어 영유아의 손에 닿지 않는 곳에 보관한다. 유효기간이 지났거나 용도가 분명하지 않으면 폐기하고 영유아가 약을 먹을 때는 반드시 교사의 지도가 필요하며 확인되지 않은 약을 먹었을 경우 손가락을 입에 넣어 혀의 평면을 아래로 눌러 토하게 한다. 약물사고가 발생하면 119로 신고하여 전문가의 도움을 받는다.
  - **가정용 화학약품에 의한 사고** : 가정용 화학약품은 내용을 알아볼 수 있도록 상표가 있는 원래 용기에 보관하고 영유아가 접촉하기 쉬운 잔디밭이나 나무

에는 살충제를 뿌리지 않는 것이 좋다. 에어졸 용기는 열이 가해지면 폭발 위험이 있으므로 구멍을 뚫어서 분리수거함에 버린다.

- **중금속에 의한 사고** : 영유아를 위한 놀이기구와 놀잇감 등은 납성분이 없는 페인트 칠한 것을 사용하며, 통조림 식품은 개봉 후 바로 유리나 플라스틱 용기에 옮겨 담는다. 영유아의 영양소 중 철분과 칼슘의 양이 낮아지면 납의 흡수가 증가한다.

3. 미디어 중독예방을 위한 생활지도

1) 미디어 중독예방(스마트폰 과의존)을 위한 생활지도 방안

스마트폰 과의존이란 과도한 스마트폰 이용으로 스마트폰에 대한 현저성이 증가하고, 이용 조절력이 감소하여 문제적 결과를 경험하는 상태로 단순 사용량이 아닌 사용으로 인한 부정적 영향과 제어 어려움이 주요 문제로 인식되는 것이다(한국지능정보사회진흥원, 2023).

영유아들은 태어나면서부터 디지털 매체를 가지고 놀았기 때문에 개인용 컴퓨터, 휴대전화, 인터넷과 같은 디지털 환경을 태어나면서부터 생활처럼 사용하는 디지털 네이티브(Digital Native, 디지털 원주민)로서 새로운 매체에 대한 거부감이 없다. 따라서 첨단기술 또는 첨단매체를 능숙하게 사용하는 것도 중요하지만 유아가 미디어를 '유익하고', '지혜롭게' 사용할 수 있도록 양육자가 온정적인 대화와 적극적인 안내로 유아기 자녀의 스마트미디어 사용에 개입한다면 자녀의 스마트미디어 과의존을 낮출 수 있다(이연승, 2020; 신수아 · 김지현, 2023).

〈표 3-19〉 미디어 중독예방을 위한 어린이집과 가정의 생활지도 방안

어린이집	가정
• 미디어 활용 교육활동은 영유아의 미디어 노출 경험이 최소화되도록 필요한 경우로 제한 • 가정의 전자 미디어 이용상황 체크 • 가정에서 미디어 중독예방을 위한 위험을 인지하고 지도할 수 있는 연계자료를 발송하고, 미디어 사용 이외에 가족과 함께할 수 있는 활동 소개	• 자녀와 미디어 접하는 시간 정하기(언제, 어떤 매체를, 어떤 목적으로, 얼마간의 시간 동안 사용할 것인지 함께 결정하며, 매일 일정한 시간을 규칙적으로 시청하지 않도록 주의) • 미디어를 통한 학습을 지양하고, 오감각을 활용한 놀이 경험 지향 • 미디어 사용이 필요할 경우 반드시 보호자와 함께 시청하며 상호작용하기

출처: 서울시 어린이집 안전수칙 매뉴얼(2016).

2) 영유아기 미디어 과의존 예방 및 관리를 위한 가정연계

(1) 게임과몰입과 영유아

게임과몰입은 게임에 강박적으로 의존하게 되고, 내성이 생겨 사용 시간이 증가하여 심리 정서적, 신체적, 물리적으로 심대한 지장을 받고 있는 상태로서 게임과몰입 등 과도한 스마트미디어 사용은 유아의 신체적, 심리적, 사회적 측면에서 부정적 결과를 초래할 수 있다(채유경, 2006, 신수아 · 김지현, 2023 재인용).

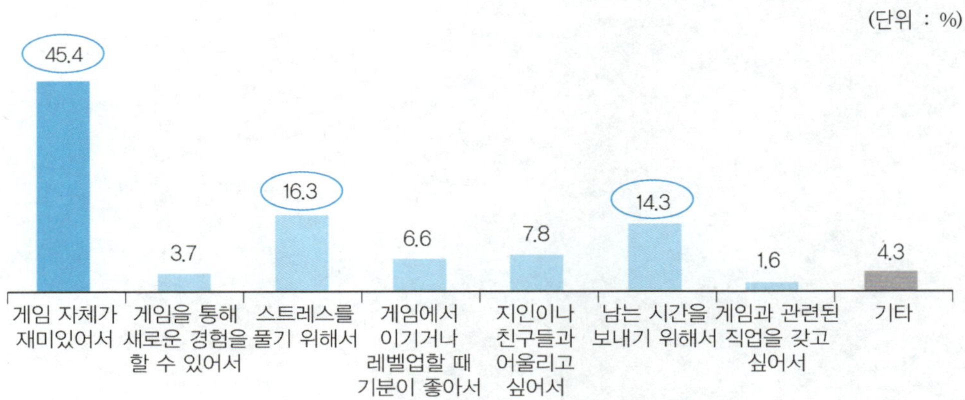

┃그림 3-1┃ 청소년이 평소 게임을 하는 가장 큰 이유

출처 : 한국콘텐츠진흥원(2022).

(2) 건강한 디지털미디어 사용을 위한 부모역할

디지털시대의 스마트미디어 사용은 더이상 배척하거나 금지하고 통제하고 모른 척할 수 없으므로 부모는 게임을 알고 자녀와 함께 이야기할 수 있어야 하며, 게임 외의 '즐거움'을 찾아줄 수 있어야 한다. 게임을 안다는 것은 게임을 하나의 놀이문화로서 인정하는 것이고, 게임의 유형(장르)과 게임이용등급을 아는 것이다. 따라서 즐겁게 할 수 있는 게임을 부모가 먼저 제안할 수 있어야 하며, 게임이용규칙을 함께 만들고, 게임을 보상으로 활용하지 않아야 한다. 영유아가 더 게임하고 싶은 것은 더 놀고 싶은 것, 즉 당연하게 들 수 있는 마음으로 인식하여 영유아의 주도성과 책임감을 위해 함께 규칙을 정할 수 있어야 한다.

부모가 게임을 알고 있다는 것은 안전한 울타리 안에서 영유아가 스스로 결정하고 자기통제감을 배울 수 있다는 점에서 중요하며, 부모의 확고하고 일관성 있는 제한을 통해 안전한 경계와 체계를 만들어 주는 것 역시 필요하다(이장주, 2021).

참고문헌

교육과학기술부 · 보건복지부(2019). 2019 개정 누리과정 해설서.

근로복지공단(2022). 직장어린이집 중대재해 처벌법 대응매뉴얼.

보건복지부(2023). 2023년도 보육사업안내.

서울특별시(2016). 서울시어린이집 안전수칙 매뉴얼.

신수아 · 김지현(2023). 부모의 스마트미디어 제공의도가 만 5세 유아의 스마트미디어 과의존에 미치는 영향 : 부모의 스마트미디어 중재와 유아의 자기조절력의 이중매개효과를 중심으로. **아동학회지, 44**(2), 87-102.

어린이집안전공제회(2020). 보육교직원 안전교육 심화과정 개발 연구.

__________________(2023). 2022년 어린이집안전공제회 통계자료집.

이연승(2020). **디지털 네이티브가 태어나다.** 경기 : 양서원.

이장주(2021). **게임세대 내 아이와 소통하는 법 : 지혜로운 부모는 게임에서 아이의 미래를 본다.** 서울 : 한빛비즈.

채유경(2006). 초등학생 게임 과몰입에 관한 통합예술심리치료 프로그램 개발 및 효과 검증. **한국상담학회, 7**(3), 885-898.

한국보육진흥원(2023). 어린이집 설치 · 운영 매뉴얼.

한국지능정보사회진흥원(2023). 스마트폰 과의존 척도 개발(개편) 연구보고서 및 매뉴얼.

한국컨텐츠진흥원(2022). 2021 게임과몰입 종합 실태조사

법제처 국가법령정보센터 www.law.go.kr

어린이집안전공제회 홈페이지 www.csia.or.kr

CHAPTER 04

아동학대 예방 및 대처

김준희(명지전문대학 유아교육학과 조교수)

학습목표

- 영유아기의 신체적 · 성적 · 정신적 폭력의 경험이 아동기뿐만 아니라 아동의 삶 전반에 부정적 영향을 준다는 점을 인식하고 경각심을 가진다.
- 민법의 징계권 폐지는 부모뿐만 아니라 아동을 양육하는 모든 보호자에게 적용됨을 인식하고, 어떤 이유로든 신체적 · 정서적 벌을 주는 일체의 행위가 금지됨을 명확히 인식하고 실천한다.
- 아동학대에 관한 법령과 법적 조치과정을 잘 알고, 학대범죄에 대처한다.
- 사법절차 대상이 아닌 경미한 어린이집 학대사례에 대하여 아동중심의 관점에서 적절한 조치와 사후관리를 수행한다.
- 보육교직원에 대하여 사례중심의 학대예방교육을 실시한다.

최근 빈번하게 일어나는 아동학대 사건들이 보도되면서 아동학대에 대한 사회적인 관심이 늘어나고 있다. 이러한 사건에는 아동을 보호 · 양육을 책임하고 있는 부모나 보육 교직원의 학대사례도 있으므로 관련 종사자들은 문제의 원인을 파악하고, 예방을 위한 방법 및 지원체계 등을 모색하여야 한다.

'징계권 폐지'(2021. 1)에 대해 알고 있나요?

민법 제915조

친권자는 그 자녀를 보호 또는 교양하기 위하여 필요한 징계를 할 수 있다.

1. 아동학대 근절을 위한 원장의 책무

1) 어린이집 학대 발생 현황

보건복지부 통계에 따르면(2020~2023) 연도별 아동학대 사례 중 어린이집에서 발생한 사례는 2020년 20,906건 중 439건(2.1%), 2021년 30,905건 중 649건(2.1%), 2022년 27,971건 중 613건(2.2%), 2023년 25,739건 중 382건(1.5%)인 것으로 나타났다.

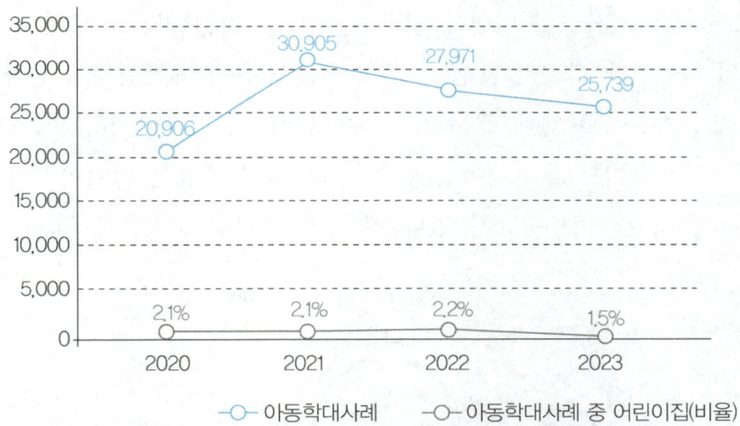

| 그림 4-1 | 2020~2023년 어린이집 아동학대 현황

출처 : 보건복지부(2024).

어린이집은 영유아를 건강하고 안전하게 보호, 양육하고 교육하기 위한 목적을 가진 기관이다. 어린이집 내에서 아동학대 행위가 발생한다면 이는 이미 보육행위에서의 실패라 할 수 있으므로, 어린이집에서는 아동권리 존중의 기초선(base-line)이 지켜질 수 있도록 적극적으로 노력할 필요가 있다(한국보육진흥원, 2023).

2) 아동학대 예방을 위한 기본 전제

어린이집에서의 아동학대 판례를 분석해 보면, 무시, 비난, 조롱, 거짓 협박, 차별,

거친 접촉 등 권리 존중 상호작용의 기초선을 흔드는 부적 요소들이 반복되면서 아동학대로 이어진 것을 볼 수 있다.

(1) 아동학대에서의 니어미스

니어미스(Near Miss)[1]란 안전사고가 일어날 뻔했으나 다행히 사고로 이어지지는 않은 것을 의미한다. 안전관리 분야에서는 종사자가 니어미스를 경험했을 경우 이를 보고하도록 한다. 그리고 그 원인을 파악하여 종사자의 행동이나 업무 환경을 변화시킴으로써 안전사고를 미연에 예방, 관리하는 것을 원칙으로 한다. 어린이집에서 불의의 아동학대 사고가 발생할 경우, 이는 영유아의 안위에 부정적인 결과를 초래할 수 있으며, 이로 인해 전문적으로 수행되어야 할 보육활동의 기반 자체가 흔들릴 수 있다. 그러므로 어린이집에서의 아동학대 예방은 니어미스의 수준에서 적극적으로 중재, 관리될 필요가 있다(보건복지부 · 한국보육진흥원, 2023).

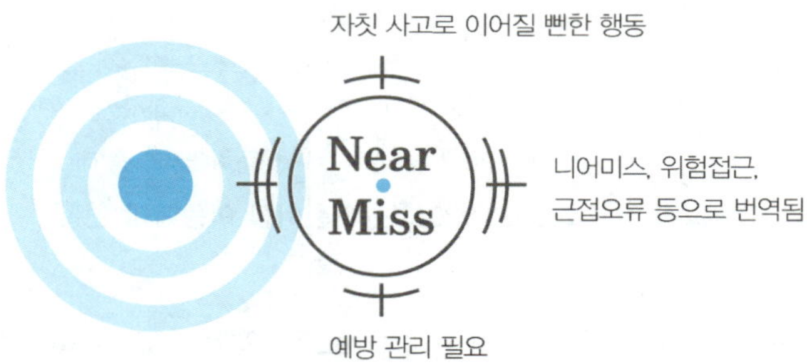

| 그림 4-2 | 니어미스

출처 : 한국보육진흥원(2023).

영유아 권리존중 보육의 요소 대신 부정적 요소가 나타난 상태를 부주의한 지도로 볼 수 있으며, 사안에 따라서는 이것이 심지어 아동학대 행위로 판단될 수도 있다.

---

1) 원래는 사격이나 포격 등에서 포격에 가까운 화탄을 뜻하는 군사용어이다. 비행 중인 항공기가 다른 항공기에 접근하여 공중 충돌의 가능성이 있는 경우, 즉 '근접사고'를 말한다. 의료안전관리에서는 '발생으로 인하여 위해를 끼칠 수 있으나 사고 발생 전에 발견하여 환자에게 위해가 가지 않는 사건'을 뜻한다.

〈표 4-1〉 영유아의 권리를 존중하는 보육의 요소와 권리 존중이 결여된 부정적 요소

영유아의 권리를 존중하는 보육의 요소	영유아의 권리존중이 결여된 부정적 요소
• 기다려 주기 • 영유아의 언어적, 비언어적 요구 경청하기 • 영유아가 나타내는 정서에 공감해 주기 • 할 수 없거나 해서는 안 되는 것에 대해 한계 설정해 주기 • 영유아가 자신의 요구를 충족시킬 수도 있도록 대안을 제시하기	• 무시(영아가 계속 칭얼거리며 옷을 잡아당기는데 못 본 척함 • 비난(실수로 식판을 쏟았는데, "아휴!" 하며 혀를 차서 유아가 눈치를 봄) • 조롱("잘~한다. 너 자꾸 그러다가 넘어질 줄 알았다.") • 거짓 협박("교실로 들어가자! 꼴찌지? 너는 혼자 놀아! 우리는 간다!") • 차별("너는 오늘 계속 딴짓을 했으니, 선생님이 ○○이만 해 줄 거예요") • 거친 접촉(팔을 부주의하게 잡아당김)

어린이집에서는 부주의한 지도의 특성이 나타날 때 이를 아동학대 사고의 니어미스라 인식하고, 즉시 보육교직원의 행동이나 업무환경을 변화시킴으로써 권리존중 보육이 일상화되도록 노력하여야 한다. 보육교직원이 자신의 부주의한 지도 행위가 영유아에게 어떻게 인식될 것인지에 대한 감수성이 부족하거나 자기경계가 흐려져 이를 개선하지 못한 채 은밀성, 반복성, 고의성을 띠면 아동학대 행위로 심화될 위험이 있다.

어린이집에서는 평소 보육일과를 모니터링하여 보육교직원의 부주의한 지도가 스스로에 의해 혹은 주변의 관찰에 의해 탐지되고 중재되도록 노력하여야 한다. 또한 보육교직원의 부주의한 지도가 이루어지는 원인을 분석하여 교사 연수, 보호자와의 협력 등 개선 방안을 모색함으로써 부주의한 지도가 아동학대 사고로 이어지는 것을 적극 예방하여야 한다. 어린이집 보육교직원은 아동학대의 기준에 대해 명확하게 인식하고 아동학대 행위 발생 시 그것이 훈육을 위한 행동이었다거나 혹은 부주의한 지도였다고 호도하지 않도록 유의하여야 한다. 영유아에 대한 부주의한 지도 행위를 중재하는 가장 직접적인 원리는 보육교직원으로 하여금 행동의 부정적 요소를 들어내고, 대신 그곳에 영유아의 권리를 존중하는 행동 특성을 갖추도록 지원하는 것이다(보건복지부 · 한국보육진흥원, 2023).

〈표 4-2〉 영유아 권리를 존중하는 지원

보육교사의 역할	원장의 역할	가정과의 협력
영유아 행동의 원인을 이해하고 예방선을 인식하여 지도한다. • 부주의한 지도의 인식과 수정 • 영유아의 행동 이해와 수용 • 갈등요인 관리	니어미스(Near Miss) 수준에서 적극적인 중재-관리를 한다. • 채용 및 예방교육 • 사례 장학과 상시 모니터링 • 어린이집 조직문화 조성	어린이집과 보호자가 동반자적 관계를 형성한다. • 보호자와 협력-소통 • 가정 내 아동학대 예방 지원

출처 : 보건복지부 · 한국보육진흥원(2023).

3) 어린이집 아동학대 예방을 위한 원장의 역할

등원, 자유놀이, 실외활동, 대소집단 집단, 정리정돈, 급간식, 낮잠, 배변(기저귀 갈이) 등 같은 일상에서 영유아의 권리를 존중하지 못하는 부주의한 지도는 자칫 아동학대 행위로 이어질 수 있으므로, 원장은 보육교직원을 상시 관찰하고, 지원해야 한다.

(1) 채용심사 및 기본 예방교육

보육교직원은 아동학대 신고의무자인 동시에 어린이집에서 발생하는 학대(의심) 행위의 가해자가 될 수 있다. 따라서 원장은 어린이집 아동학대를 예방하기 위하여 보육교직원 채용 과정에서 예측 가능한 위험 요인을 선별하기 위해 노력해야 한다.

원장은 채용 시 면접 및 서류를 통해 지원자의 현장적응 능력을 다면적으로 평가한다.

- 법적 결격 여부 확인(성범죄 및 아동학대 관련 범죄 등)
- 영유아 이해 및 현장 적응 능력, 인 · 적성 및 자기관리 능력

※ 채용 심사 시 '영유아 이해 및 현장 적응 능력'을 확인하기 위해 다음 질문을 활용해 보세요.
- 영유아 학대 신고가 의무인 것을 알고 있는가? 영유아 학대 신고 전화번호는 무엇인가?
- 영유아 학대의 정의와 유형은 무엇인가?
- 영유아 학대가 의심되는 상황(신체적 상흔, 무단결석 등)이 발생하면 어떻게 대처해야 하는가?
- 동료 교사의 학대 행위를 목격한 경우 어떻게 할 것인가?
- 부모가 부주의한 지도에 민원을 제기할 때 어떻게 해야 하는가?

출처 : 한국보육진흥원(2021).

보육교직원의 채용이 확정된 이후, 어린이집 원장은 직원이 업무를 시작하기 전에 초기 오리엔테이션에서 아동학대 예방을 위한 기본교육을 제공한다.

- 보육교직원의 아동학대 신고 의무
- 권리존중 보육 및 아동학대 행동의 양상
- 부주의한 지도 및 아동학대 행위 관련 민원 발생 이후 대응과정

원장은 기본 예방교육 실시 후 교육 내용(일시, 참여자, 자료 등)을 기록으로 남기며, 보육교직원에게 요청하여 '아동학대 예방(금지) 서약서'[2]를 작성한 뒤 보관한다.

(2) 정기예방교육

원장은 아동학대 예방교육을 정기적으로 실시해야 한다. '아동학대 관련 법적 의무교육'을 포함하여 분기별 1회 이상 실시하는 것이 효과적이다.

원장은 예방교육을 통해 보육교직원들이 아동학대 행위에 대한 민감성을 높이고, 아동학대(의심) 발생 시 적절하게 대응할 수 있도록 해야 한다.

아동학대 예방교육은 교육 내용에 따라 다양한 방법으로 진행할 수 있다. 일방적 교육보다는 보육교직원이 직접 참여하는 방법을 활용하여 스스로를 점검하고 보육 활동에 적용시킬 수 있는 실제적 교육이 되도록 해야 한다.

〈표 4-3〉 아동학대 예방교육 내용과 방법 예시

아동학대 예방교육 내용	교육방법
• 아동학대 예방 및 신고 의무교육(법적 의무교육, 각 연 1회) • 아동학대 정의 및 유형, 학대사례 및 발생 원인 • 어린이집 영상정보처리기기 열람 요청 사유 및 절차 • 어린이집 내 영유아 권리존중 실천의 중요성과 실제 • 아동권리존중 자가점검 체크리스트 • 보육교직원의 정신건강 점검 및 스트레스 대처방안	• 자율장학 • 온라인 교육 • 전문가 초빙 • 외부 교육 참여(지역연합회 혹은 육아종합지원센터 주최교육 등)

2) 부록1 아동학대 예방(금지) 서약서

아동학대 예방교육 참고자료

출처 : 아동권리보장원. 아동학대 예방 교육영상(www.ncrc.go.kr).
보건복지부 · 어린이집안전공제회 · 중앙육아종합지원센터(2021).

원장은 한두 달에 한 번 정도 모든 보육교직원을 대상으로 '부주의한 지도 체크리스트'를 무기명으로 실시한다. 보육교직원 간 상호 모니터링을 통해 아동학대 행동에 대한 민감성을 높일 수 있다.

〈표 4-4〉 부주의한 지도 체크리스트

우리 어린이집에서 이런 일을 본 적이 있나요?
※ 부주의한 지도 체크리스트입니다. 해당하는 문항에 '예' 혹은 '아니요'로 응답해 보세요.

	보육 중에 다음의 부주의한 지도 상황을 목격한 적이 있었나요?	예	아니요
무시	1. 영유아의 요구를 일부러 못 들은 척함 (예 영아가 좋아하는 반찬을 더 달라고 하는 요구를 무시)		
	2. 교사의 도움이 필요한 상황에서 방관함 (예 영유아가 산책하다가 넘어져 우는데 선생님을 부를 때까지 돕지 않음)		
	3. 영유아의 개별적 요구를 수용하지 않고 반 전체에 맞추라고 함 (예 낮잠 시간에 먼저 일어난 유아에게 일어나지 말고 다시 누우라고 함)		
비난	4. 실수 행동의 책임을 영유아에게 돌려 수치심을 갖게 함 (예 "두 눈 똑바로 보고 다니지 않아서 넘어졌지!")		
	5. 문제의 원인을 영유아에게 전가하여 죄책감을 갖게 함 (예 "네가 뭘 잘못했으니까 안 놀아주지! 친구들이 괜히 그러겠냐?")		
	6. 발달에 부적합한 기대를 하여 영유아의 실수를 추궁함 (예 "이거 누가 흘렸어? 똑바로 앉아서 먹지 않은 친구 누구야?")		

조롱	7. 교사들끼리 영유아의 미성숙을 비웃음 (예 "우리 반 큰 아기, 오늘 또 운다! 선생님 쟤 왜 또 울어요?")		
	8. 다른 영유아들과 성취와 능력을 비교하며 비하함 (예 "친구들은 혼자 잘 하는데 너는 왜 선생님 올 때까지 안 하고 기다리니?")		
	9. 대집단 활동 시 영유아의 행동과 처벌에 대해 토론을 함 (예 "약속 어긴 친구들은 우리 반 아니었으면 좋겠지요?")		
거짓협박	10. 기대행동을 안 하거나 못하면 기회를 박탈하겠다고 위협함 (예 "놀잇감 가지고 한 번만 더 싸우면 다른 반에 가져다줄 거야")		
	11. 서둘러 일을 해결하기 위해 조건을 걸어 강요함 (예 "열까지 셀 동안 정리하지 않으면 오늘 점심 못 먹는다.")		
	12. 영유아 행동 통제를 위해 공포스러운 귀결을 예고함 (예 "낮잠 자야 엄마 오시지? 안 자면 엄마 오지 말라고 할 거야.")		
차별	13. 영유아 개인의 특성에 대해 언급하며 비호감을 표시함 (예 "선생님! 얘 좀 달래 봐요! 얘는 나랑 코드가 안 맞아.")		
	14. 다른 영유아와 비교하며 놀림 (예 "아기처럼 언제까지 기저귀 찰래? 기저귀 찬 친구는 별로야.")		
	15. 발달이 늦은 영유아의 활동 참여 기회를 막음 (예 현장학습에 안전사고의 위험이 있다면서 참여하지 못하게 함)		
거친 접촉	16. 영유아가 규범이나 지시를 따르지 않을 때 다소 거칠게 물리력을 행사함 (예 순서를 지키지 않는 아이에게 뒤로 가라고 손을 대는데 아이가 밀쳐짐)		
	17. 영유아가 사용 중인 사물을 함부로 다루어 불쾌감을 느끼게 함 (예 낮잠시간에 영유아가 누워 있는 매트를 발로 밀며 이동시킴)		
	18. 안전사고의 위험을 예방하기 위해 물리력을 행사함 (예 뛰면 위험하다고 이야기를 했는데도 계속 뛰어다녀서 손으로 확 잡음)		

출처 : 보건복지부 · 한국보육진흥원(2023).

(3) 사례 장학지도

원장은 사례 장학지도를 통해 보육교직원이 영유아의 개별성을 이해하고, 일과 상황별로 적절한 지도전략을 실천할 수 있도록 도와야 한다.

사례 장학은 교사교육이나 회의 시간 등을 활용하며, 어린이집 상황에 따라 전체 교사, 영아반/유아반 교사, 연령별 교사 등으로 집단을 다양하게 하여 융통성 있게 진행할 수 있다. 보육교사 1인당 학기별 1회 정도 '영유아의 개별성' 혹은 '일과 상황'

에 기초한 지도전략에 대해 각 반 사례와 개선방안을 작성하도록 한다.

사례 장학에서 다룰 수 있는 내용의 예시는 다음과 같다.

- 식사, 낮잠, 화장실, 집단 활동 등 아동학대 발생이 빈번한 상황에서 자주 발생되는 부주의한 행동과 대처방안
- 문제행동이나 또래 갈등관계에 대한 적절한 중재방법
- 연령별 영유아의 특성 및 기질에 따른 적절한 상호작용

원장은 사례 장학을 통해 각반의 구체적인 상황을 확인하고, 보육교직원과의 논의를 통해 개선을 위한 행동목록과 기관 차원에서 필요한 지원방안을 모색하고 실천하며, 개별 영유아에 대한 이해를 높이기 위해 일과시간 중 영유아 및 학부모와 다양한 방법으로 소통하며, 가정과 협력적 관계를 마련한다

〈표 4-5〉 장학지도 사례

A 사례 : 상황별 지도전략에 대한 논의 '식사시간'
• 어린이집에서는 식사시간 식당을 이용하는데, 마지막 1명이 남은 경우 담임교사가 남은 영유아를 조리원 선 생님께 맡기고 교실로 이동하다 보니, 영유아 혼자 방치되는 상황이 발생하였다. • 담임교사가 교실에 있는 영유아들의 양치지도를 위해 마지막까지 식당에 함께 있기 어려운 상황을 고려하여, '식사시간 마지막 남은 2명 중 1명이 다 먹으면 2명 모두 함께 교실로 이동한다.'라는 규칙을 정하고, 이에 대해 학급 부모님들께도 내용을 전달드려 협조를 부탁드렸다. • 이러한 과정을 통해 교사의 식사지도에 대한 스트레스를 줄이고, 아동학대 발생의 위험도 감소시킬 수 있게 되었다.
B 사례 : 상황별 지도전략에 대한 논의 '높은 곳에 올라가는 영아'
• 대상 : ○○○(1세) • 특성과 기질 : 접근성이 높고 조절력은 낮은 기질로 활동적이며 새로운 것 탐색을 좋아하고 주의 집중력이 낮은 편이다. • 상황 : ○○이는 오르고 내리기, 뛰기와 구르기와 같은 대근육 활동을 좋아해 도움 없이 높은 곳까지 올라갈 수 있다. 이런 특성으로 인해 교실에서 교구장, 책꽂이, 책상 등에 올라가는 상황이 하루에 5~6번씩 나타난다. • 바람직한 지도 : "높은 곳에 올라가고 싶었구나~" (공감) → 바닥으로 내려주기 → "교구장에 올라가면 위험해요." (행동 제한) → "쿵 떨어지면 머리가 다칠 수 있어요." (이유 설명) → "높은 곳에 올라가고 싶으면 여기 오름대에 올라가자." (대안놀이 안내) • 부주의한 지도 : "(단호한 목소리와 무표정으로) 안 돼요!", "여기 올라가면 위험해!", "○○이 내려오세요.", "떨어지면 아야 하지!"

• 논의점 : 교구장에 올라간 ○○이를 보고 동료교사인 A선생님이 "○○이~ 여기 올라가고 싶었어!"라며 안아서 내려주었는데 저는 안전과 관련된 행동에서는 영아에게 "높은 교구장에 올라가면 안 돼! 위험해!"라고 제한 행동을 먼저 알려주는 것이 필요하다고 생각합니다.

※ 안전예방과 아동존중의 균형을 어떻게 맞추어야 할까요?

• 우리 어린이집 지도전략
- 각 반 경력교사가 위험 행동 여부를 판단, 담임교사 간 동일한 기준 정하기
- 안전과 직결된 위험한 행동을 할 경우, "○○하면 안 돼!", "○○아, 때리면 안 돼!" 등의 제한 행동을 먼저 지도할 수 있음. 이후 이유 설명, 공감, 대안 등을 지도함
- 위험한 행동은 연령별, 원아별로 다르게 최소한으로 규정, 위험한 행동이라 판단해 행동 제한을 많이 할수록 모험 놀이와 탐색 활동이 줄어들 수 있으므로 교사의 관리 능력을 올리고 제한 행동은 최소화하기

출처 : 보건복지부 · 한국보육진흥원(2023).

(4) 상시 모니터링 및 적절한 지원

원장은 어린이집의 일과 내에서 정기적, 비정기적 모니터링을 진행한다. 원장은 모니터링을 통해 지원이 필요한 부분이 없는지 확인하고, 적시에 적절한 조치를 취하여 아동학대를 예방하고 권리존중 보육이 잘 실행될 수 있도록 해야 한다.

원장은 상시 모니터링에서 다음 내용을 중점적으로 점검한다.

- 보육교직원의 권리존중 보육(상호작용)
- 환경 요인(보육환경과 근무환경)
- 도움이 필요한 영유아

원장은 모니터링에 대한 부담을 줄이기 위해 사전에 보육교직원에게 모니터링의 목적과 내용을 미리 공지한다. 모니터링에서 관찰된 의미 있는 내용이나 보육교직원에게 전달한 내용, 반별 상황을 지원하기 위해 취한 조치들이 있는 경우, 구체적인 내용을 반드시 운영일지나 메모 등으로 기록하여 보관한다.

〈표 4-6〉 상시 모니터링 점검 내용 및 적절한 지원의 예시

대 상	점검 내용	적절한 지원 예시	참고자료
보육교직원 (교사)	• 권리존중 보육(상호작용)	• 격려와 지원, 모델링 • 일과운영 시간 조정 • 개별 면담 통한 지원	부주의한 지도 체크리스트

<table>
<tr><td rowspan="2">보육환경 및
근무환경</td><td>• 시설설비, 놀잇감
• 위생, 안전</td><td>• 위험요인 제거 및 청소
• 필요시 시설 개보수
• 놀이환경 개선 지원</td><td rowspan="2">환경 점검</td></tr>
<tr><td>• 근무시간
• 교사 대 아동 비율</td><td>• 근무시간표 및 일정조정
• 대체인력 지원</td></tr>
<tr><td>도움이 필요한 유아</td><td>• 개별 특성에 따른 지원 여부</td><td>• 보조교사 추가 지원
• 가정과 긴밀한 소통</td><td>보육일지
관찰일지</td></tr>
</table>

출처 : 보건복지부 · 한국보육진흥원(2023).

① 보육교직원

원장은 부주의한 지도나 아동학대(의심) 행동이 발생하지 않는지를 민감하게 관찰한다. 보육교직원 모니터링에서 특이사항 없이 권리존중 보육이 잘 실천되고 있는 경우, 원장은 언어적 혹은 비언어적 방법으로 보육교직원을 격려한다. 이를 통해 어린이집 내 권리존중 보육에 대한 공감대를 확장하고, 동료교사에게 바람직한 실천에 대한 모델링을 제공할 수 있다. 보육교직원 모니터링에서 부주의한 지도를 목격한 경우, 바로 전달하기보다는 우선 당시 상황과 그 상황에서 보육교직원이 말하고 행동한 내용을 객관적으로 기록한다. 해당 보육교직원과 가능한 한 빨리(즉시) 면담 일정을 잡고, 면담을 통해 모니터링에 대한 피드백과 해당 행동에 대한 구체적인 대체 행동 및 실천 계획을 함께 모색한다. 해당 보육교직원을 지속적으로 관찰하면서 개선 여부를 확인한다. 반복적인 관찰과 피드백 제공에도 보육교직원의 부주의한 행동이 지속될 경우, 객관적인 관찰 정보와 전문가적 판단에 근거하여 징계처분을 결정한다. 만약 보육교직원 모니터링 중 아동학대(의심) 행동을 목격하게 된다면, 즉각적으로 보육교직원을 영유아와 분리시킨다. 또한 아동학대 신고의무자의 책임에 따라 해당 기관에 신고 및 보고해야 한다.

어린이집에서 부주의한 지도나 아동학대(의심) 행동 등 문제 상황이 발생한 경우 무시, 비난, 은폐, 축소하기보다는 정해진 기준과 지침에 따라 해결해야 한다. 또한 보육교직원에게 책임을 전가하기보다는 조직 차원에서 영향을 준

요인들은 무엇인지 살펴보고, 재발 방지를 위해 적절한 개선방안을 모색해야 한다.

원장은 영상정보처리기기[폐쇄회로 텔레비전(CCTV) 혹은 네트워크 카메라]를 활용하여 모니터링을 할 수 있다. 원장은 어린이집 실정을 반영하여 '영상정보처리기기 내부 관리계획'을 작성하며, 교사나 학부모와 충분한 소통을 통해 영상정보처리기기가 설치목적에 맞게 잘 운영되도록 해야 한다.

원장은 주 1회 이상 주기적으로 영상정보처리기기를 점검해야 한다. 이때 영상정보 저장일수, 영상장치 성능 등 기계적인 이상과 더불어 부주의한 지도 및 아동학대(의심) 행동에 대해서도 주의 깊게 살펴야 한다.

영상정보처리기기 점검에서 이상이 발견된 경우, 직접 모니터링 및 교사와의 개별 면담을 통해 대체 행동 및 실천 계획을 함께 모색한다. 상황에 따라 어린이집 운영위원회 등을 통해 필요한 조치를 함께 강구할 수 있다

② 보육환경 및 근무환경

원장은 모니터링에서 실내외 공간이나 설비 등 보육환경에서 아동학대(의심) 행동을 유발시킬 수 있는 요인은 없는지 점검한다. 개선이 필요한 부분은 가능한 한 빨리 조치를 취한다. 부적절한 근무환경으로 인한 보육교직원의 스트레스 또한 아동학대 행위를 유발하는 요인으로 작용할 수 있다. 원장은 교사 대 아동 비율이나 휴게시간 사용 등 근무환경 모니터링을 통해 보육교직원의 업무 부담과 스트레스를 줄이기 위해 필요한 지원은 없는지 점검하고 적절한 방법으로 지원한다.

〈표 4-7〉 보육환경 및 근무환경 모니터링 점검사항과 조치

점검사항	가능한 조치
실내외 공간에 사각지대가 있는가?	사각지대를 유발하는 장애물 치우거나 CCTV 추가
외부에서 교실을 수시로 관찰하기 수월한가?	창 높이 조절 등으로 교실의 개방성 확보
현관, 복도, 계단, 화장실, 세면실 등은 위생적이고 안전한가?	청소 및 위험 요인 제거

가구나 설비, 놀잇감이 영유아 사용에 불편하지 않은가?	신체크기에 적합하게 조정하거나 깨지고 파손된 물건을 바로 수리하거나 당장 수리가 어려우면 성인 공간에 치워두기
놀잇감 수량은 부족하지 않은가? 놀이공간이 좁아서 영유아의 놀이가 방해받지는 않는가?	또래 갈등이 유발되지 않도록 놀잇감은 충분하게, 놀이공간은 여유 있게 제공
영유아의 주도적 놀이를 유도하는 도전적인 놀잇감이 구비되어 있는가?	영유아가 배회하지 않고 놀이에 몰입할 수 있도록 흥미롭고 도전적인 놀잇감을 제공
일과운영 시 교사 대 아동 비율이 충족된 상황인가?	보조교사 배치 혹은 대체인력 지원
교사는 적정 근무시간을 준수하며, 휴게시간에 편안하게 쉴 수 있는가?	휴게시간 조정 및 안락한 물리적 공간 마련
특정 교사에게만 업무가 과중되고 있지는 않은가?	교사회의를 통한 업무 분장 조정

출처 : 보건복지부 · 한국보육진흥원(2023).

③ 도움이 필요한 영유아

원장은 모니터링을 통해 발달지연, 일과 부적응, 문제행동 등으로 특별한 도움을 필요로 하는 영유아가 있는지 확인한다. 해당 영유아가 있는 경우 원장은 담임교사의 어려움을 공감해 주고, 보조교사 지원 등 구체적인 지원방안을 함께 모색한다. 해당 영유아의 보호자와 정기적 소통을 통해 영유아의 어린이집 생활에 대해 공유한다. 더불어 가정에서도 어린이집의 지도 방향과 연계하여 지도할 수 있도록 한다.

원장은 직접적인 영유아 모니터링 외에 보육일지나 관찰기록 등 교사가 작성한 문서를 통해서도 영유아의 개별 특성이나 지원 필요를 확인할 수 있다. 또한 수시로 보육일지를 점검하고 특이사항이 있는 경우 개별 면담을 통해 영유아 지원에 대한 구체적인 전략을 도모해야 한다.

원장은 자신의 아동학대 예방관리 업무에 대해서도 주기적으로 셀프모니터링[3)]할 수 있다. 스스로 점검하는 과정을 통해 부족한 부분을 보완하고, 아동학대 예방에 대하여 가정과 신뢰로운 관계를 도모할 수 있다. 또한 문제 상황 발생 시 원장의 '상당한 주의 및 감독'을 보여주는 객관적인 자료로 활용할 수 있다.

3) 부록2. 아동학대 예방을 위한 원장 업무 셀프모니터링

영유아 권리존중의 이해와 실천을 위한 보육교직원의 교육이 이루어지고 있습니까?
- 영유아 권리존중을 위해 보육교직원 간 협의·지원이 이루어지고 있습니까?
- 영유아의 권리 보호를 위해 보육교직원의 적절한 근무환경이 이루어져 있습니까?
- 보육교직원은 영유아 권리존중을 위해 양육자와 소통하고 있습니까?
- 영유아 권리 실천을 위해 어린이집을 다양한 방법으로 개방하고 있습니까?

④ 어린이집 조직문화 조성

조직문화는 조직 내에서 공식적인 규정을 대체하여 '해도 되는 행동'과 '하지 말아야 할 행동'을 판단하고 실천하는 데 영향을 준다. 원장은 아동학대 예방을 위해 영유아 권리존중 보육이 잘 실천될 수 있도록 조직문화를 조성하고 관리해야 한다.

원장은 기관의 비전과 가치가 반영된 운영방침 및 업무지침을 마련하고, 이를 보육교직원과 공유함으로써 업무수행 절차가 합리적이고 일관되게 진행될 수 있도록 지원한다.

원장은 교사회의 시간 등을 통해 어린이집 운영 및 업무처리 과정에 보육교직원의 의견이 반영될 수 있도록 한다. 또한 보육교직원들의 업무 고충을 함께 논의하고 지원한다.

한편 존중, 배려, 경청 등 정서적 소통은 조직 구성원의 직무 동기와 조직 내 협업을 높이는 요인이 된다. 원장은 보육교직원을 존중하고 배려하여, 보육교직원이 스스로 존중받은 경험을 통해 영유아의 인권존중을 실천할 수 있도록 해야 한다.

원장은 상시 모니터링과 사례 장학지도, 보육일지 검토 등에서 적절한 피드백을 통해 보육교직원의 업무역량을 높이고 전문성을 개발할 수 있도록 지원해야 한다.

원장은 필요한 경우 초보 교사와 경력 교사 간 멘토링 관계를 통해 업무수행이나 스트레스 상황에 대해 조언을 받을 수 있도록 지원한다. 처우나 복지를 개선시키기 위해 보육교직원의 의견을 수렴하고 보육교직원이 업무에서 받은 스트레스를 회복하고 권리존중 보육을 실천할 수 있도록 도와야 한다.

(5) 가정과의 협력

① 보호자와 영유아의 일과 공유

보육교직원은 영유아가 어린이집에서 보내는 일과의 대체적인 생활을 보호자에게 전달하되, 중요한 사안이 누락되지 않도록 한다. 영유아가 어린이집에서 보내는 일과를 보호자에게 안내하면, 가정에서도 영유아의 경험을 이해하고 일관된 지도가 이루어지도록 노력할 수 있다. 뿐만 아니라 일과 중에 발생한 안전사고는 원칙적으로 보호자에게 알리도록 하는 것이 바람직하다.

② 어린이집 공간-생활 개방

어린이집의 공간과 생활을 개방하면 다음과 같은 효과를 얻을 수 있다.

- 첫째, 보호자가 어린이집 상황을 자주 관찰하면서 집단 보육 상황에서의 불가피한 어려움 등을 보다 깊이 이해할 수 있다.
- 둘째, 보호자가 수시로 모니터링 할 수 있다는 것을 보육교직원이 자각함으로써, 어린이집에서의 니어미스(Near Miss) 상황이 감소될 수 있다.
- 셋째, 보호자가 어린이집에 영유아를 보내고 갖는 막연한 불안감을 해소시킬 수 있다.

원장은 보호자가 어린이집의 공간과 생활을 살펴볼 수 있도록 절차와 방법을 마련하고, 보호자에게 안내한다.

- 어린이집 공간 및 생활 개방을 위한 고려할 사항

> 보호자는 어린이집 공간 중 어디까지 보호자의 출입을 허용할 것인가?
> (예 보육실 안까지 허용 vs 보육실 밖만 허용)
>
> 보호자가 어린이집에 언제 출입하도록 할 것인가?
> (예 등하원 시에만 가능 vs 부모가 원할 때 수시로 가능)

> 보호자가 어린이집 내에서 지켜야 할 규칙
> (예 영유아가 보호자를 보지 않도록 조심히 살펴보기, 보호자끼리 큰 소리로 말하지 않기 등)

- 영유아의 활동이 방해되지 않는 선에서 관찰할 수 있도록 안내한다.
- 감염병 등의 위험이 있는 경우 보호자의 출입을 제한할 수 있다.

어린이집에서는 보호자가 부담 없이 어린이집 개방에 참여할 수 있도록 다양한 가족참여 활동을 어린이집 개방의 기회로 활용할 수 있다.

③ 어린이집 운영내용 안내

원장은 보호자에게 어린이집 운영내용(철학, 운영현황, 원칙, 예산, 교직원배치, 식단, 행사 등)을 안내함으로써, 보호자가 어린이집의 운영 방식에 대해 보다 잘 이해할 수 있도록 한다. 어린이집 운영내용은 다양한 방법 및 경로를 활용하여 알린다. 어린이집 운영 내용에 대해 보호자가 의견을 제시할 수 있도록 하며, 어린이집 실정에 맞게 이를 수용할 수 있도록 한다.

④ 가족 참여 활동

보호자가 어린이집의 다양한 보육활동에 참여할 수 있는 기회를 마련하여 보호자의 참여가 활발하게 이루어질 수 있도록 한다. 가족 참여 활동을 통해 보호자는 어린이집에서 보내는 영유아의 일과 이해, 어린이집 맥락과 교사의 업무에 대한 이해를 높일 수 있으며, 이는 어린이집과 보호자 간 신뢰 구축에 긍정적인 영향을 줄 수 있다.

가족 참여 활동에 대한 연간 계획을 사전에 공지하여, 보호자가 개인 일정을 조율하여상황과 역량에 따라 참여 수준을 선택할 수 있도록 운영한다.

(6) 가정의 아동학대 예방 지원

① 가정에서의 부주의한 지도 개선 지원

가정에서의 아동학대를 예방하기 위해 가정에서도 니어미스(Near Miss) 수준에서의 예방관리가 일상화되도록 할 필요가 있다. 어린이집에서는 가정에서 발생하기 쉬운 부주의한 지도 사례와 바람직한 상호작용 대안을 안내함으로써 보호자가 어린이집과 연계하여 일관성 있는 훈육 환경을 조성할 수 있도록 지원한다.

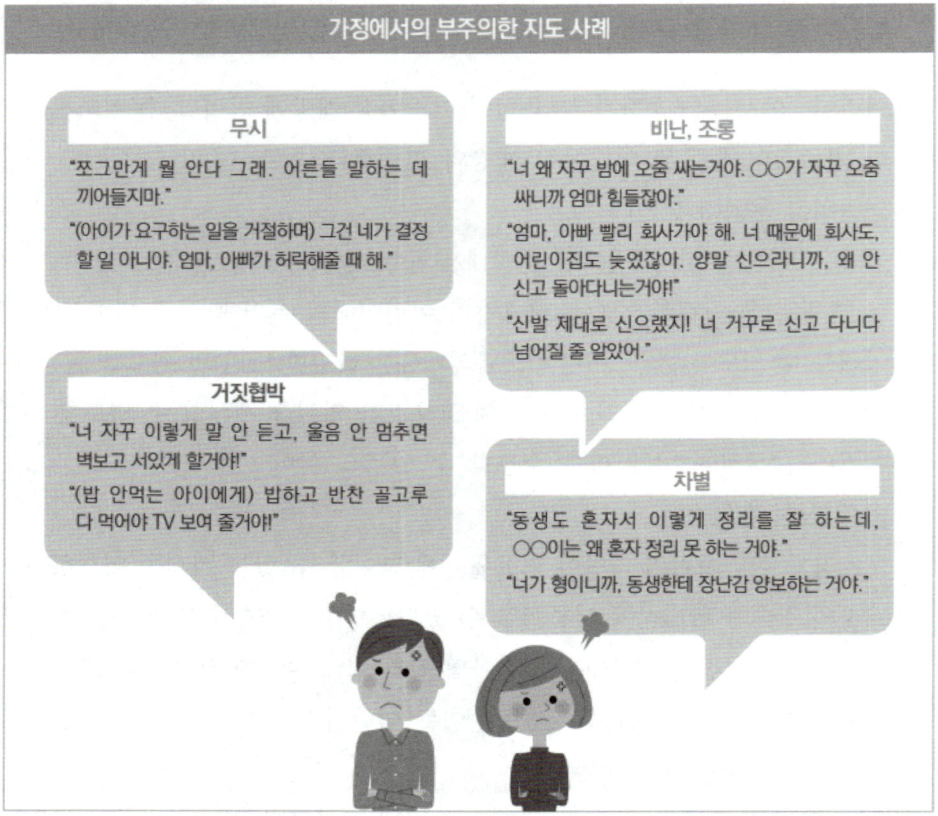

| 그림 4-3 | 가정에서 부주의한 지도 사례

출처 : 보건복지부 · 한국보육진흥원(2023).

어린이집에서는 보호자에게 관련 자료를 안내할 때에는 다음의 두 가지 내용을 강조함으로써 보호자가 반성적 사고를 통해 자신의 훈육 행동을 개선해 나가도록 지원한다.

- 첫째, 보호자가 영유아에 대한 관점을 전환해야 한다는 점을 강조한다. 영유아는 할 수 있는데도 하려고 하지 않거나 혹은 보호자에게 반항하기 위해 일부러 안 하는 것(won't)이 아니라, 구체적인 방법을 잘 몰라서 혹은 스스로 하기 어려워서 할 수 없는 것(can't)임을 강조하여 안내한다.
- 둘째, 영유아 지도 시 보호자가 갖춰야 할 바람직한 태도와 원칙에 대해 안내한다.

② 상담을 통한 훈육지원

모든 영유아의 보호자를 대상으로 정기적으로 상담을 실시한다.

보호자 상담 전, 사전 상담지를 통해 보호자가 보는 아이의 발달상태, 가정에서의 생활습관, 보호자의 양육태도, 양육 시 어려운 점 등을 미리 파악한다.

부적절한 훈육은 보호자가 영유아에 대한 이해도와 양육 역량이 낮을 때 발생한다. 보육교직원은 상담 과정에서 보호자가 영유아를 보다 잘 이해하고, 영유아에게 적절한 훈육을 할 수 있도록 도울 필요가 있다. 보육교직원의 조언이 보호자의 양육방법에 영향을 줄 수 있다는 태도로 상담에 임한다. 또한 보호자 상담 시 주요 상담 내용을 기록하고, 상담 자료는 보관한다.

③ 아동학대 예방교육을 통한 지원

보호자 교육을 실시할 때 아동학대 예방교육 내용을 포함시킨다. 보호자 대상으로 실시하는 아동학대 예방교육 내용은 다음의 사이트 및 자료를 참고하여 실시한다.

아동권리보장원 (www.ncrc.go.kr)	• 아동학대 예방교육 및 홍보자료를 제시하고 있음 • 인쇄물, 동영상, 소식지, 포스터, 뉴스레터 등 다양한 방법으로 제시하고 있어, 교육 자료로 활용하기 편리함
여성가족부, 좋은 부모 행복한 아이 (www.mogef.go.k)	• 부모교육 매뉴얼, 동영상 등 제공 • 자녀연령별 육아정보 제공

2. 학대사건의 법적 · 비사법적 절차와 사후관리

1) 아동학대의 개념 및 유형

(1) 아동학대란?

「아동복지법」에서 아동학대에 대한 정의와 처벌근거, 관련 기관에 대한 법적 근거를 포괄적으로 마련하고, 2014년에는 「아동학대범죄의 처벌 등에 관한 특례법」을 제정하여, 아동학대범죄의 처벌 및 절차에 관한 특례와 피해아동에 대한 보호절차 및 아동학대행위자에 대한 보호처분을 규정하였다.

▶「아동복지법」 제3조 제7항

아동학대란, 보호자를 포함한 성인이 아동의 건강 또는 복지를 해치거나 정상적 발달을 저해할 수 있는 신체적 · 정서적 · 성적 폭력이나 가혹행위를 하는 것과 아동의 보호자가 아동을 유기하거나 방임하는 것

▶「유엔아동권리협약」 제19조

아동이 부모, 법정후견인, 다른 보호자로부터 양육되는 동안 모든 형태의 신체적 · 정신적 폭력, 상해나 학대, 유기, 부당한 대우, 성적인 학대를 비롯한 착취로부터 아동을 보호하기 위해 모든 적절한 입법적 · 행정적 · 사회적 · 교육적 조치를 취해야 함

아동학대란, '하지 말아야 할 것을 의도적이고 지속적으로 해를 가하거나(신체적 · 정신적 · 성적 폭력이나 가혹행위를 하는)', '해야 함에도 불구하고 아동을 돌보지 않아(유기하거나 방임하는)' 아동의 복지를 훼손하는 모든 것이다.

(2) 아동학대의 유형 및 징후

① 신체학대

신체학대는 성인(보호자 포함)이 아동에게 우발적인 사고가 아닌 상황에서 신체적 손상을 입히거나 신체 손상을 입도록 허용한 모든 행위이다.

〈표 4-8〉 신체학대 행위 및 징후

구체적인 행위	신체적 징후
• 직접적으로 신체에 가해지는 행위(손, 발 등으로 때림, 꼬집고 물어뜯는 행위, 조르고 비트는 행위, 할퀴는 행위 등) • 도구를 사용하여 신체를 가해하는 행위(도구로 때림, 뾰족한 도구로 찌름 등) • 완력을 사용하여 신체를 위협하는 행위(강하게 흔듦, 신체부위 묶음, 벽에 밀어붙임, 떠밀고 잡음, 아동 던짐, 거꾸로 매달기, 물에 빠트림 등) • 신체에 유해한 물질로 신체에 가해지는 행위(화학물질 혹은 약물 등으로 신체에 상해를 입히는 행위, 화상) • 흔들린 아이 증후군[4]	• 설명하기 어려운 신체적 상흔 • 발생 및 회복에 시간차가 있는 상처 • 비슷한 크기의 반복적으로 긁힌 상처 • 도구의 모양이 그대로 나타나는 상처 • 담뱃불 자국, 화상 자국 • 입, 입술, 치은, 눈, 외음부 상처 • 긁히거나 물린 자국에 의한 상처 • 영유아의 손목이나 발목에서 발견된 붉게 긁힌 상처 • 다치기 어려운 부위의 상처 등

출처 : 보건복지부 · 어린이집 안전공제회 · 중앙육아종합지원센터(2021).

② 정서학대

정서학대는 아동에게 행하는 언어적 모욕, 정서적 위협, 감금이나 억제, 기타 가학적인 행위이다.

〈표 4-9〉 정서학대 행위 및 징후

구체적인 행위	신체적 징후
• 원망적 · 거부적 · 적대적 또는 경멸적인 언어폭력 등 • 잠을 재우지 않는 행위 • 벌거벗겨 내쫓는 행위 • 형제나 친구 등과 비교, 차별, 편애하는 행위 • 가족 내에서 왕따시키는 행위 • 아동이 가정폭력을 목격하도록 하는 행위 • 아동을 시설 등에 버리겠다고 위협하거나 짐을 싸서 쫓아내는 행위 • 미성년자 출입금지 업소에 아동을 데리고 다니는 행위	• 발달지연 및 성장장애 • 신체발달 저하 **행동적 징후** • 특정 물건을 계속 빨고 있거나 물어뜯음 • 행동장애(반사회적, 파괴적 행동장애) • 신경성 기질 장애(놀이장애) • 정신신경성 반응(히스테리, 강박, 공포) • 언어장애 • 극단행동, 과잉행동, 자살시도 • 실수에 대한 과잉 반응

4) 흔들린 아이 증후군은 2세 이하의 유아에서 울거나 보챌 때 심하게 흔들어서 생기는 질환으로 뇌출혈(경막하 출혈)과 망막출혈이 특징적이고, 그 외 장골이나 늑골의 골절 등 복합적인 여러 손상이 동반될 수도 있는 질환이다(한림대학교성심병원 2004. 3. 9) https://hallym.hallym.or.kr 2021년 4월 29일 인출

• 아동의 정서발달 및 연령상 감당하기 어려운 것을 강요하는 행위(감금, 약취 및 유인, 아동 노동 착취) • 다른 아동을 학대하도록/학대를 지켜보도록 강요하는 행위	• 부모와의 접촉에 대한 두려움

출처 : 보건복지부 · 어린이집 안전공제회 · 중앙육아종합지원센터(2021).

③ 성학대

성학대는 성인(보호자 포함)이 자신의 성적 충족을 목적으로 18세 미만의 아동에게 행하는 모든 성적 행위이다.

〈표 4-10〉 성학대 행위 및 징후

구체적인 행위	신체적 징후
• 자신의 성적 만족을 위해 아동을 관찰하거나 아동에게 성적인 노출을 하는 행위(옷을 벗기거나 벗겨서 관찰하는 등의 관음적 행위, 성관계 장면을 노출, 나체 및 성기 노출, 자위행위 노출, 음란물을 노출하는 행위 등) • 아동을 성적으로 추행하는 행위 • 아동에게 유사성행위를 하는 행위 • 성교를 하는 행위 • 성매매를 시키거나 성매매를 매개하는 행위	[성적 행동지표] • 해박하고 조숙한 성지식 • 명백하게 성적인 묘사를 한 그림들 • 타인과의 성적인 상호관계 • 동물이나 장난감을 대상으로 하는 성적인 상호관계 [비(非)성적인 행동지표] • 위축, 환상, 유아적 행동(퇴행행동) • 자기 파괴적 또는 위험을 무릅쓴 모험적인 행동 • 충동성, 산만함 및 주의집중장애 • 혼자 남아 있기를 거부 또는 외톨이 • 특정 유형의 사람들 또는 성에 대한 두려움 • 수면장애

출처 : 보건복지부 · 어린이집 안전공제회 · 중앙육아종합지원센터(2021).

④ 방임

방임은 보호자가 아동을 위험한 환경에 처하게 하거나 아동에게 필요한 의 · 식 · 주, 의무교육, 의료적 조치 등을 제공하지 않는 행위이며, 유기란 보호자가 아동을 보호하지 않고 버리는 행위이다.

〈표 4-11〉 방임 행위 및 징후

<table>
<tr><th>구체적인 행위</th><th>신체적 징후</th></tr>
<tr><td rowspan="3">[물리적 방임]
• 기본적인 의 · 식 · 주를 제공하지 않는 행위
• 불결한 환경이나 위험한 상태에 아동을 방치하는 행위
• 아동을 병원에 입원시키고 사라진 경우
• 아동의 출생신고를 하지 않는 행위
• 보호자가 아동들을 가정 내 두고 가출한 경우 등
[교육적 방임]
• 보호자가 아동을 특별한 사유 없이 어린이집에 무단 결석을 시키는 행위
[의료적 방임]
• 아동에게 필요한 의료적 처치 및 개입을 하지 않는 행위
[유기]
• 아동을 보호하지 않고 버리는 행위
• 시설근처에 버리고 가는 행위</td><td>• 발달지연 및 성장장애
• 비위생적인 신체상태
• 예방접종과 의학적 치료 불이행으로 인한 건강 상태 불량
• 아동에게 지속적인 악취가 나는 경우</td></tr>
<tr><th>행동적 징후</th></tr>
<tr><td>• 계절에 맞지 않는 부적절한 옷차림
• 음식을 구걸하거나 훔침
• 비행 또는 도벽
• 학교에 일찍 등교하고 집에 늦게 귀가함
• 지속적인 피로 또는 불안정감 호소
• 잦은 결석</td></tr>
</table>

출처 : 보건복지부 · 어린이집 안전공제회 · 중앙육아종합지원센터(2021).

2) 아동학대 현황

(1) 아동학대 신고접수 현황

「2023 아동학대 주요통계」(보건복지부, 2024)에 따르면 2023년 집계된 신고접수는 총 48,522건이며, 이 중 아동학대 의심사례는 45,771건으로 많은 비율을 차지하고 있고, 전체 신고접수의 94.3%, 그 외 동일신고가 753건(1.6%), 일반상담이 1,997건(4.1%)이었다.

(2) 아동학대 발생 현황

① 피해아동 성별

아동학대로 판단된 25,739건 중 남아가 12,878건(50.0%), 여아가 12,861건(50.0%)으로 거의 동일한 것으로 나타났다.

② 피해아동 연령

피해아동의 연령의 경우, 13~15세가 6,328건(24.6%)으로 가장 큰 비중을 차지했고, 그 다음으로 10~12세 6,141건(23.9%), 7~9세 4,713건(18.3%), 4~6세 3,116건(12.1%), 1~3세 2,253건(8.8%) 순으로 나타났다.

③ 행위자와 피해아동의 관계

학대행위자와 피해아동과의 관계는 부모에 의한 발생 건수가 22,106건(85.9%)으로 가장 높았고, 대리양육자 1,874건(7.3%), 타인 846건(3.3%) 순으로 나타났다. 부모에 의해 발생한 사례 중, 친부에 의해 발생한 사례가 12,414건(48.2%), 친모가 8,921건(34.7%) 순으로 높은 비율을 차지했다.

대리양육자 중에서는 초 · 중 · 고교 직원이 793건(3.1%)으로 가장 높았으며, 어린이집 보육교직원은 356건(1.4%)으로 나타났다. 보육교직원의 아동학대는 전체 비율에 비해 높은 편은 아니나, 아동학대 신고의무자로서 아동학대 행위가 지속적으로 발생하는 것에 대한 경각심을 가져야 할 것으로 판단된다.

④ 아동학대 발생 장소

아동학대 발생 장소의 경우, 전체 아동학대 사례 중 가정 내에서 발생한 사례가 21,336건(82.9%)으로 가장 높게 나타났고, 그중 아동 가정 내에서 발생한 사례가 20,659건(80.3%)이었다. 어린이집, 유치원, 학교와 같이 아동을 돌보고 교육하는 기관에서 발생한 아동학대는 각각 382건(1.5%), 62건(0.2%), 889건(3.5%)으로 파악되었다. 또한 복지시설의 경우, 아동복지시설이 154건(0.6%), 기타복지시설이 55건(0.2%)으로 전체 사례 중 0.8%였다.

⑤ 아동학대 발생 유형

아동학대 사례 유형은 정서학대가 11,094건(43.1%), 중복학대 7,383건(28.7%), 신체학대 4,698건(18.3%), 방임 1,979건(7.7%), 성학대 585건(2.3%) 순으로 높게 나타났다.

중복학대 중에서는 신체학대 · 정서학대가 6,330건(24.6%)으로 가장 높았고, 그 다음으로 정서학대 · 방임 456건(1.8%), 신체학대 · 정서학대 · 방임 251건(1.0%) 순으로 나타났다.

3) 아동학대에 관한 법령과 법적 조치과정

(1) 아동학대에 관한 법령

우리나라에서는 2000년 아동복지법의 전면 개정으로 아동학대가 사회적인 문제로 인식되었으며, 아동의 건강과 안전, 복지증진 등에 국가와 지방자치단체의 책임이 강화되었다. 아동복지법의 개정에도 아동학대의 증가와 재학대율이 줄어들지 않아 아동학대에 대한 처벌을 강화하고 아동에 대한 긴급한 조치와 보호가 가능하도록 하는 아동학대범죄의 처벌 등에 관한 특례법을 2014년 9월 제정 공포하였다. 아동학대범죄의 처벌 등에 관한 특례법에 따라 아동학대가 범죄라는 것을 명백히 하고 처벌을 강화하였다. 그리고 어린이집 아동학대 예방조치와 아동학대가 발생한 어린이집, 원장, 보육교사의 행정처분은 영유아보육법에 명시하고 있다.

〈표 4-12〉 아동학대범죄의 처벌 등에 관한 특별법 주요 내용

- 아동학대치사죄 및 아동학대중상해죄를 신설과 최고 무기징역까지 아동학대법에 대한 처벌규정을 강화함(제4조, 제5조)
- 상습범 및 아동복지시설 종사자에 대해서는 가중 처벌이 가능하도록 함(제6조, 제7조)
- 아동학대행위자에 대하여 형벌과 수강명령 또는 아동학대 치료 프로그램의 이수 명령을 병과하도록 함(제8조)
- 아동학대행위자가 아동에게 중상해를 입히거나 상습적으로 아동학대범죄를 저지른 경우 검사가 법원에 친권상실을 청구할 수 있도록 함(제9조)

출처 : 이세원(2018).

〈표 4-13〉 영유아보육법 시행규칙에 따른 아동학대와 관련된 어린이집 행정처분

위반행위	근 거	처분 기준		
		1차 위반	2차 위반	3차 위반
아동복지법 제3조 제7호에 따른 아동학대 행위를 한 경우	영유아보육법 제45조 제1항 제4호			
1. 아동을 매매하거나 아동에게 성적 폭력이나 성적 가혹행위를 한 경우		시설폐쇄		
2. 아동에게 신체적 정서적 폭력이나 가혹행위를 하거나 아동의 보호자가 아동을 유기한 경우				
1) 아동에게 중대한 신체 또는 정신적 손해를 입힌 경우		시설폐쇄		
2) 1)에 해당하지 않는 경우		운영정지 6개월	운영정지 1년	시설폐쇄
3. 아동의 보호자가 아동을 방임한 경우				
1) 아동에게 중대한 신체 또는 정신적 손해를 입힌 경우		시설폐쇄		
2) 기본적 보호, 양육, 치료를 소홀히 한 경우로서 1)에 해당하지 않는 경우		운영정지 1개월	운영정지 2개월	운영정지 3개월
3) 기본적 교육을 소홀히 한 경우		운영정지 7일	운영정지 15일	운영정지 1개월

출처 : 국가법령정보센터.

(2) 아동학대에 관한 법적 조치과정

아동학대 사건으로 신고가 112에 접수되면 아동보호전문기관, 경찰, 행정기관에서 피해 사실에 대한 조사가 진행된다. 피해아동과 보호자, 학대행위 의심자 및 주변인과 CCTV에 대한 조사가 이루어지며 경찰 수사에서 아동학대 혐의가 있는 경우 사건이 송치되어 사법 절차로 진행된다. 검찰에서는 수사를 통해 공소제기처분이나 아동보호사건송치가 내려지면 법원에서 재판과정을 통해 판결이 내려진다.

아동보호전문기관은 현장조사를 통해 아동학대를 판단하고 위급성 여부를 파악하여 피해아동의 신변 보호와 안전 조치를 하며, 사건에 대한 정보와 자료를 수집하

여 학대혐의를 판단한다. 또한 학대행위자에 대한 필요한 조치를 판단하여 결정하고 피해아동, 가족, 아동학대 행위자의 상담 치료 및 교육 등의 사후관리를 한다.

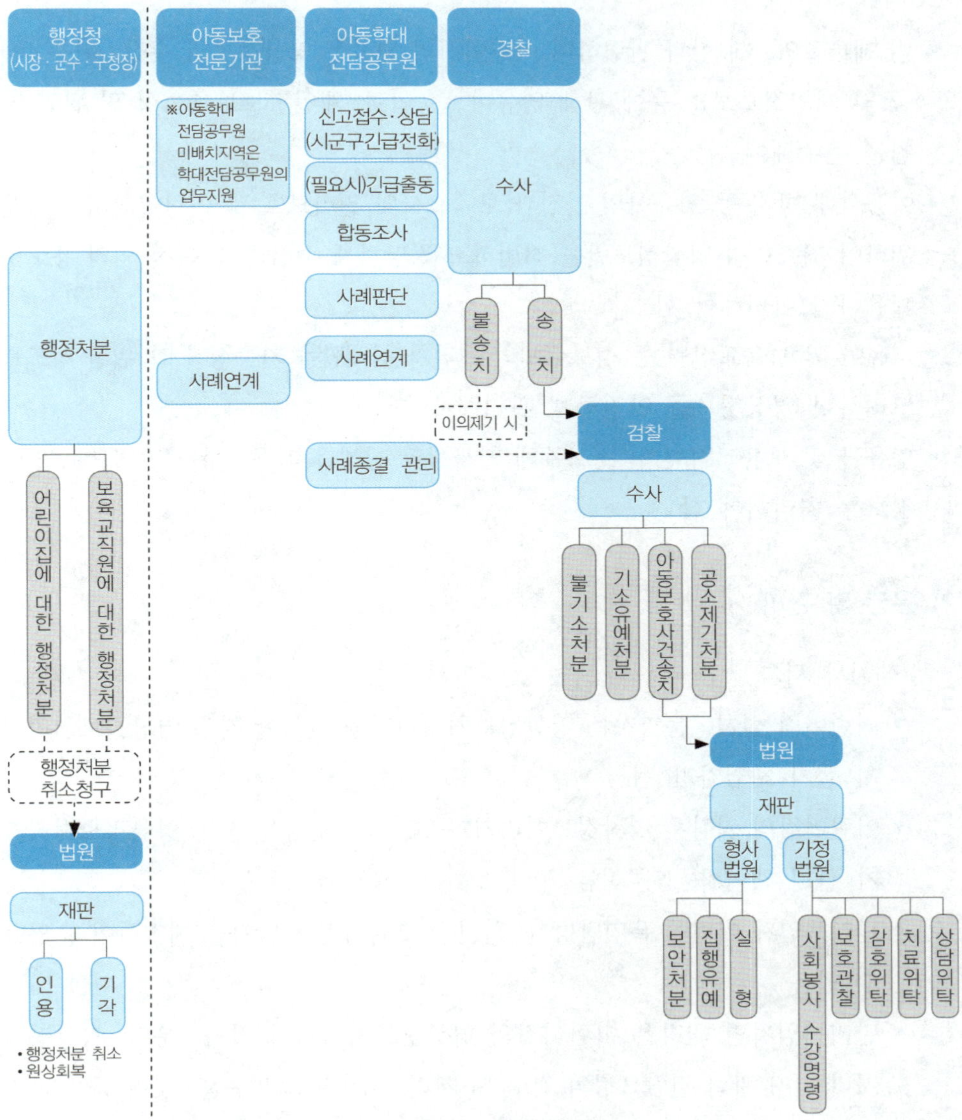

| 그림 4-4 | 어린이집 아동학대 사건의 처리 과정

출처 : 보건복지부 · 한국보육진흥원(2023).

4) CCTV 관리 및 열람 절차[5)]

(1) 영상정보의 보호원칙

- 법 제15조의4 제2항과 관련하여 어린이집의 원장은 영상정보의 수집 · 이용 · 제공 및 개인정보보호 등에 관해 영유아보육법령, 개인정보보호법령 및 관련 지침을 준수해야 함
- 아동학대 방지 등 영유아의 안전과 보육교사의 권리보호 및 어린이집의 보안을 위하여 최소한의 영상정보만을 적법하고 정당하게 수집하고, 목적 외의 용도로 활용하지 아니해야 함
- 영유아 및 보육교직원 등 정보주체의 권리가 침해받을 가능성과 그 위험 정도를 고려하여 영상정보를 안전하게 관리해야 함
- 영유아 및 보육교직원 등 정보주체의 사생활 침해를 최소화하는 방법으로 영상정보를 처리해야 함

(2) 운영 및 관리

① 책임자 지정

- 어린이집 설치 · 운영자는 영상정보처리기기를 설치할 경우 영상정보처리기기 설치 책임자가 됨
- 어린이집의 원장은 영상정보처리기기를 설치 · 운영할 경우 영상정보처리기기 관리 책임자(이하 "책임자"이라 한다)가 됨
- 관리책임자 이외에 운영담당자, 실시간 모니터링 전담자를 지정하여 운영할 수 있음
- 관리책임자인 원장은 어린이집의 영상정보처리기기 설치 · 운영, 영상정보처리 기기 관련 열람요청의 접수 및 처리, 영상정보의 수집 · 처리 등에 관한

5) 보건복지부(2023). 2023년도 보육사업안내[부록]. 어린이집 영상정보처리기기 설치 · 운영 가이드라인 일부.

업무를 총괄하며 운영담당자는 해당 업무를 수행해야 함

- 실시간 모니터링 전담자는 영상정보처리기기 관제 및 특이사항 발생 시 보고, 영상자료 녹화 및 검색, 기타 책임자 및 운영담당자가 지시한 사항 등의 업무를 수행함
- 어린이집 원장은 영상정보처리기기의 관리책임자로 영상자료의 유출 · 오남용 등을 방지하기 위하여 그 책임을 다해야 함
- 영상정보 접근권한을 부여받은 자는 정보주체의 개인정보보호를 위한 교육을 이수해야 함

※ 어린이집 원장 등 영상정보처리기기 관리자가 스마트폰 어플 등을 이용하여 어린이집 외부에서 영상자료를 열람하는 것은 네트워크 카메라를 설치 · 운영하는 경우에는 가능하나 폐쇄회로 텔레비전의 경우 금지되는 행위임

② 내부관리 계획

- 어린이집의 원장은 영상정보처리기기를 설치 · 운영할 경우 법 제15조의5 제3항에 따른 "영상정보처리기기 내부 관리계획"을 별지 제1호 서식에 의거 작성해야 하며 월 1회 이상 내부관리계획 이행 여부를 확인 후 별지 제10호 서식의 영상정보 관리대장에 작성해야 함
- 영상정보처리기기 내부 관리계획은 다음 각 호의 사항을 포함하되 어린이집의 실정에 따라 그 내용을 달리할 수 있음
  - 영상정보처리기기 설치의 목적
  - 영상정보처리기기 책임자 및 담당자
  - 설치 · 운영되는 영상정보처리기기 카메라 대수, 위치, 성능 및 촬영범위
  - 시행규칙 제9조 관련 [별표1]에 따라 설치되는 안내판의 규격 및 부착장소
  - 영상정보처리기기 촬영시간, 영상정보의 보관기간
  - 시행규칙 제9조의8에 따른 영상정보가 저장되는 장치 또는 기기
  - 영상정보처리기기에 의하여 전송되는 영상정보가 열람되는 장소
  - 시행규칙 제9조의3 제1항에 따른 영상정보의 삭제 주기

※ 최소 보관기간이 경과한 영상정보는 자동 삭제 가능

- 어린이집의 원장은 내부 관리계획을 정보 주체가 그 내용을 알 수 있도록 어린이집 홈페이지 등에 게시해야 함

③ 설치 운영 점검

- 어린이집 원장은 어린이집 내 영상정보처리기기 설치 · 운영 등과 관련하여 주 1회 이상 점검 후 별지 제10호 서식의 영상정보 관리대장에 작성해야 하며, 이상이 발견되는 경우에는 어린이집 운영위원회 등을 통해 즉시 필요한 조치를 강구해야 함

④ 열람 요청

- 보호자는 법 제15조의5 제1항 제1호에 따라 어린이집의 원장에 대하여 보호하고 있는 아동이 학대 또는 안전사고로 신체 · 정신적 피해를 입었다고 의심될 경우에는 별지 제6호 서식에 따라 어린이집의 원장에게 직접 영상정보의 원본 또는 사본 등 열람을 요청할 수 있음

Q. 어린이집에 자녀를 맡긴 보호자가 아동학대 사실 여부를 확인하기 위해 해당 어린이집에 CCTV 영상 열람을 요청할 수 있는지? 이 경우 다른 사람을 알아볼 수 없도록 마스킹 처리 등의 보호조치를 반드시 하여야만 하는지?

A. 「영유아보육법」 제15조의4 및 제15조의5에서는 영유아의 안전 등을 위해 어린이집에 폐쇄회로 텔레비전(이하 CCTV라 함)을 의무 설치토록 하고 촬영된 영상은 60일 이상 보관하여야 한다고 규정하고 있습니다. 또한 보호자는 자녀 또는 보호아동의 안전을 확인할 목적으로 해당 어린이집에 CCTV 영상의 열람을 요청할 수 있다고 규정하고 있습니다. 따라서 「영유아보육법」의 관련 규정은 「개인정보보호법」 제6조에 따른 다른 법률에 특별한 규정이 있는 경우에 해당하므로 보호자는 「영유아보육법」에서 정하는 바에 따라 어린이집 CCTV 영상의 열람을 요청할 수 있으며, 그 요청을 받은 어린이집에서는 「영유아보육법 시행규칙」 제9조의4 제3항에 따른 경우*를 제외하고는 10일 이내에 열람 장소와 시간을 정하여 보호자에게 통지하여야 합니다.

* 「영유아보육법」 제15조의4 제4항에 따른 보관기간이 지나 영상정보를 파기한 경우, 그 밖에 정당한 사유가 있다고 보건복지부 장관이 인정하는 경우

아울러 「영유아보육법」에서는 CCTV 영상을 열람 조치하는 경우에 다른 사람을 알아볼 수 없도록 하는 보호조치(예 마스킹 처리 등)를 의무화하고 있지는 않으며, 헌법재판소도 보호자의 영상정보 열람은 아동학대 근절이라는 공익의 중대함에 비하여 제한

되는 사익이 크다고 보기 어렵다고 판시(2015헌마994, 2017.12.28.)하고 있으므로 어린이집에서 보호자의 요청에 따라 CCTV 영상을 열람 조치하는 경우 다른 사람을 알아볼 수 없도록 보호조치를 반드시 할 필요는 없습니다.
다만, 보호자가 CCTV 영상의 사본을 제공받아 어린이집 외부로 반출하고자 하는 경우에는 다른 영유아 또는 보육교직원의 권리침해가 발생할 우려가 있고 이는 「영유아보육법」에서 허용하는 CCTV 영상 열람의 범위를 초과하는 사항이므로 이러한 경우에는 해당 영상에 포함된 모든 정보주체의 동의를 받거나 개인을 알아볼 수 없도록 하는 보호조치를 하여야 합니다.

- 단, 피해사실이 적시되어 있는 의사소견서를 제출하거나 관계공무원, 어린이집 운영위원장, 지역육아종합지원센터장이 동행하여 즉시 열람을 요청하는 경우에는 그러하지 아니하며, 이 경우에는 즉시 열람할 수 있도록 조치해야 함

※ "보호자"의 개념은 영유아보육법 제2조 제4호에서 정의하는 개념(친권자, 후견인, 그 밖의 자로서 영유아를 사실상 보호하고 있는 자)으로 열람의 다툼이 있을 경우 이 순서로 열람의 우선권을 부여함

- 열람 요청할 수 있는 자료는 공개된 장소에 설치된 카메라의 영상자료에 한함
- 어린이집 원장은 별지 제7호 서식으로 열람 장소와 일시 등 필요한 사항을 정하여 열람 요청자에게 10일 이내에 통지해야 함
  - 단, 즉시 열람케 하는 등 보호자 등과 협의된 경우에는 그러하지 아니함
- 열람의 일시는 보육에 지장이 없도록 보호자와 어린이집의 원장이 협의하여 결정하되 가급적 조속히 이루어질 수 있도록 해야 하며, 회신일로부터 최장 7일을 초과하지 않도록 해야 함

⑤ 열람

- 시행규칙 제9조의4 제2항과 관련하여 어린이집의 원장은 열람 조치 시 보호자 등이 정당한 요구권이 있는지를 가족관계증명서, 주민등록증, 공문서, 신분증 등을 확인한 후 열람할 수 있도록 조치해야 함
  - 보호자 등이란 영유아보육법 제2조 제4호에서 정의된 친권자, 후견인, 그

밖의 자로서 영유아를 사실상 보호하고 있는 자를 말함

* 개인정보보호법상의 미성년(14세 미만) 정보주체의 동의권자는 법정대리인으로 하고 있음

- 영상자료의 열람은 원칙적으로 보호자(자료의 요청자) 및 어린이집 원장이 할 수 있음
  - 원장은 보호자가 동의 시, 관계공무원, 보육교사 및 어린이집 운영위원, 지역 육아종합지원센터, 아동보호전문기관, 어린이집안전공제회 직원 등을 입회하게 할 수 있음
- 열람의 범위는 보육에 지장이 없도록 열람 목적의 달성에 필요한 최소한의 범위 내에서 보호자와 어린이집의 원장이 협의하여 결정함
- CCTV 영상자료의 열람은 어린이집 내에서 하는 것이 원칙임
- 열람 요청자가 다수(2인 이상)이거나 열람할 분량이 상당하여 수시 열람하게 할 경우 보육에 차질이 빚어질 우려가 있는 경우에는 어린이집 원장은 시행령 제20조의8에 따른 영상정보 내부 관리계획에 의거 특정한 일시를 정하여 일괄하여 열람하게 할 수 있음
  - 단, 상기 계획에 따른 열람은 열람 시작 후 20일 이내에 종료

⑥ 영상자료 저장

- 영상자료의 저장기간은 60일 이상 되도록 설정하여 운영해야 함

  * 보존기간 60일 이상을 준수하지 아니한 경우 과태료 부과(1차 위반 50만 원, 2차 위반 100만 원, 3차 위반 150만 원)
- 녹화된 영상자료는 화질이 담보될 수 있도록 고해상도(HD : High Definition) 이상의 화소수로 1초당 10장 이상의 프레임이 저장되도록 설정하여 운영해야 함
- 폐쇄회로 텔레비전의 녹화 시간은 어린이집 운영시간을 원칙으로 하며, 필요에 따라 야간 휴일 등에도 녹화할 수 있음

⑦ 열람 등기록 관리

- 어린이집 원장은 정보주체가 개인영상정보에 대한 열람 등 요구를 한 경우

에는 그에 대한 조치사항과 내용을 기록·관리해야 함

- 어린이집의 원장은 다음 각 호의 사항이 포함된 별지 제10호 서식의 영상정보관리대장을 작성하고, 이를 3년간 보관해야 함
  - 이용일시 및 요청자(성명, 연락처)
  - 파일명/형태/내용
  - 이용목적/사유
  - 이용시간 및 이용장소
  - 담당자 확인서명

5) 어린이집 아동학대 관련 법적 조치 결과와 판례분석

2019년 아동학대에 대한 접수 건수는 38,380건으로 법원에 의한 판단은 30,045건이 이루어졌으며 학대행위자에 대한 법적 조치는 10,998건이다. 2021년 아동학대 접수 건수는 52,083건이며 법원에 의한 판단은 37,605건으로 학대행위자에 대한 법적 조치는 16,096건이 이루어져 2019년보다 2021년 아동학대 건수는 늘어났으며 해마다 증가하고 있다. 어린이집에서 일어나는 아동학대 건수도 해마다 증가하는 것으로 나타났으며, 어린이집 아동학대 사건의 법적 조치 결과와 판례분석을 통해 어린이집에서 일어나는 아동학대에 대한 예방법을 모색해 볼 필요가 있다.

(1) 어린이집 아동학대 연도별 법적 조치 결과

〈표 4-14〉 어린이집 아동학대 사건의 연도별 형사처벌 결과

연도	징역(실형)		징역(집행유예)		벌금		선고유예	무죄	계
	인원	평균(개월)	인원	평균(개월)	인원	평균(천원)			
2015	2	18	3	13	6	3,667	2		13
2016	3	10	2	18	8	2,000		1	14
2017	6	11	3	24	7	2,886		2	18

2018	1	10	8	26	6	4,000			15
2019	5	14	12	25	17	5,747	3	6	43

출처 : 최미숙 · 박현선(2021).

(2) 어린이집 아동학대 판례 분석

① 어린이집 아동학대에 대한 사법적 처벌

- **가중처벌** : 아동학대 신고의무자가 보호하는 아동에 대해 아동학대 범죄를 범한 때에는 그 죄에 정한 형의 2분의 1까지 가중한다(아동학대범죄의 처벌 등에 관한 특례법 제7조).
- **양벌규정** : 법인의 대표자나 법인 또는 개인의 대리인, 사용인, 그 밖의 종업원이 아동을 신체적 · 정신적으로 학대하면 행위자를 벌하는 것 외에 그 법인 또는 개인에게도 해당 조문의 벌금형을 과한다. 다만, 법인 또는 개인이 그 위반행위를 방지하기 위하여 해당 업무에 관해 상당한 주의와 감독을 게을리하지 않은 경우에는 그러하지 아니한다(아동복지법 제74조).
- 아동학대 의심행위의 사법적 판단은 다음의 요건 등을 종합적으로 고려하여 이루어진다.
  - 행위자와 피해아동의 관계
  - 아동에게 가해진 유형력의 정도
  - 행위에 이르게 된 동기와 경위
  - 피해아동의 연령, 성별, 성향, 정신적 발달상태 및 건강 상태
  - 가해자의 평소 성향이나 행위 당시의 태도
  - 행위 당시 행위자가 피해아동에게 보인 태도
  - 행위에 대한 피해아동의 반응 및 행위를 전후로 한 피해아동의 상태 변화
  - 행위가 피해아동 정신건강의 정상적 발달에 미치는 영향
  - 행위의 반복성이나 기간

② 어린이집 아동학대 판례

〈표 4-15〉 어린이집 아동학대 판례

유 형	사 례
무시나 방치	[분리불안으로 울며 안아달라는데 밀침] 피고인은 ○○어린이집 보육교직원이다. 피해아동(1세)이 어린이집에 이틀째 등원한 날 엄마가 교실 밖을 나가자 피고인 앞에 무릎을 꿇고 울면서 양손을 들고 안아달라고 하는데도 피고인은 아무런 조치를 취하지 않았다. 안아달라고 하는 피해아동의 양손을 잡고 반대방향으로 돌려 아동이 바닥에 넘어지는 것을 보고도 아무런 조치를 취하지 않았다(부산지방법원 2017고단6311).
	[밥을 늦게 먹는다고 혼자 40분간 방치함] 피고인은 ○○어린이집에서 근무하는 보육교사이며, 피해아동은 여아로 21개월이었다. 보육교사는 피해아동에게 밥을 먹이는 과정에서 수차례 고개가 뒤로 넘어갈 정도로 숟가락을 깊숙이 밀어 넣었고, 피해아동이 울자 아동의 손을 잡아끌고 밥 먹는 곳에서 떨어져 혼자 앉아 있게 하였다. 다른 아동과 보육교사가 같은 장소에 있기는 하였으나 피해아동은 약 40분 동안 혼자 있었다(광주지방법원 목포지원2015고단1130).
	[설명 없이 타임아웃으로 고립시켜 방치함] 피고인은 어린이집 ○○반 내에서 피해자가 다른 원생과 원만하게 지내지 못한다는 이유로 왼쪽 손으로 피해자의 왼쪽 팔을 잡고 들어올려 화장실로 데리고 가서 반성하라며 피해자의 의사에 반하여 혼자 화장실에 남겨둔 채 밖으로 나와 문을 닫고 약 10분간 감금하였다(창원지방법원 통영지원 2015고단803).
비난	[폭언, 욕설 등을 하며 비난함] 자폐아동인 피해자 아동이 소변 실수를 하자 피해자에게 화를 내며 "집에서도 이러냐, 너희 엄마가 이렇게 해도 가만히 두냐, 네 나이가 몇인데 부끄러운 줄도 모르고 쉬를 싸냐"며 폭언을 하였다(대구지방법원 2016고단1861).
	[간식을 빨리 먹지 않는다는 이유로 비난함] 피고인은 피해아동이 간식을 빨리 먹지 않는다는 이유로 피해아동에게 손가락질을 하면서 혼을 내고, 양손으로 울고 있는 아동의 양팔을 잡아 강제로 일으켜 세우고, 계속해서 서서 울고 있는 아동에게 밖으로 나가라고 손가락질 하면서 아동의 몸을 밀었다(인천지방법원 2017고단8269).
조롱	[훈육한다면서 다른 유아들 앞에서 알몸을 노출시킴] 피고인은 ○○어린이집 보육교직원이다. 평소 자신의 신체부위를 노출하는 버릇을 가진 피해아동(6세)을 훈육하겠다며 아동의 팔을 잡아끌어 세운 후 갑자기 아동의 상의를 위로 걷어 올리고 하의를 무릎 아래로 내려 다른 원생 앞에서 아동의 알몸을 노출시켰다(서울남부지방법원 2018고단736).
	[용변 실수를 한 아동을 다른 유아들 앞에서 갈아입힘] 피해아동이 용변 실수를 하자, 다른 아동이 없는 곳으로 가서 바지를 갈아입힐 수 있었음에도 다른 아동들이 보는 앞에서 그냥 젖은 하의를 벗겨 갈아 입혔다. 이후 피고인은 다른 교사와 언쟁을 벌이면서 피해아동의 젖은 하의와 팬티를 정리하다가, 피해아동이 계속 울자 소변에 젖은 하의로 피해아동의 얼굴을 닦았다(부산지방법원 2019노2446).

거짓 협박	[과제를 완성하지 못했다는 이유로 점심 식사를 제공하지 않음] 피고인은 피해아동이 글쓰기 과제를 마무리하지 못하였다는 이유로 피해아동에게만 점심 식사를 제공하지 않았다(인천지방법원 부천지원 2018고단1103).
차별	[보행이 어려운 장애유아를 계단에 20분간 방치함] 피고인은 어린이집 내에서 피고인이 돌보던 뇌병변 1급 장애아동인 피해자(7세)를 1층에서 2층까지 데리고 가고 있었다. 피고인은 스스로 계단을 오를 수 없는 피해자가 2층까지 안전하게 갈 수 있도록 조치해야 한다. 그럼에도 불구하고 피고인은 피해자에게 “너 혼자 기어 올라와라”고 한 뒤 피해자를 계단 아래에 방치하고 2층 교실로 들어간 채 약 20분간 아무런 조치를 취하지 않았다(대구지방법원 2016고단1861).
	[다른 아동들과 분리하여 식사와 간식을 혼자 먹도록 한 행위] 어린이집에서 매일 제공하는 오전 간식, 중식, 오후 간식을 피해아동으로 하여금 다른 아동들과 같이 먹도록 하지 않고 6월 중 25회, 7월 중 15회 상당을 의자 없이 바닥에 앉아서 사용하는 조그만 책상과 교실 구석에 있는 언어영역 책상에서 혼자 먹도록 배제하였다(전주지방법원 2018노484).
거친 접촉	[낮잠 시 강제로 재우는 경우] 피해아동을 밀어 넘어뜨리거나 손으로 얼굴을 쓸어내리고, 피해아동의 얼굴에 낮잠 이불을 덮는 등의 행위를 하였다(울산지방법원 2019노272).
	[식사 시 밥을 먹지 않는다는 이유로 신체적 접촉을 하는 경우] 피해아동이 밥을 먹지 않으려고 하고 운다는 이유로 피해아동의 입술과 머리를 손바닥으로 가볍게 수회 두드리거나 이마를 두드렸다(대법원 20196365).
	[아동의 어깨에 손을 올리고 빨기 걷게 하여 미끄러져 넘어지게 한 경우] 현장학습 시 피해아동의 머리핀을 잃어버려 돌려줄 수 없게 되었고, 이에 피해아동이 울자 피해아동을 진정시키기 위해 교실로 데리고 가던 중 피해아동의 어깨에 손을 얹고 힘을 실어 피해아동으로 하여금 빠른 걸음으로 이동하도록 하였다(수원지방법원 2018노7905).
	[운다는 이유로 강제적으로 제압하는 경우] 피해자가 운다는 이유로 피해아동을 들어 구석에 있는 쿠션 의자에 앉힌 다음 약 10분간 양손으로 피해아동의 얼굴에 자신의 얼굴을 밀착시키고 혼을 내었고, 식사 시간에 엎드려 울고 있자 식판을 탁자에 던지고 계속하여 울고 있는 피해아동을 약 10분간 붙잡았다(의정부지방법원 2018고단884).
	[잘 먹지 않는다는 이유로 양 볼을 꼬집거나 때려 빨갛게 달아오름] 피고인은 ○○어린이집의 원장이며, 피해아동 A(2세)는 해당 어린이집 원아이다. 피고인은 명확하게 알 수 없는 이유로 피해아동에게 “미워”라고 소리치며 양 볼을 꼬집어 빨갛게 달아오르게 한 후 피해아동을 바닥에 눕히고 이불을 피해아동의 머리끝까지 덮어놓아 피해아동이 두려움에 떨며 울게 하였다. 피해아동 B는 해당 어린이집 원아로 2세 남아이다. 피고인은 어린이집 조리실에서 간식 시간에 피해아동 B가 잘 먹지 않는다는 이유로 명확하게 알 수 없는 방법으로 피해아동의 귀부터 볼까지 빰이 발갛게 달아오르게 때렸다(제주지방법원 2015고단1107).

출처 : 보건복지부 · 한국보육진흥원(2023).

6) 어린이집 아동학대 중 비사법적 조치의 필요성과 사례분석

(1) 비사법적 조치의 필요성

아동을 돌보고 보호해야 할 역할과 의무가 있는 보호자와 어린이집에서 일어나는 아동학대에 대해서 사회적으로 엄벌에 처하는 것이 맞다. 하지만 사회가 아동학대를 범죄로 규정하여 사법적 개입을 하는 이유는 잘못된 행위의 반성과 갱생을 통한 사회 복귀의 목적도 있다(장영인 · 정효정, 2017). 어린이집에서는 부모를 대신하여 영유아들을 하루 종일 돌보고 책임지며 여러 문제행동상황 발생으로 의도치 않은 과실이나 경미한 아동학대로 번지는 경우가 발생한다. 하지만 아동학대에 대한 과도한 사법적 절차는 피해아동을 배려하기보다는 학대당사자의 징벌에 중점을 두고 있다. 이에 피해아동에 대한 치료와 회복에 중점을 두고 아동학대자도 갱생할 수 있는 기회가 부여될 수 있는 중재 기관의 개입으로 해결할 수 있는 비사법적 조치가 필요하다.

〈표 4-16〉 어린이집 아동학대의 특성

어린이집 아동학대의 특성
• 아동의 문제행동에 대한 이해와 훈육의 기술력 부족에 따른 비의도적인 경우가 많아 훈련과 교육을 통해 다른 아동학대 집단보다 개선의 가능성이 높다. • 은밀하게 장시간 지속되는 가정 안의 학대와 달리 발견이 용이하여 경미한 학대가 많으며 지속될 가능성이 적다. • 아동학대 발생 시 학대행위자와 즉각적인 분리가 가능하여 동일한 행위자에 의한 학대가 재발할 가능성이 매우 낮다.

출처 : 장영인 · 정효정(2017).

(2) 비사법적 조치 방법

① 회복적 사법

회복적 사법은 전통적인 형사사법제도에 대한 한계를 바탕으로 제시된 모델이며, 범죄사건을 처리하는 과정이 피해회복과정으로 피해의 원상회복과 범죄자, 피해자 간 화해를 통해 가해자의 변화 가능성을 높이고 피해자의 상처 회복에 중점을 둘 수 있다. 회복적 사법은 심각한 아동학대 사건에 적용하는 것은 적합하지 않으며, 형사조정제도나 화해권고제도 등과 같은 방법으로 경미한 아동학대에 적용되어야 할 것이다.

② **대체적 분쟁해결방법**(ADR : Alternative Dispute Resolution)

사법적 과정의 복잡성과 불편성의 대안으로 등장하였으며 소송을 대체하는 비소송적 분쟁해결수단이다. 재판을 통한 해결은 이분법적인 사고가 적용되어 소송과정에서 분쟁당사자 간의 관계가 더욱 악화되고 싸움으로 번지는 측면이 있다(안순철 · 최장섭, 2003). 어린이집 아동학대의 경우 비의도적이거나 경미한 경우도 많기 때문에 재판 전에 분쟁을 해결하는 비사법적 절차를 적용해 볼 필요가 있다.

③ **피해아동을 위한 관계중심 접근법**

어린이집 아동학대의 사법절차 과정에서 피해아동은 갈등과 다툼, 어린이집의 퇴원이라는 관계단절의 경험으로 정서적인 문제를 안고 있을 수 있다. 피해아동의 관계중심의 접근법은 아동이 경험하는 관계의 갈등, 단절, 유지의 어려움에 대해 상처치유와 건강한 일상생활 복귀의 중요성을 중심으로 한다(이호중, 2000). 대인관계가 확정되는 아동기에는 긍정적인 대인관계의 경험이 아동과 타인에 대한 신뢰도를 높이고, 사회생활과 자라면서의 대인관계에도 많은 영향을 미친다(김광수 · 하요상, 2006). 심각한 아동학대에 대해서는 용서를 적용하는 것이 바람직하지 않지만 과실이나 경미한 아동학대에 대해서는 학대행위자와 피해아동의 용서와 관계회복을 지원하는 과정을 통해 서로의 상처를 회복할 수 있는 비사법적 접근이 필요하다.

(3) 비사법적 사례분석

어린이집에서의 경미하거나 오해에 의한 아동학대에 대해 비사법적인 접근이 이루어지기 위해서는 발생 초기에 신속하게 작동될 수 있는 자율적 대응시스템이 구축될 필요가 있다. 아동학대 발생 초기 단계의 개입일수록 사법적 접근이 더 효과적이며 회복적 사법의 기능이 제대로 발휘되기 위해서는 사건이 발생한 상황에서 최단 시간 내에 회복적 개입이 이루어져야 한다(황태정 · 김혜정, 2016). 아동학대에 대한 자율적인 대응시스템 구축은 아동(보호자), 학대행위자, 이를 중재할 제3의 지역사회 구성원을 기본 요소로 하여 이해당사자 간의 자발적이며 능동적인 참여를 통해 화해의 절차를 진행하고, 피해아동에 대한 회복에 중심 목표를 두어야 한다(장영인 · 정효정, 2017). 우리나라에서는 경찰 수사단계에서 회복적 정의를 적용한 회복적 경찰활동으로 '화해적 대화모임'이 제도적으로 확대 운영되고 있다. 어린이집의 경미한 아동학대 사건에 대해서는 경찰 수사 전 화해를 조정할 수 있는 전문기관이나 경찰의 수사에서도 화해를 통해 서로 회복할 수 있는 우선적인 기회가 부여되어야 한다.

7) 아동학대 신고와 영유아 보호

(1) 아동학대 신고의무자

① 신고의무자 역할

어린이집 원장 등 보육교직원은 아동학대 신고의무자이며, 영유아에 대한 학대가 의심될 경우 시 · 군 · 구 또는 수사기관에 즉시 신고하여야 한다. 아동학대 신고의무자가 아동학대를 신고하지 않을 경우, 1천만 원 이하의 과태료가 부과된다.

「아동학대범죄의 처벌 등에 관한 특례법」 제10조(아동학대범죄 신고의무와 절차)

② 다음 각 호의 어느 하나에 해당하는 사람이 직무를 수행하면서 아동학대범죄를 알게 된 경우나 그 의심이 있는 경우에는 시 · 도, 시 · 군 · 구 또는 수사기관에 즉시 신고하여야 한다.

12. 「영유아보육법」 제7조에 따른 육아종합지원센터의 장과 그 종사자 및 제10조에 따른 어린이집의 원장 등 보육교직원

「아동학대범죄의 처벌 등에 관한 특례법」 제63조(과태료)

① 다음 각 호의 어느 하나에 해당하는 사람에게는 1천만 원 이하의 과태료를 부과한다.

2. 정당한 사유 없이 제10조 제2항에 따른 신고를 하지 아니한 사람

② 신고의무자 보호

아동학대 신고자 신분은 아동학대처벌법 제10조의3, 특정범죄 신고자 등 보호법 제7조부터 제13조에 의해 보호되며, 신고자의 인적사항 및 신고인임을 미루어 알 수 있는 사실을 다른 사람에게 공개하거나, 신고의무자에게 불이익 조치를 취하는 자는 징역 또는 벌금형에 처할 수 있다.

③ 신고해야 하는 경우

- 아동에 대한 폭력 · 방임 · 유기 등 아동학대 정황이 발견된 경우
- 출석이 확인되지 않거나 이유 없이 2일 이상 연락이 되지 않는 경우
- 보호자 연락, 영상통화, 가정방문 등으로 아동학대 의심이 해소되지 않는 경우
- 아동의 소재 파악이 불분명한 경우
- 학대행위자로부터 격리 등 아동 보호가 시급한 경우
- 보육교직원의 아동학대가 의심되는 경우
- 기타 아동학대가 의심되는 경우

[매일 확인해야 하는 내용]

- 아동이 어린이집을 결석하는 경우, 부모는 보육교사에게 유선이나 스마트 알림장 등 대화방법을 통해 어린이집에 알려야 한다. 교사는 아동 결석 당일 지속적으로 연락하여 결석사유를 확인한다.

[2일 이상 무단결석한 경우]

- 2일 이상 무단결석한 경우 가정방문을 할 수 있으며, 아동의 소재, 안전이 확인되지 않은 경우 수사기관(112)에 신고해야 한다.
- 가정방문 시 보육교직원, 읍 · 면 · 동 공무원으로 구성된 2인이 함께 방문한다.

※ 가정방문 해야 하는 경우, 각 지역 주민센터(동사무소) 담당 공무원에게 먼저 연락한다.

- 명확한 사유 없이 퇴소 신청을 할 때에도 아동학대를 의심해 볼 수 있다.

(2) 아동학대 상담 및 신고

① 아동학대 관련 상담방법

보육교직원은 아동학대 의심 상황을 발견 또는 인지하는 경우 즉시 112 또는 지방자치단체에 신고해야 한다. 신고가 아닌 아동학대 관련 절차문의 등 상담이 필요한 경우 보건복지상담센터(129), 지자체, 아동보호전문기관으로 전화하여 아동학대 관련 내용을 상담할 수 있다. 지자체 또는 아동보호전문기관에서 아동학대 상담 중 학대 의심 사실이 확인되어 즉각 출동이 필요한 경우, 즉시 수사기관에 통보되며 아동학대전담공무원(아동보호전문기관) 및 경찰의 현장 출동이 진행될 수 있다.

② 아동학대 신고방법

〈표 4-17〉 아동학대 신고방법

구 분	내 용
어디로 해야 하나요	• 국번 없이 112에 신고(신고일원화) • 시·군·구 아동학대 신고 긴급전화
어떤 내용을 신고해야 하나요?	1. 피해(의심)아동의 현재 상황 : 피해(의심)아동의 안전 여부, 응급조치 필요 여부, 피해(의심)아동의 심신상태 등 2. 피해(의심)아동 인적사항 : 성명, 성별, (추정)연령, 주소, 전화번호 등 연락처 3. 아동학대행위(의심)자 관련사항 : 성명, 성별, (추정)연령, 주소, 전화번호 등 연락처, 피해(의심)아동과의 관계, 피해(의심)아동과의 동거 여부, 아동학대행위(의심)자의 특성 및 성향 4. 신고자 관련사항 : 성명, 전화번호 등 연락처, 주소, 피해(의심)아동과의 관계, 신고의무자 여부, 신고목적(신고자의 욕구) 5. 아동학대 의심상황 : 아동학대 유형(구체적인 아동학대 행위), 아동학대의 정도 및 심각성, 아동학대 발생빈도, 아동학대의 지속성, 최근 발생한 아동학대 상황 6. 기타사항 : 추가 아동 존재 여부(집단 내 다른 아동 또는 아동의 형제·자매 존재 여부), 아동학대 행위(의심)자의 현재 상황(심신 상태 등), 다른 기관과의 연계 여부, 기타 내용 ※ 위의 정보를 모두 파악하지 못해도 신고는 가능하며, 가능한 한 많은 정보를 제공하도록 노력한다.

신고 예시	• 112 전화신고 예시 - ○○어린이집에 재직하고 있는 교사입니다. - ○○어린이집에 재원하는 아동에 대해 (　)의 이유로 아동학대가 의심되어 연락드립니다. ※ 학대 의심이 있는 경우에도 신고 가능 - 아동의 현재 상황은 (　)입니다. ※ 아동의 안전여부, 응급조치 필요 여부, 아동의 심신상태, 가정상황 등 - 아동의 인적사항은 (　)입니다. ※ 이름, 성별, 연령, 주소, 전화번호, 주민등록번호 등 - 학대행위자로 의심이 되는 사람은 (　)입니다. ※ 이름, 성별, 연령, 주소 등. 학대행위자 정보를 파악하지 못해도 신고 가능 - 신고자는 (　)입니다. ※ 성명, 전화번호, 주소, 아동과의 관계 등 ※ 익명으로 신고 가능 • 112 문자신고 예시 1. 학대피해 의심 아동 정보(추정) 1) 이름 : 2) 성별 : 3) 연령 : 4) 주소(학대발견지 혹은 실거주지) : 2. 학대피해 의심 아동 정보(추정) 3. 학대 의심내용 4. 기타사항

출처 : 보건복지부 · 한국보육진흥원(2023).

③ 아동학대 신고 시 주의사항

- 아동학대의 유형 및 징후를 확인한다. 학대를 의심할 수 있는 상처나 징후가 있을 경우 보호자에게 질문하여 설명을 들어본다.
- 아동학대 상황을 증빙할 수 있는 자료를 확보한다.
  - 증거 사진, 동영상 등을 확보한다.
  - 성학대의 경우 증거 확보를 위해 씻기거나 옷을 갈아입히지 않는다.
- 피해아동의 안전 및 보호가 최우선되어야 하며, 응급상황 시 병원으로 즉시 이송 후 신고한다.
  - 피해아동이 불안에 빠지지 않도록 일상적으로 대한다.
  - 피해아동의 정보가 노출되지 않도록 주의한다.

- 피해아동에게 치료적 개입이 필요하거나 응급상황 발생 시 병원으로 즉시 이송 후 신고한다.

• 신고자 정보가 누설되지 않도록 요구하고, 본인도 주의한다.

- 신고인의 인적사항 또는 신고인임을 미루어 알 수 있는 사실을 알린 경우 3년 이하의 징역이나 3천만 원 이하의 벌금에 처해진다(아동학대처벌법 제62조 제2항).
- 아동학대(의심) 신고사례에 대해 언론인터뷰 요청이 있더라도 독단적으로 응해서는 안 되며, 언론보도로 신고자와 피해자 모두에게 2차 피해가 발생하지 않도록 언론 대응 창구를 원장 등 최소 인원으로 한정한다.

• 영유아의 진술이 오염되지 않도록 하며, 수사에 협조한다.

- 영유아의 진술이 오염되지 않도록 보육교직원이 직접 상담하지 않고, 전문가가 상담하도록 한다.
- 신고 후에도 지속적으로 수사기관, 아동학대전담공무원, 아동보호전문기관과 적극적으로 협조한다.

1. 신고접수 및 현장 조사
[신고접수] • 아동학대범죄를 알게 된 경우나 그 의심이 있는 경우 112 신고(24시간 운영) • 아동학대 의심사례 접수 시 현장조사 실시(경찰과 아동학대전담공무원) [현장조사] • 경찰과 아동학대전담공무원(경찰과 동행 출동) • 학대발생 시 및 관련 장소 내 조사 - 피해아동, 학대행위자, 형제자매, 신고자, 보육·교육기관 종사자, 목격자, 이웃 등 • 아동학대 협의 판단[사법적 판단은 아니며, 시군구(아동학대전담공무원)의 판단]

⬇

2. 피해아동 및 학대행위자 조치
[피해아동 보호조치] • 응급조치 : 피해아동을 보호시설로 인도, 의료기관으로 인도 ※ 학대피해아동쉼터 : 피해아동보호·생활지원, 심리검사 및 심리치료·교육 및 문화체험 지원 • 보호명령 : 피해아동 보호위탁, 상담 및 치료위탁, 가정위탁, 친권 행사의 제한 또는 정지, 후견인 권한의 제한 또는 정지

[학대행위자 조치]
- 응급조치 : 학대행위자 범죄 행위 제지 및 피해아동으로부터 격리
- 임시조치 : 학대행위자 퇴거 등 격리, 접근금지, 전기통신금지, 친권 또는 후견인 권한 행사의 제한 또는 정지, 상담 및 교육위탁, 의료기관 위탁, 유치장 · 구치소 유치
- 보호명령 : 행위자 퇴거 등 격리, 접근 제한, 전기통신 제한, 친권 행사의 제한 또는 정지, 후견인 권 한의 제한 또는 정지

3. 사례관리

- 피해아동 : 아동안전점검, 상담, 의료지원, 심리치료, 학습지원, 수사 및 사건처리지원, 사회복지 서비스 연계 등
- 학대행위자 : 보호처분, 임시조치 등의 결과 상담, 교육프로그램 운영, 심리치료, 의료지원, 가정지원(경제 및 가사지원) 등
- 가족 : 상담, 가족치료, 가정지원(경제 및 가사지원), 원가정복귀를 위한 가족기능강화프로그램 등
- 지역사회자원 연계 등

4. 사후관리

- 사후관리기관 선정
- 사후관리 서비스제공 모니터링
- 아동학대전담공무원과 아동보호전문기관이 사례를 종합 검토하여 종결

| 그림 4-5 | 아동학대 사례 개입 과정

출처 : 보건복지부 · 어린이집 안전공제회 · 중앙육아종합지원센터(2021).

3. 학대예방교육 사례분석

1) 피해아동 지원

(1) 학대에 노출된 영유아의 특성

학대에 노출된 영유아가 나타내는 징후는 학대나 방임의 특성, 발생 시기, 지속기간, 강도, 영유아 개인의 특성 등에 따라 다양한 편이다. 어떤 영유아는 분명하고 심각한 문제를 나타내기도 하지만, 다른 영유아는 미세한 행동변화를 나타내기도

한다. 다음과 같은 특성들은 학대나 방임으로 나타날 수 있는 문제이기도 하고, 학대와 무관한 다른 원인으로 인해 나타날 수도 있다. 그럼에도 불구하고 다양한 징후들(발달지연, 섭식행동문제, 진정행동, 정서문제, 부적절한 모델링 행동, 공격성)은 학대에 노출된 영유아나 가족이 지원이나 중재의 '도움을 요청하는 신호'일 수 있다.

보육교직원은 학대에 노출된 영유아가 나타낼 수 있는 행동 징후를 이해하고, 학대신고 전·후의 과정에서 자신의 역할을 이해하는 것이 중요하다. 이 외 학대신고가 이루어진 이후에도 가족을 지원하는 다른 전문가들과 협력하여 보호자가 바람직한 역할을 수행할 수 있도록 조력자 역할을 할 수 있다.

(2) 보육일과에서의 지원

어린이집은 가정에서 학대위험에 노출되는 영유아에게 일종의 피난처가 될 수 있다. 어린이집에서는 이들 영유아에게 긍정적이고 안전하며 발달적으로 적합한 경험을 제공할 수 있다. 보육교직원은 신체적, 인지적, 정서·사회적 발달을 지원할 뿐만 아니라, 위기 영유아가 학대나 방임으로 인한 두려움을 극복하고 행동 문제가 있을 경우 이를 고쳐갈 수 있도록 지원할 수 있다. 또한 어린이집에서는 위기 영유아가 전형적으로 나타내는 정서적 징후, 발달적 문제들을 이해하고, 이를 지원하는 일과 경험을 통해 영유아가 세상에 자신을 도와주는 사람들이 있다는 신뢰를 회복하도록 도울 수 있다

일반적으로 영유아는 회복탄력성이 있으며, 특히 일부 영유아는 학대와 방임의 정도와 무관하게 학대경험과 관련된 상처와 두려움을 극복해 낼 역량을 갖고 있다. 어린이집 보육교직원과 같이 지원적인 성인과 긍정적인 관계를 맺으면 학대에 노출되었거나 노출위험이 있거나, 학대가 있지는 않아도 가정폭력 등과 같은 다른 문제를 겪고 있는 가정의 영유아가 스스로의 회복탄력성을 증진시키는 데 도움을 받을 수 있다.

보육교직원이 학대에 노출된 영유아의 회복탄력성을 키우기 위해 유의할 점은 다음과 같다.

- **영유아를 잘 돌봐주기** : 영유아를 위협적이지 않은 방식, 성적이지 않은 방식으로 안아주고, 달래줄 필요가 있다. 학대경험이 있는 영유아 대부분에게 다른 사람들이 자신을 만지는 것은 아픔, 고통, 다른 형태의 학대와 관련이 있었다. 영유아는 신체적 접촉에 대한 과거의 부정적 경험을 극복하고 다른 사람이 자신을 만지는 것이 늘 불쾌하지는 않을 수 있다는 것을 알 필요가 있다.
- **정서 연령에 따라 영유아를 돌봐주기** : 학대나 방임을 경험한 영유아는 정서적, 사회적으로 지연되어 있기 쉽다. 영유아는 공포를 느끼거나 좌절되어 있기 때문에 자신의 연령에 맞게 행동하지 못한다. 보육교직원은 이러한 영유아를 그들의 생물학적인 연령이 아니라 정서적 연령과 요구에 맞게 이해하고 돌봐줄 필요가 있다.
- **영유아의 말에 귀 기울여주고 대화하기** : 보육교직원은 학대나 방임을 경험한 영유아에게 부드럽고 일관된 태도를 보일 필요가 있다. 그러면 영유아는 교사를 신뢰하고 자기의 감정을 공유하기 시작한다.
- **영유아의 행동을 부정적으로 판단하기 전에 이해하려고 노력하기** : 신체적인 학대를 경험한 영유아가 또래를 때리거나, 발로 차거나, 깨물 수 있다는 점을 이해하여야 한다.
- **보육교사 자신을 돌보기** : 학대에 노출된 영유아를 돌보는 것은 가외의 노력을 필요로 한다. 보육교직원이 신체적, 정서적으로 충분한 여력이 있지 않다면, 이들 영유아의 요구에 일관적이고 예측성 있으며, 풍부하고 지원적인 돌봄을 해주기 어렵다. 보육교직원도 휴식을 취하고 지원받을 수 있어야 한다.

[부록 1. 아동학대 예방(금지) 서약서]

아동학대 예방(금지) 서약서

1. 본인 ○○○은(는) ○○어린이집 보육교직원으로서 영유아를 독립된 인격체로서 존중하고, 영유아의 이익이 최우선이 될 수 있도록 영유아의 권리(생존권 · 보호권 · 발달권 · 참여권)를 존중하며 영유아의 권리증진을 위한 환경 조성을 위해 노력할 것을 서약합니다.

2. UN아동권리협약에 명시된 아동권리와 관련하여 아래 내용을 준수할 것을 서약합니다.

   하나, 영유아에 대한 체벌, 폭행 등 신체학대 행위를 하지 않겠습니다.
   하나, 영유아에 대한 폭언 · 고함 · 욕설 · 위협 등 정서학대 행위를 하지 않겠습니다.
   하나, 영유아에게 부실급식 등에 대한 방임 행위가 이루어지지 않도록 하겠습니다.
   하나, 아동복지법에 따른 아동학대 신고의무와 절차를 준수하겠습니다.
   하나, 기타 아동권리와 관련하여 아동학대에 준하는 행위를 하지 않겠습니다.

3. 아동학대 예방을 위한 어린이집 교육 및 제 활동에 솔선수범 하고, 아동복지법 제26조 및 아동학대특례법 제10조에 따라 '아동학대 신고의무자'로서 아동학대가 의심되거나 아동학대를 알게 되었을 경우 지체 없이 신고할 것을 서약합니다.

4. 어떠한 이유로든 영유아에게 체벌하지 않을 것을 서약합니다.

년 월 일

○○ 어린이집 ○ ○ ○ (인)

출처 : 울산광역시육아종합지원센터(2021). 아동학대 예방 마음나눔 프로그램 교육자료.

[부록 2. 아동학대 예방을 위한 원장 업무 셀프모니터링]

번호	내 용	확인
1	영유아의 권리존중의 이해와 실천을 위한 보육교직원의 교육이 이루어지고 있습니까?	
	영유아 권리존중을 위한 보육교직원의 교육이 실행되고 있다.	☐
	아동학대 신고의무자에 대한 교육, 양성평등교육 등을 이수하였다.	☐
	영유아 권리의 기초가 되는 'UN아동권리협약'의 내용을 이해하고 있다.	☐
2	영유아 권리존중을 위해 보육교직원 간 협의 · 지원이 이루어지고 있습니까?	
	어린이집 운영(보육과정, 특별활동, 견학, 행사 등)의 계획과 평가에 보육교직원의 의견이 수렴되고 있다.	☐
	반 운영의 어려움이 있을 때 자체회의를 통해 협력 및 해결하는 구조가 있다.	☐
3	영유아의 권리 보호를 위해 보육교직원의 적절한 근무환경이 이루어져 있습니까?	
	보육교직원의 적절한 근무환경에 대한 노력이 이루어지고 있다.	☐
	보육교직원의 업무스트레스 해소를 위한 구체적인 노력이 이루어지고 있다.	☐
4	보육교직원은 영유아 권리존중을 위해 양육자와 소통하고 있습니까?	
	보육교직원은 양육자와 소통을 통해 영유아의 전반적인 상태(기분, 건강, 배변 등)와 가정 내 주요한 정보를 파악하고 있다.	☐
	양육자에게 규칙적인 등 · 하원 시간 등 안정된 생활습관의 중요성을 전달하고 있다.	☐
	보육교직원은 영유아에 대하여 양육자와 서로 협의하고 책임을 공유하는 적극적인 노력을 하고 있다.	☐
5	영유아 권리 실천을 위해 어린이집을 다양한 방법으로 개방하고 있습니까?	
	어린이집 운영위원회를 운영하고 있다.	☐
	열린어린이집 운영 등의 다양한 방식으로 양육자의 참여가 이루어지고 있다.	☐
	양육자의 보육실 참관(절차 및 방법, 안내)이 이루어지고 있다.	☐

참고문헌

교육부 · 보건복지부(2016). 유치원 · 어린이집 아동학대 조기발견 및 관리 · 대응 매뉴얼.

김광수 · 하요상(2006). 용서 상담교육이 아동의 용서수준과 정서지능에 미치는 영향. **교육심리연구, 20**(4), 909-930.

김상균(2005). **폭력의 심리학**.

박진아 · 이경숙(2015). 어린이집 아동학대에 대한 보육교사의 경험, 인식 및 상담 요구도에 관한 연구 -포커스그룹 인터뷰를 중심으로-. **유아교육연구, 35**(3), 27-54.

보건복지부(2020). 어린이집 아동학대 예방을 위한 '아동학대 빈번 발생 상황에서의 행동 요령' 설명서.

________(2023). 2023년도 보육사업안내(부록).

________(2024). 2023 아동학대 주요통계.

보건복지부 · 경찰청(2021). 아동학대 유관기관 공동업무수행지침.

보건복지부 · 중앙아동보호전문기관(2016). 아동학대 징후 체크리스트.

보건복지부 · 한국보육진흥원(2023). 어린이집 아동학대 예방 및 대응 매뉴얼.

서울특별시육아종합지원센터(2015). [2권] 선생님 – 아이 – 엄마아빠 함께 배워요. '영유아를 존중하는 훈육 실천하기'.

안순철 · 최장섭(2003). 대안적 분쟁해결(ADR)의 이론과 실제 : 미국의 경험과 한국사회에의 적용. **분쟁해결연구, 1**, 5-38.

이세원(2018). 한국 아동학대범죄에 대한 입법적 · 사법적 관점에서의 변화과정 연구. **보건사회연구, 38**(3), 217-246.

이호중(2000). 피해자에 대한 물질적 지원 -피해구조와 배상적 화해의 간극. **한국피해자학회, 8**(1), 402-429.

장영인 · 정효정(2017). 어린이집 아동학대사건에 대한 비사법적 접근 방안 모색 -자율적 대응시스템 강화를 중심으로-. **한국영유아보육학회, 5**(1), 53-89.

중앙육아종합지원센터(2023). 2023 어린이집 보육교직원 안전교육.

최미숙 · 박현선(2021). 법과 제도적 변화에 따른 어린이집 아동학대 판례분석. **한국아동관리학회, 25**(3), 335-355.

황태정 · 김혜정(2016). 회복적 사법 이념의 경찰단계 구현방안. **한국피해자학회, 24**(3), 225-246.

국가법령정보센터 www.law.go.kr
아동권리보장원 www.ncrc.go.kr
여성가족부, 좋은 부모 행복한 아이 www.mogef.go.kr

03
PART

전문지식 · 기술(23시간)

CHAPTER 05

영유아 관찰과 평가지원

김현진(서영대학교 유아교육과 외래교수)

허현정(명지대학교어린이집 원장)

학습목표

- 관찰에 관한 기본적인 지식을 이해하고 관찰의 유형별 특징과 기록법을 안다.
- 영유아의 일상생활과 실내외 놀이 행동, 상호작용의 관찰기록을 통해 영유아 발달 특성을 이해하고 학습을 지원할 수 있다.
- 관찰기록과 평가를 활용하여 보육계획안을 개선하고, 교사의 영유아 지원계획과 실행방안을 컨설팅할 수 있는 전문적 능력을 기른다.

1. 영유아 발달 특성 이해와 학습지원

1) 관찰의 목적 및 중요성

관찰의 사전적 의미는 '자세히 보다'의 관(觀)과 '살펴서 알다'라는 의미의 찰(察)이 합해진 단어로 사물이나 현상을 주의하여 자세히 살펴보는 것을 의미한다(국립국어원 표준국어대사전, 2023). 즉, 관찰이란 영유아를 보다 잘 이해하기 위해 일상생활 속에서 이루어지는 자연스러운 행동을 자세하게 탐색하고 기록하는 과학적인 방법을 말한다. 어린이집에서의 관찰은 다음과 같은 목적을 가지고 실시된다(황해익 · 최혜진 · 권유선, 2021).

첫째, 영유아의 일상과 놀이를 관찰하여 개별 영유아의 특성을 이해함으로써 영유아의 전인적 성장과 발달을 지원하는 데 있다.

둘째, 교사 스스로 자신의 교수 실제 및 교수법을 점검하고 질적으로 개선하는 데 있다.

셋째, 관찰을 통해 부모에게 자녀에 대한 이해자료를 제공하는 데 있다.

넷째, 관찰 결과 도출된 자료를 기반으로 기관의 교육목표 달성 여부 및 기관 운영의 보완점을 파악하는 데 있다.

2) 관찰의 절차에 대한 이해

영유아를 체계적이고 객관적으로 관찰하기 위해서는 무엇을, 언제, 얼마 동안, 어디에서, 어떻게 관찰하고 기록하며 분석할 것인지 관찰의 절차에 대한 정확한 지식이 필요하다. 관찰의 절차는 크게 관찰의 계획, 관찰의 실행, 관찰자료의 분석 및 결과 활용의 순으로 이루어진다(황해익 외, 2021).

〈표 5-1〉 관찰의 절차

관찰 계획	계획	관찰의 목적 관찰 행동의 표집 설정 관찰 장면의 선정 관찰 방법의 선정 관찰 매체의 선정
관찰 실행	관찰	관찰 시 모든 감각기관 활용
	기록	관찰의 객관적 기록
관찰자료의 분석 및 결과 활용	추론	행동의 동기, 원인, 목적 등을 추측
	평가	행동에 대한 가치 부여
	결과 활용	교육과정에 반영 교사 교수법 변경 부모 면담

출처 : 황해익 외(2021). 아동관찰 및 행동연구.

3) 영유아 발달 특성에 따른 관찰 방법에 대한 이해

관찰은 관찰하려는 행동 장면을 인위적으로 통제했는지의 여부에 따라, 또 관찰자가 행동 장면에 직접 참여했느냐의 여부에 따라 다양하게 분류할 수 있다.

〈표 5-2〉 관찰의 접근방법

행동장면의 통제 여부	자연적 관찰	관찰 장면에 대해 인위적인 조작이 가해지지 않은 상황에서 관찰하는 방법. 관찰 대상 집단 선정, 관찰범위 결정, 관찰대상 집단 참여, 관찰과 기록, 자료 분석과 보고(이순형 외, 2014)
	통제적 관찰	관찰 장면에서 일종의 통제나 조작을 가하는 방법으로 관찰 시간, 장면, 그 행동을 발생시킨 상황이나 조건을 인위적으로 조작해서 같은 행동을 보다 정확하고 엄밀한 조건 아래서 시행하는 관찰하는 방법(황해익 외, 2013)
행동장면의 참여 여부	참여 관찰	관찰자가 관찰대상이나 그들의 행동에 대해 아무런 통제를 가하지 않고 관찰대상과 현장에서 함께 생활하면서 자연스런 행동을 관찰하는 방법(김이영 외, 2015)
	비참여 관찰	관찰자가 관찰 장면에 임하지만 관찰 대상의 활동에는 참여하지 않고 관찰하는 방법(황해익 외, 2013).

출처 : 황해익 외(2021). 아동관찰 및 행동연구.

관찰법의 유형에는 일화기록법, 체크리스트, 평정척도법, 시간표집법, 사건표집법 등이 있으며, 이를 자세히 살펴보면 다음과 같다.

4) 관찰일지 작성 및 학습지원 방안지도

(1) 일화기록법

일화기록법은 사진 찍듯이 사실적으로 사건이나 상황을 묘사하는 것으로 기록시간이 짧고, 시간이나 특별한 양식에 구애받지 않는다. 현장에서 가장 많이 사용하는 관찰 방법으로 영유아의 행동 중에 의미 있거나 특별한 행동을 관찰자가 선택하여 자세히 기록하는 것이다. 그 사건이 육하원칙에 따라 누가, 언제, 어디서, 무엇을, 어떻게, 왜 하였는지에 대한 객관적 사실을 기술하는 것이다(신혜원 외, 2022).

〈표 5-3〉 일화기록 양식 및 예시

관찰유아	하람	생년월일	○○○○년 ○○월 ○○일
관찰일시	○○○○년 ○○월 ○○일	관찰장소	보육실
기 록	정후 옆에 앉아있던 요한이가 자동차 장난감을 가지러 간 사이, 하람이가 정후 옆으로 책상을 갖다 붙여 정후 옆에 앉으려고 한다. 요한이가 "형아 내 자리잖아." 하면서 달려온다. 다른 아이들이 처음에는 하람이가 앉는 게 맞다고 하였으나 요한이가 "내가 정후랑 앉기로 약속했어"라고 말하자 하람이에게 "오빠니까 양보해 주는 게 맞지"라며 비켜주라고 한다. 이때 정후가 일어나고 요한이가 따라 일어나더니 "윤정후 우리 다른 곳에 앉자"라고 말했다. 정후는 "선생님이랑 가까운 곳에 앉아야지"라고 말하며 정후와 요한이는 다른 자리에 가서 앉는다. 하람이가 곰곰이 생각하더니 정후와 요한이의 옆 책상에 앉으면서 "여기 앉는 게 낫겠다"라고 말한다. 요한이가 "이제야 셋이 가까워졌네"라고 한다. 채윤이까지 옆 책상에 앉고, 채윤이가 사총사의 왕을 고르자고 한다. 키 큰 사람이 왕을 하자고 이야기가 나오고 하람이는 정후를 가리킨다. 하람이는 요한이에게 가서 키를 재자고 한다. 옆에 있던 채윤이는 하람이가 더 크다고 말한다.		
해 석	• 요한이가 정후 옆에 앉아있었는데 요한이가 장난감을 만지러 간 사이 하람이가 정후 옆에 앉으려고 하면서 갈등이 일어난다. • 문제해결 과정 중 아이들은 다시 자리에 앉았고 키 순서대로 왕을 뽑자고 말하자, 하람이는 정후가 키가 크다는 걸 인정하고 요한이와 키를 재보면서 갈등을 유연하게 풀어나간다.		
관찰을 통한 지원	• 요한이가 정후 옆에 앉아있었는데, 하람이는 요한이가 자리에서 떠나서 옆에 앉으려고 하는 입장이고 요한이는 원래 자신의 자리이기 때문에 하람이가 앉으면 안 된다는 입장이다. 서로 자기 입장만 내세우지 않고 대화를 통해 해결해 나갈 수 있도록 지도한다. • 이 문제에 대한 적절한 해결책을 이야기해 보도록 지도한다. • 하람이와 아이들의 유연한 문제해결능력을 칭찬하고 지지해 준다.		

(2) 체크리스트

체크리스트(행동목록법)은 특정 행동의 존재 유무를 표시하는 기록 방법으로 가능한 관찰자의 주관적 평가를 배제하기 위해 특정한 기술이나 행동의 목록으로 작성하기 때문에 '체크리스트(행동 목록법)'라 한다. 체크리스트(행동목록법)는 현장에서 널리 사용되는 유아 관찰법이지만, 단점으로 행동의 출현 빈도나 지속성, 기타 행동의 질적 수준에 대한 다양한 정보를 얻지 못한다(신혜원 외, 2022).

〈표 5-4〉 체크리스트 양식

<table>
<tr><td>관찰유아</td><td>성별 :</td><td colspan="2">생년월일</td><td colspan="5"></td></tr>
<tr><td>관찰일시</td><td></td><td colspan="2">관찰자</td><td colspan="5"></td></tr>
<tr><td rowspan="2">관찰일자</td><td colspan="2">1회</td><td colspan="3">2회</td><td colspan="3">3회</td></tr>
<tr><td colspan="2">년 월 일</td><td colspan="3">년 월 일</td><td colspan="3">년 월 일</td></tr>
<tr><td>영 역</td><td colspan="4">내 용</td><td colspan="2">1회</td><td>2회</td><td>3회</td></tr>
<tr><td rowspan="7">기본생활습관</td><td colspan="4">1. 친구 만나면 인사를 한다.</td><td colspan="2"></td><td></td><td></td></tr>
<tr><td colspan="4">2. 자신의 물건을 스스로 정리 정돈한다.</td><td colspan="2"></td><td></td><td></td></tr>
<tr><td colspan="4">3. 간식/점심식사 전에 손을 씻는다.</td><td colspan="2"></td><td></td><td></td></tr>
<tr><td colspan="4">4. 식사 후에 스스로 정리한다.</td><td colspan="2"></td><td></td><td></td></tr>
<tr><td colspan="4">5. 식사 후에 이를 닦는다.</td><td colspan="2"></td><td></td><td></td></tr>
<tr><td colspan="4">6. 화장실 사용 후 뒤처리를 혼자서 한다.</td><td colspan="2"></td><td></td><td></td></tr>
<tr><td colspan="4">7. 자기 주변을 스스로 정리한다.</td><td colspan="2"></td><td></td><td></td></tr>
</table>

(3) 평정척도법

평정척도법은 기술평정척도, 숫자평정척도, 도식평정척도의 세 가지로 행동목록의 단점을 보완하여 행동의 질을 평가할 수 없는 부분을 보완한 관찰법이다. 즉, 관찰된 행동의 질적인 차이를 수량화된 점수는 등급으로 평정하는 것이다. 평정척도법은 충분한 관찰 후에 그 결과를 요약하여 평정하는 방식으로 이루어진다(신혜원 외, 2022).

- 기술평정척도는 한 가지의 행동을 연속성 있는 범주로 나누어 기술하고 관찰자는 영유아의 행동에 가장 알맞은 진술문을 선택하는 방법이다.
- 숫자평정척도는 평정하려는 행동에 숫자를 부여하는 방법으로 3점 척도 또는 5점 척도를 사용한다.
- 도식평정척도는 관찰자의 판단을 돕기 위한 방법으로 수평선으로 평정하는 방식이다.
- 표준평정척도는 다른 일반 대상과 비교할 수 있도록 평정하는 방법으로 기술평정척도에서 범주를 보다 객관적으로 유목화한 기술이다.

〈표 5-5〉 평정척도 양식

기술 평정척도	1. 글자에 대한 관심은 어느 정도입니까? ( ) 글자에 대하여 관심이 없다. ( ) 주변의 글자에 관심을 나타낸다. ( ) 주변의 새로운 글자에 대해 호기심을 가지고 질문한다. ( ) 스스로 책을 읽으려고 시도하며 주변의 도움을 받으려 한다.
숫자 평정척도	1. 숫자를 보고 따라 쓰기 : 1 2 3 4 5 (1=아주 못함, 2=못함, 3=보통, 4=잘함, 5=아주 잘함)
도식 평정척도	약속을 잘 이해하고 매우 잘 지킨다 ├──┼──┼──┼──┤ 약속을 거의 지키지 않는 편이다
	├──┼──┼──┼──┤ 전혀 그렇지 않다 / 별로 그렇지 않다 / 보통이다 / 대체로 그렇다 / 항상 그렇지 않다

(4) 시간표집법

시간을 표집해서 관찰하는 방법으로 관찰자가 관찰 행동을 미리 선정해서 정해진 시간 동안 시간 간격에 맞추어 반복적으로 관찰하며 결과를 기록하는 방법이다.

시간표집법은 관찰하고자 하는 특정 행동을 미리 선정하여 정해진 시간 내에 얼마나 자주 발생하는지 행동 출현 빈도를 수집하는 것이다. 대표적인 시간표집법은 파튼(Parten, 1932)의 사회적 놀이연구로서 혼자놀이, 병행놀이, 연합놀이, 협동놀이로 나누어 관찰하였다. 예를 들어, 한 유아를 정하여 1분 관찰하고 30초 기록하는 방식으로 사회적 놀이행동 출현빈도를 기록하여 15분간 10회의 관찰을 할 수 있다(신혜원 외, 2022).

(5) 사건표집법

사건표집법은 하나의 특정 사건이 발생할 때 기록하는 방법으로 가장 직접적이고 정확한 반영이 가능하기 때문에 빈번하게 사용되는 관찰법 중의 하나로, 단순히 어떤 행동의 발생 유무만을 관찰하는 것이 아니라 관심을 가진 행동이나 사건이 일어날 때 일정한 형식에 따라 행동의 순서를 자세하게 기술하는 것이다. 어떤 행동의 전후 관계를 그대로 기록하는 ABC 서술식 사건표집과 어떤 행동이 얼마나 자주 일어나는지를 알 수 있는 빈도 사건표집 방법이 있다(안선희 외, 2015; 심성경 · 함은숙, 2015; 황해익 외, 2021).

- **ABC 서술식 사건표집**(질적인 정보 제공)
  행동/사건 발생 전(A) → 행동/사건(B) → 행동/사건 발생 후(C)
- **빈도 사건표집**(양적인 정보 제공) : 미리 정해진 범주의 행동이나 상황이 일어났을 때 그 빈도를 기록하는 것

5) 관찰의 문제점 파악 및 개선방안 모색

관찰의 문제점과 그에 따른 개선방안에 대한 내용을 구체적으로 소개하면 다음과 같다(안선희 외, 2015).

(1) 관찰자와 관련된 오류

관찰은 관찰자의 역량과 훈련 정도와 관련되며 대부분의 관찰 자료는 관찰자 자신의 지각을 통하여 관찰 · 기록되고 분석되므로 관찰자에 의해 오류가 발생할 수 있다(안선희 외, 2015).

첫째, 관찰자가 관찰 장면에 존재함으로써 영유아에게 낯설거나 의식이 되는 상황이 연출되어 자연스러운 관찰이 이루어지기 어려운 오류가 발생할 수 있다.

둘째, 관찰자의 개인적 특성으로, 지나치게 관대하거나 엄격할 경우 관찰에 영향을 미친다.

셋째, 관찰자의 발달 관련 지식의 여부와 교육 및 양육 경험에 따라 관찰과 해석에 상당한 차이가 생길 수 있다.

넷째, 관찰자 개인의 사전 경험을 통한 기대감과 과도한 일반화가 관찰 과정에

대한 오류로 이어질 수 있다.

다섯째, 관찰환경의 주변적 요소로 인한 후광효과와 주관적 해석의 가능성을 통한 오류이다.

(2) 피관찰자와 관련된 오류

피관찰자가 자신이 관찰당하고 있다는 사실을 알게 되면 피관찰자의 행동에 영향을 줄 수 있다. 관찰자의 존재나 관찰 사실이 피관찰자로 하여금 관찰자가 만족스럽게 생각하는 방식으로 행동하게 만들거나 인위적으로 행동할 가능성이 있다.

(3) 관찰에서의 신뢰도와 타당도

① 관찰에서의 신뢰도

신뢰도는 관찰의 일관성을 나타내는 수치로 유사한 조건 아래서 동일한 대상을 반복하여 관찰할 때 비슷한 결과가 나타나는 정도를 평가하는 개념이다.

- **관찰자 내 신뢰도** : 1명의 관찰자가 관찰을 했을 때 같은 장면을 두 번 이상 관찰, 기록하였을 때 결과가 나오는 것으로 자신의 관찰기록 간의 일관성을 나타낸다.
- **관찰자 간 신뢰도** : 하나의 관찰 장면에 대해 두 사람 이상의 관찰자가 독립적으로 관찰을 하였을 때 관찰자 간 일치 정도를 말하는 것으로 관찰기록의 일관성을 의미한다.

② 관찰에서의 타당도

타당도는 관찰하고자 하는 것을 실제 관찰하고 있느냐의 문제로 실제 행동을 잘 반영하고 대표할 수 있는 행동을 관찰하는가에 달려있다. 따라서 측정하고자 하는 행동을 가장 잘 관찰할 수 있는 장면, 상황, 시간을 선택하여 관찰하고자 의도했던 대표적인 표본이 관찰될 수 있도록 계획하고 기록해야 한다.

(4) 개선방안

① 개인의 편견과 기대의 오류를 감소시키는 방법

- 관찰자를 훈련시키는 동안 관찰자가 가질 수 있는 가능한 편견을 미리 제거하기 위해 개인이 가지고 있는 편견에 대해 면밀히 검토한다.
- 편견을 가진 관찰자를 제외시킨다.
- 관찰될 상황에 두 사람 이상의 관찰자를 참여시킨다.

② 관찰대상과 관련된 오류를 최소화하는 방안

- 관찰대상이 관찰자의 존재를 덜 의식하도록 충분한 시간을 두고 관찰자의 존재에 익숙해지도록 한다.
- 관찰자가 관찰대상의 눈에 띄지 않는 방법을 택한다.
- 갑자기 낯선 사람이 나타나서 영 · 유아를 관찰한다면 아동은 하던 행동을 멈추고 관찰자를 탐색할 수 있기 때문에 아동에게 친근한 교사나 보조교사 등을 활용하여 관찰한다.

2. 관찰기록을 통한 영유아 평가의 이해

1) 놀이와 일상생활 행동 관찰

(1) 영아관찰

영아들은 개인차가 월령에 따라 매우 다르게 나타나므로 영아들의 발달 수준을 고려한 하루 일과를 계획하고 융통성 있게 운영하며, 일상생활 속에서 세심하게 관찰하고 평가한 후 다음 활동 계획을 수립할 때 반영한다(황해익 외, 2021).

① 등원 및 맞이하기

② 식사(수유)

③ 낮잠 및 휴식

④ 배변 훈련 및 기저귀 갈기

⑤ 실내 · 외 놀이

(2) 유아 관찰

유아기의 하루 일과는 놀이, 일상생활, 활동 경험으로 이루어진다. 놀이는 유아가 실내에서 하는 놀이와 실외에서 하는 바깥놀이 등을 포함한다. 교사들이 현장에서 누리과정을 토대로 관찰 평가를 실시할 때 유아의 발달이 각각의 영역별로 상호 연관되어 있음을 고려해야 한다. 유아의 반응과 행동에 대한 관찰(일상생활, 놀이 포함)이 다양한 경험과 지원으로 이루어지고, 유아 관찰기록을 종합하여 유아별로 발달 특성과 변화 정도에 대한 총평을 연 2회 이상 기록해야 한다(한국보육진흥원, 2023).

〈표 5-6〉 등원 시 유아 관찰기록의 예시(행동목록법)

관찰유아	○○○		생년월일	년 월 일
관찰자	○○○		관찰기간	5/10~5/14
날 짜	등원 시 유아의 기분은?	유아의 건강상태 (체온측정)	인사 나누기	스스로 물건을 정리정돈 하는가?
5/10	×	×(37.0℃)	○	○
5/11	○	○(36.5℃)	○	×
5/12	○	○(36.1℃)	○	○
5/13	○	○(36.7℃)	○	○
5/14	○	○(36.3℃)	○	○

요약 및 해석	관찰을 통한 지원
• 5/10 불편한 기분으로 등원하였음. 감기 기운이 있어 건강 상태는 좋지 않음. 교사와 친구들과 인사를 나누었음. 자신의 물건을 스스로 정리함. • 5/11 즐거운 기분으로 등원하였음. 건강 상태 양호함. 교사와 친구들과 인사를 나누었음. 자신의 물건을 스스로 정리하지 않고 함께 등원한 친구와 장난감을 가지고 놀이를 시작함	• 건강 상태가 좋지 않음으로 지속적인 관찰이 필요함. 발열을 체크를 수시로 해야 하고 감기 기운이 완화되도록 따뜻한 물을 자주 제공해 주어야 함 • ○○이가 자신의 물건을 스스로 정리하도록 지속적으로 이야기해 주고, 자신의 물건을 정리한 후에 놀이해야 한다는 것에 대한 지도가 필요함

① 자유놀이

〈표 5-7〉 유아 관찰 기록의 예시(일화기록법)

유아명	○○○	관찰일	년 월 일
생년 월일	○○○○년 ○○월 ○○일	관찰자	△△△
일화기록	모양과 색깔이 다른 도넛 블록을 봉에 끼우는 협동 활동을 함. 지환이와 성현이는 별 모양의 블록만을 찾아 봉에 끼움. 성현이는 천천히 걸어 다니며 블록을 모아옴. 둘은 번갈아가며 한 개씩 끼움. 가끔씩 지환이가 두 개를 끼우더라도 성현이는 기다려 줌. 지환이는 연신 "이거 해"라며 블록을 끼우고 성현이는 말없이 지환이를 쳐다봄. 둘은 다른 봉에 별 모양만을 찾아서 끼움. 이후 비눗방울을 터뜨리지 않고 손가락으로 받아내는 활동이 진행됨. 성현이는 비눗방울을 살짝 받았음. 교사에게 다가와 "선생님~ 비눗방울이에요"라고 말하며 손가락을 보여줌		
해석	• 자연탐구 : 도넛 블록을 색상과 모양에 따라 구분이 가능한 것으로 보아 기본 도형을 알고 있으며, 한 가지 기준으로 자료를 분류할 수 있음 • 신체운동 · 건강 : 비눗방울을 손가락으로 받는 것으로 보아 눈과 손의 협응력과 신체 각 부분을 협응하여 움직임을 조절할 수 있음 • 사회관계 : 지환이가 가끔 두 개를 끼우더라도 성현이는 기다려 주면서 지환이의 의견을 존중해 주는 것으로 보아 긍정적이며, 친구와 사이좋게 지냄		

② 집단활동

〈표 5-8〉 집단활동 참여에 대한 유아 관찰 기록의 예시(행동목록법)

유아명	○○○		관찰기간	년 월 일	
생년월일	년 월 일		관찰자	○○○	
날 짜	이야기 나누기	안전교육	신체	게임	바깥놀이
4/26	○	○	×	×	○
4/27	○	○	○	○	○
4/28	○	○	○	○	○
4/29	○	○	○	○	○
4/30	×	○	○	○	○

해 석	관찰을 통한 지원
• 4/26 신체활동과 게임에 참여하지 않는 것으로 보아 건강 상태가 좋지 않음.	• 신체활동에 참여하지 않는 이유에 대해 함께 이야기하고 ○○이의 건강 상태(체온측정)를 지속적으로 관찰 · 기록하여 건강 상태가 호전될 수 있도록 휴식의 시간을 지원해 주어야 함

• 4/30 이야기나누기 활동에 참여하지 않는 것으로 보아 자신의 생각을 친구들 앞에서 이야기하는 것에 대한 어려움을 느끼고 있음	• ○○이가 친구들 앞에서 이야기하는 것에 대한 어려움을 극복할 수 있도록 친구들이 이야기하는 모습을 지켜보도록 하고, 자발적으로 이야기 나누기 시간에 친구들 앞에서 자신의 생각이나 느낌, 경험 등에 대해서 이야기해 볼 수 있도록 자연스럽게 기회를 제공해 주어야 함.

2) 관찰일지 작성 지도법

담임교사가 기록하는 관찰일지는 개별 영유아를 평가하고 이해하는 가장 중요한 자료가 되므로, 영유아에 대해 관찰한 내용을 교사 혹은 어린이집 양식에 주기적으로 기록할 수 있도록 지도한다. 문서화된 관찰일지 외에도 매일 모바일이나 웹상에서 알림장 형태로 관찰내용을 기록하는 경우에는 이를 규칙적이고 체계적으로 수집하여 분기별로 관찰기록을 남기도록 지도하여 개별 영유아에 대한 평가 자료로 활용될 수 있도록 해야 한다. 관찰일지를 작성할 때는 개별 영유아당 연 2회 정도 담임교사가 작성하고, 개별 영유아에 대해 담임교사가 관찰하고 기록함으로써 교사의 평가가 반영될 수 있도록 지도한다. 개별 영유아의 관찰기록 외에도 지속적 관찰이 필요하다고 판단되거나 특별한 도움이 필요한 영유아가 있을 경우, 그리고 교사의 심도 있는 영유아 관찰 훈련이 필요한 경우 담임교사가 작성할 수 있도록 지도하는 것이 좋다((사)한국교사교육연합회, 2020).

(1) 관찰일지의 기본사항

관찰일지에는 관찰 시간, 흥미 영역, 장면, 관찰자, 진행 중인 활동 등 교실 안팎에서 발생하는 상황적인 자료를 기록하도록 한다.

(2) 실내·외 놀이 및 활동에 대한 관찰일지 작성 시 고려할 점

실내 · 외 놀이 및 활동에 대한 관찰일지를 작성하고자 할 경우, 다음의 내용을 고려하여 작성할 필요가 있다.

첫째, 영유아의 발달과 성장을 이해하는 데 의미 있는 하나의 사건에 대해 기록하도록 한다.

둘째, 육하원칙에 따라 사건이 일어난 순서대로 기록하고 객관적으로 있는 그대로를 진술하며 평가를 내리지 않는 그대로 묘사하도록 한다.

셋째, 관찰대상 영유아뿐 아니라 대상과 상호작용하는 또래나 교사와의 상호작용도 직접화법으로 기술한다.

넷째, 반복되는 부적응행동이나 특정 영역의 행동만 표집되지 않도록 발달영역 혹은 보육 내용 영역을 표기하여 균형 있게 관찰한다.

다섯째, 만약 반복되는 문제행동(편식, 공격행동)이 있는 아동에 대해서는 그것에 관한 집중적이고 지속적인 기록을 따로 축적하여 행동의 양상, 빈도, 변화 등에 대한 자료를 수집해 둘 필요가 있다.

(3) 해석

관찰일지에는 해석을 함께 기록한다. 다양한 관점을 통해 해석의 의미를 찾아가는 과정이 필요하다(이진희 외, 2023). 이때 해석에는 관찰된 행동의 배경, 발달과 연결하여 영유아의 발달 상태, 행동의 원인, 그 행동을 할 때의 감정 등을 기록자가 판단, 추측하여 기술한다. 그러나 일화기록에 나타난 것에 근거하여 해석하도록 주의해야 하며, 단편적인 일화에 대해 영유아의 전반적인 특성으로 확대해석하지 않도록 지도한다.

(4) 종합의견

관찰일지에는 교사의 종합의견이 기술되도록 해야 한다. 이 경우 표집된 일화기록을 근거로 대략 한 달간의 해당 영유아에 대한 전반적인 사항을 기술하고 이에 대한 교사의 의견을 기록한다. 특히 발달 영역(인지, 언어, 사회, 정서, 신체)이나 보육 내용 영역(신체운동 · 건강, 사회관계, 의사소통, 예술경험, 자연탐구) 등을 영유아 경험의 통합적 이해를 바탕으로 기술하도록 지도한다. 객관적으로 수집된 다양한 증거자료를 누적하여 평가가 되도록 해야 하며, 해당 아동을 위한 구체적인 도움 방안과 교수계획을 도출하여 기록하고 실행할 수 있도록 해야 할 것이다.

(5) 원장의 관찰일지 검토 및 관리

원장은 관찰일지 검토 계획 및 지침을 수립하고 모든 영유아의 관찰일지를 검토하도록 한다. 검토 후에는 담임교사에게 관찰일지 작성 시 다양한 장면, 원아 특성에 따라 집중해서 관찰해야 할 부분 등을 놓치지 않고 작성할 수 있도록 피드백을 제공한다. 검토 및 피드백을 거친 관찰일지는 학기 말에 개별 영유아 파일에 취합하여 보관하고 관리하도록 지도해야 한다.

3. 관찰결과의 활용

관찰결과는 다양한 상황에서 유용하게 활용할 수 있다. 관찰결과 활용에 대한 구체적인 내용을 소개하면 다음과 같다((사)한국보육교사교육연합회, 2020).

1) 보육계획안 개선 방안 모색 시 활용

영유아를 대상으로 한 다양한 관찰 결과는 당해 연도 보육계획의 수립, 실행, 평가의 과정을 되돌아보는 데 활용할 수 있다. 즉, 보육계획 수립 시 보육목표는 잘 설정되고 달성되었는지, 그리고 보육내용이 영역별로 골고루 다루어졌는지, 수준은 적절했는지, 활동에 사용된 교수 자료나 교육 방법이 연령에 적합하고 활동유형에 따라 다양하게 제공되었는지, 평가는 다양한 방법으로 이루어졌는지 등을 살펴보고, 이러한 내용을 이듬해 보육계획 수립을 위한 기초자료로 활용할 수 있다.

(1) 관찰일지 작성 및 학습지원

교수-학습의 실제에 대한 평가는 보육일지와 영유아 관찰기록으로 할 수 있다. 보육일지는 주간 또는 일일보육일지 중 하나를 선택하여 학급의 하루 일과 중 의미 있는 교수-학습 내용을 중심으로 기록하는데 어린이집 평가제에 따르면 모든 일과를 시간대별로 기록할 필요는 없으나 실내자유놀이, 바깥놀이, 낮잠 등은 시간을 기록하도록 명시하고 있다(한국보육진흥원, 2021). 교사는 보육일지에 놀이실행과 일상생활에 대한 기록을 하고 영유아가 어떤 놀이를 선호하고, 어떻게 놀이하였으며 또래에 대해 관심이 있었는지, 요구하는 놀이자료는 어떤 것이 필요한지 등을 분석하고 평가한다.

사례기록, 동영상, 사진, 메모 등 다양한 방법을 활용하여 영유아 개별의 모습을 관찰기록할 수 있다. 학급의 놀이와 일상생활의 흐름을 기록하는 보육일지와 달리 관찰기록은 개별 영유아에 대한 기록으로 영유아 개별의 흥미, 관심, 놀이 및 발달 수준 등을 평가할 수 있다.

(2) 보육일지

보육일지는 월간, 주간, 일일보육일지 양식 중 한 가지를 선택하여 기록한다. 보육일지는 하루 동안의 보육계획 및 실행에 대한 기록이며 실제로 이루어진 영유아의 하루 일과, 즉 놀이와 일상생활을 기록하여 일상생활과 놀이에 대한 영유아의 반응, 경험을 평가하는 것이다.

(3) 관찰기록

일상생활, 놀이를 관찰하고 사례기록, 동영상, 사진, 메모 등 다양한 방법으로 기록하여 표준보육과정과 연결된 영유아의 경험과 배움을 이해하고 평가할 수 있다. 보육일지에서 나타난 일상생활과 놀이 흐름 안에서 개별 영유아가 나타내는 반응을 관찰기록하고 평가하는 것이라 할 수 있다(신혜원 외, 2022).

〈표 5-9〉 주간보육일지의 예

기간	년 월 일 ~ 월 일				
일과시간	계획 및 실행				
	월	화	수	목	금
동원 및 통합보육 (7:30~9:00)					
오전간식 (9:00~9:20)					
오전실내놀이 (9:20~10:50)	[밀가루 반죽 놀이해요] – 반죽을 흰색과 갈색으로 준비함 *밀가루 반죽을 늘리고 두드리며 탐색하다가, 갈색 반죽을 동그랗게 만들어 '똥'이라고 함 [모형변기에 앉아 '응가'하는 흉내 내보아요] – 모형 변기, 응가 모형, 기저귀 등 배변 관련 놀잇감을 준비함 *영아들이 직접 모형 변기에 앉아 '쉬~ 응가'라며 관심을 보이고, 아기인형을 앉히기도 함 *화장실에서 변기 물 내리는 데에 관심이 많아, 모형 변기에서도 물내리는 흉내 냄 [휴지를 탐색해요] *휴지 탐색을 즐거워하며 던지고 뿌리는 놀이로 이어짐 – 화장실 변기 옆에 실제 두고 사용하는 두루마리 휴지를 준비함				
바깥놀이(대체) (10:50~11:20)	젖은 모래 뭉쳐보아요. 선생님 손잡고 달려보아요(빠르게, 느리게). (대체놀이: '요기저기' 노래 들으며 신체부위 짚어요. '돌아돌아' 노래 들으며 몸을 움직여요). * 종종 들었던 노랫말을 영어가 흥얼거리고, 노랫말에 맞춰 몸을 움직이며 놀이함				
점심식사 (11:20~12:20)	– 골고루 먹기 *적응 후 편안해지면서 영아들의 식사량이 늘고 있음				
낮잠 및 휴식 (12:20~14:40)	– 조용한 음악 들으며 편안하게 낮잠 자기 *낮잠 들기 전 우는 영아를 개별적으로 토닥여 줌				
오후놀이 (14:40~15:40)	– 오전 놀이를 계속 진행하거나 확장하여 놀이하기				
오후간식 (15:40~16:00)					
귀가 및 통합보육 (16:00~17:00)	– 자유롭게 놀이 후 순차적으로 귀가하기				

> 놀이시간에 정리 및 전이 시간이 포함되므로 이를 고려하여 충분한 놀이시간을 확보하여 실시하고 계획된 놀이와 우연히 일어날 놀이 등의 실행을 중심으로 간단히 기록

> 낮잠 후 자연스럽게 실시되는 놀이를 실내외 구분 없이 기록

놀이 평가 및 다음날 지원계획				
월	화	수	목	금
화장실을 둘러보며 실제 변기를 탐색해 보았는데, 배변훈련 전인 영아들도 변기에 관심을 갖고 살펴보았다. 실제 변기를 가리키며 '쉬~응가'라고 표현하고, 레버를 눌러 물 내리는 것에도 흥미를 보였다. 영아의 흥미를 반영하여 실제 변기와 변기를 탐색하는 영아들의 사진을 보육실 내부에도 부착해 영아들의 관심과 언어적 상호작용을 더 시도해 보아야겠다.	코로나19 등 감염병 예방을 위해 24개월 이상 영아들은 마스크 착용 후 생활하는 중이지만, 오늘은 미세먼지 농도가 '나쁨'이어서 바깥놀이 대체 놀이를 진행하였다. 놀이 평가 및 다음날 지원계획 그에 따라 바깥놀이를 대체한 실내놀이 시간을 10분 늘리는 것으로 조정 후 진행하였다. 내일은 오전부터 미세먼지 수치를 확인해 가능한 상황이면 바깥놀이 시간을 충분히 제공해 주어야겠다.	휴지를 탐색하는 과정에서 달리는 영아가 넘어질 우려가 있어, 가까이에서 위치를 잡아 주거나 바닥을 정리하고 책상을 밀어 공간을 넓게 만들어 주었다. 또한 영아가 휴지를 잡고 뿌리는 놀이로도 흥미가 이어져, 내일은 휴지를 담을 수 있는 컵 모양 블록 등을 추가로 준비해야겠다. 아기인형 응가시키고 휴지로 엉덩이 닦아주는 놀이에 관심 보여, 내일은 수건, 팬티 등 배변 주제 관련 용품들을 함께 비치해야겠다.		
다음 주 예상놀이 및 지원계획	다음 주에는 날씨를 고려하여 물놀이를 진행하고자 한다. 다만 코로나 19 등 감염병 예방을 위해 방역 당국의 보도 내용을 참고하여, 서로 간의 영향이 최소화되도록 부분적으로 시도해 볼 계획이다. 그리고 최근 변기와 응가 등 배변 관련된 내용에 관심을 많이 보이고 있어, 이에 대한 흥미가 지속된다면 배변 주제 관련 놀잇감을 계속 비치해 두는 게 좋겠다. 영아들의 관심 정도를 유심히 관찰해야겠다.			
반 운영 특이사항	코로나19 등 감염병 예방을 위한 가정보육 영아 ○○○, ○○○ [건강·영양교육] 손을 깨끗이 씻어요.			

> 실행된 놀이에 대한 간단한 평가, 일과계획에서 그 날 변동된 시간 등을 기록

> 한 주의 놀이평가를 바탕으로 다음 주 예상놀이와 지원계획 및 특이사항을 간략히 기록

출처 : 중앙육아종합지원센터(2020). 2020년 표준보육과정 「놀면서 자란다」(영아).

2) 영유아 발달 및 놀이지원 방안 모색 시 활용

체계적으로 수집되고 관리된 관찰 결과는 영유아의 이전 발달과 현재 발달에서의 변화의 양상과 변화 방향을 파악하는 데 활용할 수 있고 영유아의 놀이 지원을 위한 기초자료로 활용할 수 있다. 나아가 이러한 관찰 결과는 개별 영유아 자체를 이해하는 기초자료로 활용될 수 있으며, 교사는 관찰 결과를 통해 파악된 영유아에 대한 이해를 기반으로 영유아의 동기를 유발시킬 수 있는 개별화된 보육을 실행할 수 있다.

(1) 놀이 평가 및 다음 놀이지원계획 작성하기

- 하루 동안 이루어진 일과 및 놀이 활동 실행에 대해 매일 기록하고, 필요시 놀이 평가 및 다음 놀이지원계획 등 기록하기
- 교사의 기분이나 느낌이 아니라 객관적인 사실 기록하기

바람직하지 않은 예	바람직한 예
현서가 친구를 때려 기분이 좋지 않았음	• 새로운 장난감에 대한 영아들이 관심을 보여(원인) • 역할영역이 복잡하였음. 현서가 장난감을 갖겠다며 친구를 때림(결과) • 같은 장난감을 여러 개 준비해 주어야겠음(개선방안)
유아들이 교사가 준비해 준 활동에 적극적으로 참여하지 않아 힘들었음	• 준비한 교구의 내용이 유아의 수준보다 어려워(원인) • 유아들의 흥미와 호기심을 유발하기 힘들었음(결과) • 내일은 다양한 자료를 추가로 제공해야겠음(개선방안)

3) 어린이집 평가제 참여 시 활용

어린이집 관찰 계획에 따라 실행되고 수집된 관찰일지는 어린이집의 지침에 따라 보관하고 관리되는데, 이는 추후 어린이집 평가제 제반 서류로 활용할 수 있다.

4-1. 관찰 및 실행계획/ 4-2. 보육과정 평가

바람직한 수준	
관찰, 기록, 면담	교사는 놀이와 활동, 일상생활 등에서 영유아의 경험이나 배움을 기록하고, 계획-실행-평가가 순환되도록 보육과정을 실행하며 영유아의 성장을 지원한다.

검토문서	• 보육일지(놀이기록 포함)(검토기간 : 현장평가월 기준 1개월 전 기록부터 확인) • 월간 또는 주간 또는 일일보육계획(검토기간 : 현장평가월 기준 1개월 전 기록부터 확인) • 영유아 평가 기록(연 2회)(검토기간 : 현장평가월 기준 1년 이내 기록부터 확인) • 장애영유아 개별화교육계획(검토기간 : 현장평가월 기준 1개월 전 기록부터 확인)

출처 : 한국보육진흥원(2024). 2024 개정 어린이집 평가 매뉴얼.

4) 보육교사 지도 시 활용

원장은 영유아 관찰 결과를 담임교사가 부모 상담을 할 때, 객관적인 자료를 토대로 실시하는지 정해진 영유아를 대상으로 편향된 관찰을 하고 있지 않은지, 보육계획안을 수립하고 보육내용 및 교수 실제에 반영할 수 있도록 피드백 자료로 활용 가능하다.

(1) 관찰 및 실행계획

4-1. 관찰 및 실행계획

영유아의 놀이와 활동, 일상생활에 대한 관찰을 토대로 영유아의 경험이나 배움을 기록하며, 이를 지원하기 위해 계획을 수립하여 실행한다.

5세 유아의 경우, 유아의 초등학교 전이를 지원하기 위한 놀이 혹은 활동을 계획하고 실행한다.

장애영유아를 보육하는 경우, 다양한 교육 진단을 통해 발달에 적합한 개별화교육계획을 수립하고 장애 유형과 장애 특성, 발달수준을 고려하여 놀이, 일상생활, 활동의 참여를 촉진할 수 있도록 관찰하여 기록한다.

부적절한 수준	적절한 수준
• **기록** : 영유아의 놀이와 활동, 일상생활 지원 계획을 수립하지 않거나, 실행기록을 작성하지 않는다.	• **관찰, 기록** : 영유아의 놀이와 활동, 일상생활에 대한 관찰을 토대로 영유아의 경험이나 배움을 기록한다. • **관찰, 기록, 면담** : 영유아의 놀이와 활동, 일상생활을 지원하기 위한 계획을 수립하여 실행하고, 기록한다.

• **관찰, 면담** : (5세 유아) 유아의 초등학교 전이를 지원하기 위한 놀이 혹은 활동이 전혀 계획되어 있지 않고, 운영되지 않는다. • **기록** : 개별화교육계획을 수립하지 않는다.* • **관찰, 기록, 면담** : 개별화교육계획이 포함된 보육과정을 운영하지 않고 장애 유형 및 특성, 발달 수준을 고려하여 실행하지 않는다.*	• **관찰, 기록, 면담** : (5세 유아) 유아의 초등학교 전이를 지원하기 위한 놀이 혹은 활동을 계획하고 실행한다. • **관찰, 기록, 면담** : 다양한 교육 진단을 통해 발달에 적합한 개별화교육계획을 수립하고, 장애 유형 및 특성, 발달수준을 고려하여 실행한다.*

* 특수교사나 장애영유아를 위한 보육교사가 배치되어 있는 경우에 한하여 평점

출처 : 한국보육진흥원(2024). 2024 개정 어린이집 평가 매뉴얼.

(2) 보육과정 평가

4-2. 보육과정 평가

표준보육과정의 영유아 중심 · 놀이 중심 보육과정으로 운영되고 있는지를 평가하고, 영유아의 특성과 변화 정도에 관한 개별 평가는 관찰 기록 등을 누적 수집하여 연 2회 이상 시행한다. 보육과정 운영 평가와 영유아 평가 결과는 보육과정 운영 개선, 실행 계획 수립, 영유아 이해, 부모 면담 등에 활용한다.

장애영유아를 보육하는 경우, 장애영유아의 특성과 변화 정도에 대한 평가는 연 2회 이상 다양한 교육 진단과 일상적인 놀이 관찰 기록 등을 수집하여 실시한다. 평가 결과는 다음 단계 목표 수립, 지원 방법, 부모 면담 등에 활용할 수 있다.

부적절한 수준	적절한 수준
• **기록, 면담** : 보육과정 운영 평가를 하지 않으며, 계획되어 있지 않다. • **관찰, 기록** : 영유아의 특성과 변화 정도를 평가하지 않는다.	• **기록, 면담** : 영유아 중심 · 놀이 중심 보육과정으로 운영되고 있는지를 평가한다. • **관찰, 기록** : 관찰기록 등을 활용하여 연 2회 이상 영유아의 특성과 변화 정도를 평가한다. • **관찰, 기록** : 장애영유아에 대한 다양한 교육 진단과 일상적인 놀이 관찰 기록 등을 수집하여 연 2회 이상 영유아의 특성과 변화 정도를 평가한다.
• **면담** : 보육과정 운영 평가와 영유아 평가 결과를 활용하지 않는다.	• **면담** : 보육과정 운영 평가와 영유아 평가 결과는 보육과정 운영 개선, 실행 계획 수립, 영유아 이해, 부모면담 등에 활용한다. • **면담** : 장애영유아 평가 결과는 다음 학기 개별화교육계획 수립, 장애영유아 지원 방법 및 부모 면담 등에 활용한다.

출처 : 한국보육진흥원(2024). 2024 개정 어린이집 평가 매뉴얼.

(3) 보육교사의 교수 행동

보육교사는 하루 일과를 통해 영유아의 발달과 학습을 촉진하고 지원하는 역할을 수행해야 한다. 교수행동은 각각의 유형에 따라 독특한 특성이 있지만 서로 연속성을 가진다. Bredekamp와 Rosegrant(1992)는 다음과 같이 교수행동을 제시하였다.

인정하기	칭찬이나 격려는 구체적으로 이루어져야만 한다. 즉, '잘했구나', '멋진데', '착하구나' 등과 같이 추상적이거나 과도한 칭찬은 영유아에게 형식적인 의미로 전달되어 효과적이지 못하다.
모델보이기	영유아는 교사의 행동, 태도, 말 등을 "보고" 배우기 때문에 교사 따라쟁이인 영유아는 일상생활 및 교육활동 시에 해결해야 하는 문제에 접근하는 교사의 태도와 호기심, 행동, 표정 등을 그대로 모델링하면서 학습한다.
촉진하기	근접발달지대 개념에 근거하여 영유아가 현재 발달 수준보다는 조금 위 수준의 기능을 원활하게 수행할 수 있도록 도움을 주는 것이다. 즉, 영유아가 다음 수준의 기능을 하도록 도움의 양을 조정하는 것이다
지원하기	'촉진하기'와 유사하지만 교사가 영유아의 활동에 참여하는 정도가 좀 더 적극적이고 명확하고 구체적인 도움을 지속적으로 제공한다는 것이 다르다.
비계 설정하기	영유아의 현재 수준이 교사가 기대하는 수준으로 도달할 수 있도록 교사나 또래 및 교구 등의 도움을 제공하고 영유아가 도전해 보도록 기회를 제공하는 것이다.
함께 구성하기	교사가 영유아와 공동의 학습자가 되어 새로운 경험이나 활동에 함께 참여하면서 문제를 해결하고 새로운 지식이나 정보를 함께 알아가는 것이다.
시범 보이기	'함께 구성하기'와 유사하지만 참여하는 과정에서 교사가 직접 행동으로 시범을 보이면서 보다 적극적이고 명확하게 참여한다는 것이 다르다.
지시하기	교사는 영유아가 정확히 이해하여 시행착오 없이 학습할 수 있도록 명확하게 지시해야 한다.

5) 부모 상담 및 전문가와의 상담 의뢰 시에 활용

관찰 결과를 토대로 부모와 영유아에 대한 정보를 공유하는 것은 부모가 자녀를 더 잘 이해하게 하고, 부모가 기관 및 교사에 대한 신뢰를 형성하도록 도와준다. 더불어 반복되는 문제행동이 있는 영유아에 대해서는 지속적인 기록을 통해 행동의 양상, 빈도, 변화 등에 대한 정보를 제공해 줌으로써 전문가와의 협력을 통한 문제행동 개선에 도움이 될 수 있다.

(1) 영유아 발달검사

검사(test)는 개인의 능력과 성향, 가치나 태도 등의 심리적 특성을 파악하기 위하여 검사의 대상인 피검사자가 검사 문항에 응답한 반응을 측정하는 것이다(안선희 외, 2021).

첫째, 검사는 체계적이고 표준화된 절차에 따라 실시된다.

둘째, 검사는 검사자가 측정하고자 하는 특성을 반영한 문항으로 구성된다.

셋째, 검사결과는 아동의 추상적인 심리적 특성을 수량화하여 제시함으로써 아동의 행동 및 발달에 대한 객관적인 자료를 제공해 주며, 통계분석의 수행을 용이하게 도와준다.

넷째, 검사는 경제적이고 효율적인 정보를 제공해 준다.

① 발달선별검사

발달 선별검사는 빠른 시간 내에 종합적 진단을 필요로 하는 아동을 조기에 판별해 내기 위해 실시되는 검사로 진단검사에 비해 제한적인 검사이기는 하지만 추가적인 전문적 진단이 필요한지를 판단하기 위해 수행되는 검사이다. 어린 아동의 경우 발달이 매우 급속하게 이루어지는 시기이므로 특정 시점에 일회적으로 실시된 검사에 기초하여 아동의 발달을 평가하기보다는 반복적으로 실시되어야 한다. 발달 선별검사는 간단하여 짧은 시간 내에 이루어지며 다양한 분야의 전문가들이 쉽게 사용할 수 있는 문항들로 구성된 검사도구로 대표적인 발달 선별검사로는 대한소아과학회(2002)가 개발한 한국형 영유아 발달검사, 한국형 Dever II, 한국판 DIAL-3, 한국형 ASQ, ESI-R 등이 있다.

② 발달진단검사

발달 진단검사는 포괄적이고 심도 있는 검사문항으로 구성되어 선별검사결과에 의해 선별된 아동의 발달적 장애의 상태나 유형을 정확히 판단하기 위한 검사로, 결과는 아동의 발달상 문제나 특이점을 구체적으로 밝히는 데 활용된다. 장애 아동의 진단을 위한 발달 진단검사의 경우, 검사의 실시절차 및 검사문항의 선정기준이 매우 중요하며 대표적인 진단검사로는 Bayley 영유아발달검사가 있다.

③ 준비도검사

학습준비도 검사는 학교에 입학하여 학업을 수행하는 데 필요한 기본적인 기술에 대한 아동의 준비 정도를 판단하기 위해 실시되는 검사를 말한다. 학습준비도 검사는 주로 4~7세 아동을 대상으로 자조 기술, 소근육 운동 능력, 대근육 운동 능력, 수 개념, 사회적 기술 등의 다양한 영역을 포함한다. 학업성취의 성패를 예측하여 학업 성공의 기회를 넓히고 학업실패의 가능성을 방지하기 위해 요구되는 방안을 마련하는 데 기여할 수 있다.

(2) 영유아 발달 검사 도구의 실제

① **덴버 발달선별검사**(DDST : Denver Developmental Screening Test) : 발달장애가 의심되는 영유아를 대상으로 개인-사회성, 미세운동-적응, 언어, 운동의 네 가지 기능 영역을 평가하는 검사도구

② **베일리 영유아발달검사**(BSID-Ⅲ : Bayley Scales of Infant and Toddler Development) : 영아를 대상으로 하여 영아의 발달을 평가하고 정상발달로부터의 이탈 여부와 이탈 정도를 파악하기 위해 개발된 검사도구

③ **한국 영유아 발달선별검사**(K-DST : Korea Development Screening Test for Infants & Children) : 보건복지부가 대한소아과학회에 의뢰하여 개발한 것으로, 우리나라 영유아의 특성과 정서 · 사회적 배경 등을 반영해 발달지연에 대한 정확한 검사와 건강관리를 할 수 있도록 한 검사

④ **영유아 언어발달검사**(SELSI : Sequenced Language Scale for Infants) : 주 양육자의 보고로 조사하는 방식의 수용언어 및 표현언어 능력 검사로 36개월 미만 영유아의 언어발달 능력을 평가할 수 있는 검사도구

⑤ **카우프만 아동용 지능검사**(K-ABC-Ⅱ : Kaufman Assessment Battery for Children) : 미국의 교육심리학자 카우프만 부부가 3~18세 아동의 정보처리와 인지능력을 측정하기 위해 개발한 종합 지능검사 도구로 2014년에 문수백이 한국 유아에게 적용이 가능하도록 표준화한 도구

⑥ **한국 웩슬러 아동지능검사 5판**(K-WISC-V : Korean-Wechsler Intelligence Scale for Children Ⅳ) : 곽금주와 장승민이 2019년에 국내용으로 표준화한 도구로, 6세 0개월~16세 11개월 아동을 대상으로 적용하는 도구다. 인지의 5요인을 측정하는 전체 척도와 기본 지표 척도, 추가 지표 척도로 구성된 도구

⑦ **취학전 아동의 수용언어 및 표현언어 발달 척도**(PRES : Preschool Receptive & Expressive Scale) : 언어발달이 2~6세에 해당되는 아동을 대상으로 수용언어 및 표현언어 능력을 측정하는 검사도구로 수용언어 관련 45문항, 표현언어 관련 45문항으로 구성되어 있고, 아동에게 직접 질문하여 아동의 응답과 반응을 기록하여 평가

참고문헌

강은지 · 이미화 · 예한나(2019). 누리과정 효과성 분석 연구(II) : 누리과정 개정에 따른 KICCE 유아 관찰척도 개발. 육아정책연구소.

교육부(2020). 2019 개정 누리과정 운영지원. 관찰에 기반한 유아 놀이지원(교사용).

______(2020). 관찰을 관찰하다.

______(2021). 관찰기록 프로그램(관찰기록을 담다) ver.2.0.1.- 누리 : 누리과정 포털사이트〉나눔 누리〉 유아 관찰 및 기록(https://www.i-nuri.go.kr/main/module/dataManage/index.do?cate_menu_idx =3&menu_idx=111)

교육부 · 보건복지부(2019). 2019 개정 누리과정 놀이실행.

국립국어원 표준국어대사전(2021). https://stdict.korean.go.kr/search/searchView.do에서 2021년 4월 20일 인출.

김이영 · 김태인 · 김현정 · 송명숙 · 이지민 · 한 석(2015). **아동관찰 및 행동연구**. 경기 : 정민사.

보건복지부(2020). 제4차 어린이집 표준보육과정 해설서.

(사)한국보육교사교육연합회(2020). **원장직무 교재**. 경기 : 양성원.

신혜원 · 신지연 · 서원경 · 이영신 · 김지연(2022). **영유아교수학습방법**. 경기 : 파워북.

심성경 · 함은숙(2015). **현장 관찰 및 평가**. 경기 : 공동체.

안선희 · 문혁준 · 김양은 · 김영심 · 안효진 · 이경옥 · 신혜원(2015). **아동관찰 및 행동연구**. 서울 : 창지사.

이순형 · 이혜승 · 권혜진 · 이영미 · 정윤주 · 한유진 · 성미영 · 권기남 · 김정민(2014). **아동관찰 및 행동연구**. 서울 : 학지사.

이영애 · 유준호(2018). **아동관찰 및 평가**. 서울 : 한국방송통신대학교 출판문화원.

이진희 · 김희연 · 신은미 · 정가윤 · 허정민(2023). **아동관찰 및 행동연구 : 영유아교사의 윤리적 실천**. 서울 : 창지사.

한국보육진흥원(2023). **2023 어린이집 평가 매뉴얼**. 서울 : 한국보육진흥원.

______________(2024). **2024 개정 어린이집 평가 매뉴얼**. 서울 : 한국보육진흥원.

황해익 · 최혜진 · 권유선(2021). **아동관찰 및 행동연구**. 경기 : 공동체.

CHAPTER 06

영유아 상호작용과 놀이지원 중재

이미숙(시립 꿈마루어린이집 원장)

학습목표

- 발달적으로 적합한 교사의 상호작용, 놀이지원, 생활지도의 중요성을 이해한다.
- 영유아 상호작용, 놀이지원, 생활지도의 기초를 알고 보육교사를 교육하고 지원한다.
- 영유아 상호작용, 놀이지원, 생활지도의 중요성을 교사들에게 인식시키고 목표 수립 및 방법 평가 단계에서 교사를 지원하는 방법과 협력의 필요성을 안다.

1. 교사와 영유아 상호작용 방법 지도

1) 영유아 상호작용의 개념, 필요성, 목적, 내용 관련 기초 이론과 지도

상호작용이란 둘 이상의 물체나 대상이 서로 영향을 주고받는 행동이며, 양쪽 방향 모두가 영향을 주고받는 것이다(박근주 외, 2020). 또한 영유아는 상대 어른과 함께하는 상호작용 상황에서 더 잘 배우는 특징이 있다. 영유아는 상호작용을 하면서 자신의 정서를 조절하고, 상대와 조화를 이루어 나가며 상대의 신호나 요구, 또는 행동에 반응하고자 한다(김정미, 2021). 교사는 영유아의 신호에 민감하게 반응해 주고, 영유아가 주도하는 활동에 교사가 따르면서 영유아의 생각과 정서를 함께 공유하고 발전시키는 상호작용을 할 때 영유아는 혼자 혹은 또래와 놀이할 때보다 주도성, 탐색, 실행, 문제해결 능력을 최대한 발휘한다. 즉, 영유아가 교사와 상호작용을 하며 사회적 놀이를 많이 할수록 영유아의 놀이 영역이 더욱 더 확장되고, 복잡하게 구성된다. 이렇게 상호작용은 영유아가 놀이를 통해서 배우는 최상위적 능력으로 확장하고 발휘하기 위한 선행 능력으로 매우 중요한 요소이다. 상호작용은 교사와 영유아가 상호존중하고 협동적인 관계에서 영유아의 흥미와 목적을 고려하며, 개인의 내면에서 일어나는 상호작용까지라고 구성주의 관점에서는 설명하고 있다.

(1) 상호작용의 필요성

교사는 영유아를 가르치는 것이 아니라 놀이를 통해서 경험한 것을 배움으로 이끄는 안내자, 지지자, 촉진자의 역할을 하는 것이 중요하다. 또한 교사는 영유아와 능동적이고 조화롭게 의사를 교환하거나 영유아가 주도하는 주제 및 영유아의 활동에 맞춰 반응하고, 영유아의 수준만큼 모방해 주고, 외적 강화보다 미소, 웃음, 과장된 얼굴표정, 감탄 등 구체적이고 질적인 상호작용을 하는 것이 중요하다(김정미, 2021). 영유아의 특성이나 놀이 맥락에 가장 적합한 상호작용을 안정적으로 하는 전략이 매우 필요하다. 이러한 놀이 확장을 위한 상호작용의 필요성은 다음과 같다. 첫째, 생애 초기 상호작용 경험은 긍정적인 인간관계 형성의 기초가 된다. 즉, 교사와 적절한 상호작용을 한 영유아는 교사에 대한 기본적인 신뢰감을 갖고, 이를 바탕으로 또래와 긍정적인 인간관계를 형성하여 긍정적 인간관계의 기술을 습득하게 된다. 둘째, 교사가 곧 교육의 질이다. 교사 상호작용의 질은 영유아의 사회, 정서, 학업 발달과 함께 자기조절, 또래 관계에 중요한 요소이다. 셋째, 교사는 영유아에게 발달에 적합한 교수를 실행한다. 2019년 개정 누리과정과 2020년 개정 평가제 지표에서 교사-영유아 간 상호작용의 중요성을 강조하고 있다(보건복지부 · 한국보육진흥원, 2023).

(2) 상호작용의 목적

교사가 영유아와 상호작용하는 목적은 영유아가 인물, 사물, 환경 속에서 변화되어 가고 있음을 알고, 자신이 의미로운 존재라는 것을 느끼게 하는 것이다. 그러므로 교사는 영유아가 자신이 가치있다는 것을 깨달을 수 있도록 영유아에게 긍정적이고 민감하게 반응해야 한다. 영유아가 존재감과 세상을 탐구하는 즐거움을 통해 생각하는 힘을 키우는 과정이기도 하며, 탐색을 통해 세상 속 모든 것들에 호기심을 가지고 경험할 발달과업을 통해 스스로 배움의 성취감과 자신감을 느끼도록 하는 데 목적이 있다.

(3) 상호작용의 기본원리와 구성요소

영유아와 교사 간 상호작용에 필수적 요건은 자아를 인식하는 것이다. 영유아가 수행해야 할 과업을 수행하도록 제안하고 존재감과 소속감을 형성해 나가도록 상호작용해야 한다. 이를 위한 상호작용의 기본원리는 첫째, 주도하는 영유아로 영유아가 스스로 결정하고 이끄는 것을 촉진하는 상호작용이다. 둘째, 참여하는 교사로 영유아를 가르치는 것이 아닌 경험하여 느끼고 깨닫게 하는 상호작용이다. 셋째, 움직이는 환경으로 개방된 환경에서 자유롭게 활동하며 상황과 맥락을 이어가는 상호작용이다. 상호작용을 통한 관계 중심 하루 일과를 위해서는 영유아의 요구와 흥미 과정을 자연스럽게 이끄는 것이 중요하다. 이를 위해 민감성, 반응성, 적합성의 구성요소가 필요하다. 첫째, 민감성은 영유아의 흥미를 빠르고 정확하게 인식하는 것이다. 즉, 영아의 배고프다는 울음이나 움직임의 신호를 알아차리고, 함께 있어주기를 바라는 표정을 인식하는 것이다. 교사는 영유아에 대한 민감성을 가지고 주의 깊게 관찰하여 표정, 소리, 몸짓 등의 의도를 정확하고 신속하게 인식하는 것이 필요하다. 둘째로 반응성은 영유아가 보내는 메시지에 대해 의미를 알고 느끼는 감정을 표현하는 것이다. 교사는 영유아가 언어적, 비언어적으로 표현하는 것에 반응하여 영유아가 느끼는 것을 교사도 함께 느끼고 있다는 신호를 보내는 것이다.

셋째, 적합성은 영유아의 메시지가 바람직한 행동이 되도록 수행의 방향을 안내하는 것이다. 즉, 영유아의 요구와 의도에 대해 올바른 방향으로 안내하거나 성취 가능한 과업을 제안하여 수행을 촉진하여 행동과 정서 간 균형적으로 반응하는 것이다.

(4) 상호작용의 유형

① 교수행동에 따른 상호작용

교사는 하루 일과 속에서 영유아의 발달과 학습을 촉진하고 지원하는 역할을 수행하는데, 브레드캠프와 로즈그랜트(Bredekamp & Rosegrant, 1995)는 교사의 지시 정도에 따라 비지시적(인정하기, 모델 보이기, 촉진하기), 중재적(지원하기, 비계 설정하기, 함께 구성하기), 지시적(시범 보이기, 지시하기)으로 교수행동에 따른 교사의 일반적인 상호작용 유형을 제시하였으며, 그 세부 내용은 〈표 6-1〉과 같다.

〈표 6-1〉 교수행동에 따른 상호작용 유형

유 형	내 용
인정하기	• 영유아에게 관심을 기울이고, 활동을 지속할 수 있도록 긍정적인 격려나 칭찬 해주기 • "잘했구나". "멋진데", "착하구나" 등과 같이 추상적이거나 과도한 칭찬은 영유아에게 형식적으로 전달되어 효과적이지 못하다.
모델 보이기	• 교실에서 일어나기를 바라는 경향, 태도, 가치에 대해 교사가 바람직한 모습을 보여줌으로서 영유아가 적절한 행동을 하도록 하는 상호작용(예 바르게 말하기, 정리정돈하기, 공손한 태도, 골고루 먹기 등)
촉진하기	• 영유아가 과제 및 문제를 보다 쉽게 해결할 수 있도록 일과 계획하기, 도구 근처에 두기, 보조교사 배치하기, 활동 시간 조절하기 등의 방법이다.
지원하기	• 촉진하기와 유사하지만 교사가 영유아의 활동에 참여하는 정도가 좀 더 적극적이고 명확하며 구체적인 도움을 지속적으로 제공한다. • 유아가 평균대에서 걷기를 할 때 교사는 평균대에 올라설 때부터 손을 잡아준다.
비계 설정하기	• 영유아가 스스로 하고 싶지만 도움이 없으면 하기 어려운 적절한 수준의 과제를 제시하여 도전감을 발휘할 수 있도록 학습 환경을 구성해서 잠재된 능력을 좀 더 높은 수준으로 발전하도록 지원한다.

함께 구성하기	• 영유아가 해결해야 할 문제나 발달과업을 교사가 함께 참여하는 것이다. • 교사는 영유아와 공동 학습자가 되어 새로운 경험이나 활동에 함께 참여하면서 문제를 해결하고 새로운 지식이나 정보를 함께 알아가는 것이다.
시범 보이기	• 영유아에게 구체적으로 지도하기 위해 교사가 활동에 적극적으로 참여하여 보여주는 상호작용으로 위험한 도구를 사용하는 데 가장 안전한 방법을 보여주거나, 새로운 기술을 가르칠 때 효과적인 방법이다.
지시하기	• 영유아가 스스로 문제를 발견하고 해결하는 것보다 직접적으로 그 방법을 말해주는 것이 더 효과적일 때 사용하는 것이 바람직하다(예 구르기를 어려워하는 유아의 옆에 누워 구르기를 직접 보여주며, "선생님처럼 이렇게 누워서 팔을 위로 쭉 뻗고 굴러보자").

출처 : 신애선(2021).

② 바람직한 상호작용

영유아가 단계별로 경험해야 할 과업을 중심으로 한 체계적 접근의 상호작용이 중요하다. 이를 중심으로 바람직한 상호작용의 단계를 제시하면 ❙그림 6-1❙과 같다.

step. 1	step. 2	step. 3	step. 4	step. 5
같은 표정 짓기 →	반응하기 →	공감하기 →	원인 찾기 →	대안 제공하기
교사는 영유아와 동일한 표정으로 마주한다.	교사는 영유아의 행동을 언어로 즉각 표현한다.	교사는 영유아의 감정을 언어로 대신 표현한다.	교사는 영유아의 현재 상황의 원인을 언어로 표현한다.	수행 가능한 대안 중에 가장 적합한 방법을 결정한다.

❙그림 6-1❙ 바람직한 상호작용의 단계

출처 : 박근주 외(2020).

2) 영유아 놀이지원의 개념, 필요성, 목적, 내용 관련 기초 이론과 지도

(1) 영유아 놀이 지원의 목적

놀이중심 교육과정은 놀이를 통해 경험하고 배우는 주체는 영유아이며, 영유아의 놀이가 흥미롭고 즐거우며, 영유아 주도적인 맥락 안에서 놀이가 배움으로 연결되도록 지원하기 위한 교사의 역할이 필요하다. 즉, 영유아의 놀이와 교육과정을 연계하여 질 높은 경험을 할 수 있도록 지원한다(조예나 · 박형신, 2022). 교사는 영유아가 어린이집에서 이루어지는 모든 놀이와 활동에서 자발성과 주도성을 가지고 의미 있는 경험을 하도록 지원하는 것이 필요하다.

특히 2019년 개정 누리과정에서는 '유아가 스스로 주도하는 놀이를 지원하기 위한 유아의 자유놀이를 지원하는 자'로 교사의 역할을 설명하고 있다(임부연 · 손연주, 2020). 교사의 놀이지원은 영유아가 놀이하며 다양한 경험을 하도록 지지와 재료지원을 해주고, 놀이에 몰입하고(교육부 · 보건복지부, 2019), 확장하며, 놀이를 지속적으로 이어갈 수 있도록 교실의 분위기는 허용적이고 개방적으로 이끈다(박찬옥 · 정남미 · 곽현주, 2020).

(2) 영유아 놀이 지원의 필요성

영유아가 놀이와 활동의 주체임을 끊임없이 인식하며, 소외되는 영유아 없이 영유아가 자신의 흥미와 요구에 맞게 놀이할 수 있도록 지원해야 한다. 교사는 관찰을 통해 영유아의 놀이가 유지되고 확장될 수 있도록 놀이와 활동에 필요한 놀잇감과 놀이자료를 제공해 주고, 영유아의 놀이상황을 행동 묘사나 개방적 질문 등으로 적절히 상호작용을 해야 한다. 교사는 영유아의 놀이상황을 관찰한 후 교사가 개입하여 상호작용하는 것이 영유아의 놀이를 확장시키거나 영유아의 배움을 촉진하는 데 도움이 된다고 판단되면 놀이에 개입하여 활성화하는 상호작용을 한다. 또한 영유아의 놀이에 도움이 되었다면 영유아들끼리 놀이를 지속할 수 있도록 놀이상황에서 조심스럽게 빠져나와야 한다. 그 이유는 교사가 개입하여 상호작용하는 주목적이 영유아가 스스로 자기 주도적인 활동을 하도록 하기 위함이기 때문이다(신지연 외, 2018). 그러나 놀이에 참여하는 것에 어려움이 있는 영유아는 교사가 놀이의 모델링이 되어 관심을 가지고 참여할 수 있도록 지원한다.

영유아가 놀이를 시작하면서 교사는 영유아의 놀이를 관찰하고 살펴보다가 적절한 놀이상황에 개입을 하거나 지원을 하는 것이 필요하다. 교사가 영유아의 놀이상황에 적합하고 구체적인 놀이지원 방법은 ❙그림 6-2❙와 같다.

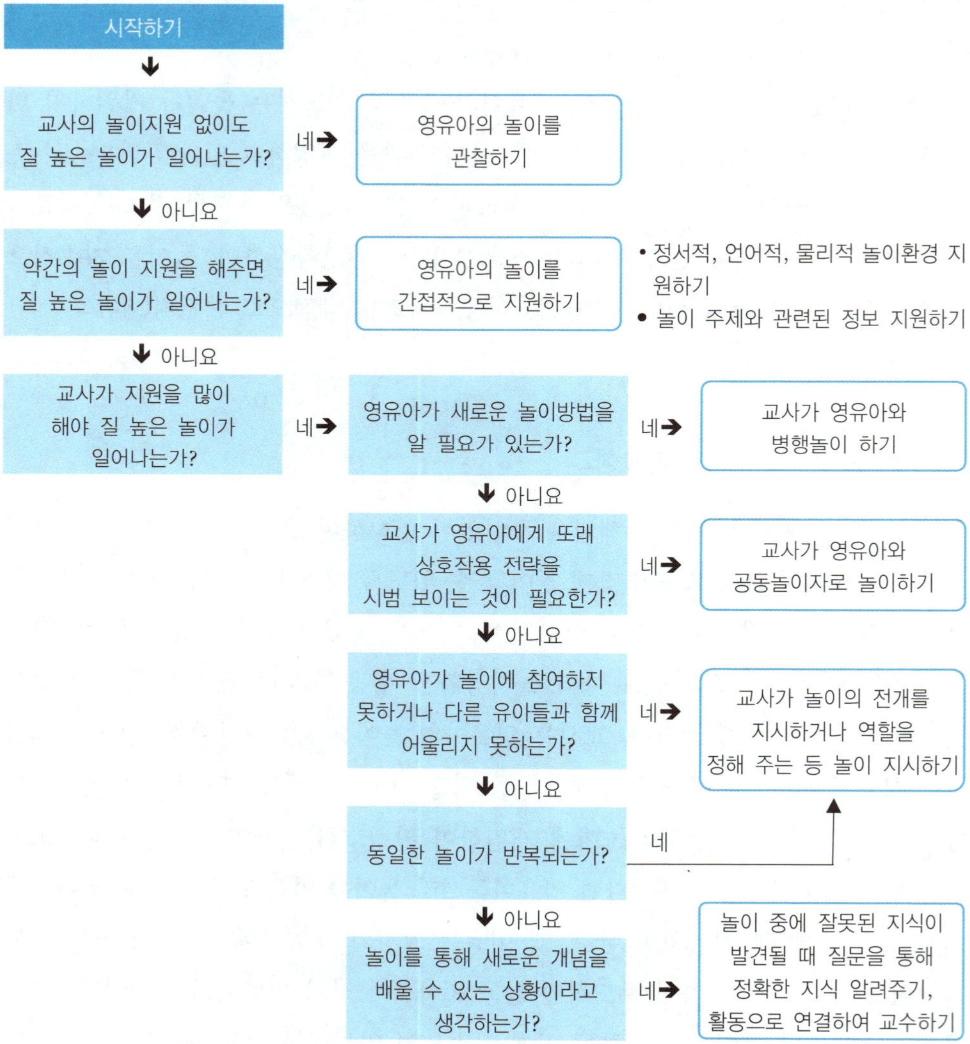

❙그림 6-2❙ 놀이상황에 적합한 교사의 놀이 지원 방법

출처 : 교육부(2020).

(3) 영유아 놀이지원을 위한 상호작용 전략

영유아가 놀이하는 상황과 맥락에 적합한 각각의 상호작용 전략을 활용함이 효과적이나, 두 개 이상의 전략을 연계하여 확장할 수도 있으며, 방법은 반응, 제안, 공감, 설명, 확장, 지지, 지원, 시범, 모델링, 촉진이 있다. 첫째, 반응은 놀잇감을 스스로 선택하여 자유롭게 놀이하도록 얼굴 표정이나 자세, 몸짓, 단어를 적극적으로 안내하고 유도하는 민감한 상호작용이다(예 "네~ 하고 대답한 거구나"). 둘째, 제안은 다양한 사물이나 행동, 상황 등 구성원이나 주변 환경에 관심과 흥미를 갖도록 안내하여 선택이 가능하도록 탐색거리를 제시하는 상호작용이다(예 "선생님과 같이 하고 싶어요 라고 해보자"), 셋째, 공감은 감정이나 느낌을 있는 그대로 표현할 수 있도록 단순하거나 복잡한 정서에 모방을 하여 사고와 감정을 이해하고 타인 간 긍정적 관계가 될 상호작용이다(예 "엄마와 헤어져야 해서 우는구나"). 넷째, 설명은 협동이나 행동, 상황 등의 이해를 돕는 것으로 행동이나 활동의 진행과정을 이해하도록 단계화하고 구체화하는 언어적 참여방법의 상호작용이다(예 "선생님도 엄마처럼 안아주었네"). 다섯째, 확장은 영아의 놀이를 관찰하면서 현재의 상황이나 수준 또는 속도가 이전의 놀이경험과 연계하여 확장되도록 놀이를 통합하는 상호작용이다(예 "옆으로도 흔들어 보자"). 여섯째, 지지는 자유롭게 놀이하는 영유하는 가운데 경험적 학습이나 정서적 감정을 통해 인식의 변화와 마음의 성장이 가능하도록 격려하는 상호작용이다(예 "웃으면서 인사를 하는구나"). 일곱째, 지원은 영유아가 희망하는 상황이나 요구하는 사물 등을 사회적 기준을 기반으로 제공함으로써, 활동을 유지하거나 다양한 확장이 가능하도록 하는 상호작용이다(예 "무엇을 줄까? 더 필요한 것이 있니?"). 여덟째, 시범은 실제적 이해를 위한 사물과 협상 등 어떤 사항을 구체적으로 수행하기 위해 교사가 적극적으로 참여하여 순서화된 과정을 보여주는 상호작용이다(예 "선생님을 따라 해보자"). 아홉째, 모델링은 영유아의 자발적 참여를 위한 정보를 제공하는 방법으로, 일상생활 속에서 스스로 수행할 수 있도록 그 과정을 자연스럽게 안내하는 상호작용이다. 열째, 촉진은 영유아가 혼자 수행하기 어렵다 할지라도 교사의 최소한의 개입으로 인해 행동을 습득하거나 해결할 수 있도록 성취감을 기대하는 상호작용이다(예 "여기에서 무엇을 하면 좋을까?").

3) 영유아 생활지도의 개념, 필요성, 목적, 내용 관련 기초 이론과 지도

생활지도를 의미하는 가이던스(Guidance)는 어원상으로 보면 안내하다, 이끌어 주다, 지도하다, 인도하다, 조언하다의 뜻이 있다. 문제가 있는 영유아를 바람직한 방향으로 행동하도록 지도하는 훈육이나 행동을 지도하는 고정관념도 있다. 그러나 영유아 생활지도는 학습자의 성장이나 발달을 바람직한 방향으로 이끌어 간다(서현아 외, 2016). 즉, 영유아가 특정한 행동을 하는 이유를 파악해서 다음에는 다른 방식으로 행동할 수 있는 대안을 찾아보고 적극적으로 지도하는 방법이다.

영유아 생활지도는 문제해결, 영유아 개개인의 내적 성장과 발달, 사회의 일원으로 발전해 나가는 과정에서 필요한 원조와 교육 기능까지 포함한 개념이다. 영유아 생활지도는 특정 시간과 내용에 국한되지 않으며 하루 일과에서 주체적인 생활방식을 찾아 독립된 인간으로 살아갈 수 있는 바람직한 습관이나 태도를 갖추도록 한다.

(1) 영유아 생활지도의 목적

영유아 생활지도의 목적은 직접목적과 간접목적으로 구분된다. 직접목적은 첫째, 영유아가 자기 자신을 보다 잘 이해하도록 돕는다. 둘째, 영유아의 능력을 최대한 신장시키도록 돕는다. 셋째, 각각의 아동이 부딪히는 환경에서 생긴 문제를 스스로 해결하고 그 환경을 잘 개선해 가도록 돕는다. 즉, 신체적, 지적, 정신적, 사회적 모든 측면에서 잘 조화되고 통합된 인간이 되도록 하는 것이다. 간접목적은 첫째, 교사가 영유아보다 정확하게 이해하도록 돕는다. 둘째, 교사가 여러 활동을 통해 필요한 생활지도의 태도와 기능을 갖도록 돕는다. 셋째, 생활지도 프로그램을 수립하여 교사의 연구 활동에 도움을 제공한다. 즉, 생활지도에 주요한 영향을 미치는 교사를 통해 영유아 자신에 대한 이해와 자신을 둘러싼 세계를 살아가는 데 필요한 올바른 지식과 태도, 기술을 형성하도록 정보와 조력을 제공하여 성장하도록 돕는 과정이다.

(2) 영유아 생활지도의 필요성

영유아 시기부터 기본적인 생활습관이 잘 형성된 영유아는 올바른 인격형성과 타인과 원만한 관계를 형성해 갈 수 있다. 급격한 사회변화로 영유아에 대한 가치관이 변화하고 조기에 단체로 사회생활을 할 기회가 많아진 영유아의 적응 문제 해결을 위해 다양한 차이를 인정하는 개별적인 생활지도가 필요하다.

특히 영유아 생활지도의 필요성은 개인적 차원과 사회적 차원이 있다. 개인적 필요성은 첫째, 영유아기는 발달의 기초성, 적기성, 누적성, 불가역성 등으로 인해 이 시기는 평생의 성격 형성에 영향을 미친다. 둘째, 기본생활습관 등 행동습관은 한번 습득되면 변화시키기 어려우므로 영유아기부터 적절한 지도가 필요하다. 셋째, 민주시민으로서의 자질함양을 위한 지식, 기술, 태도의 경험이 필요하다. 사회적 필요성은 첫째, 가족구조와 기능의 변화로 가족 안에서 영유아에게 적절한 역할 모델을 보여줄 수 있는 대상이 없는 경우가 많아져 교육기관에서 생활지도가 더욱 요구된다. 둘째, 맞벌이 가정의 증가, 저출산 문제를 해결하기 위해 맞춤형 보육, 영유아 무상보육 실시 등의 보육에 대한 정부의 지원이 증가하여 교육기관에서의 시간이 길어져 가정의 역할까지 수행하여 생활지도가 필요하다. 셋째, 우리 사회의 도덕성의 상실 문제로 범죄연령이 더욱 하향되고 있기에 다양한 문제해결을 위한 영유아기에 인성교육과 생활지도가 필요하다.

(3) 영유아 생활지도의 영역

일반적으로 생활지도라고 하면 기본생활습관 지도를 생각한다. 그러나 이 외에도 집단생활, 사회성문제, 정서문제, 학습 및 언어문제 이해 등으로 구분할 수 있다. 기본생활습관은 일상생활에 필요한 식사, 배변, 수면, 청결, 안전 등이 있고, 집단생활은 집단규칙, 갈등, 친사회적 행동 등이 있다. 사회성문제는 공격성, 고립, 훔치기, 거짓말, 방해, 화내기 등이 있고, 정서문제는 수줍음, 우울, 성, 분리불안, 대물애착, 울음 등이 있다. 그리고 학습 및 언어문제 이해는 동기저하, 비활동성, 언어장애 등이 있다. 또한 이러한 영유아의 생활지도는 연령별 발달영역에 따라 지도 내용이 달라진다. 발달영역은 신체, 인지, 정서, 사회성 발달로 구분하고 연령별 생활지도 내용은 〈표 6-2〉와 같으며, 부적응행동과 발달단계별 생활지도 내용은 〈표 6-3〉과 같다.

〈표 6-2〉 발달영역에 따른 연령별 생활지도 내용

연 령	발달영역	생활지도 내용
0~2세	신체발달	치아관리, 운동능력 발달수준에 적합한 활동과 안전, 수면 지도, 영양섭취
	인지발달	시지각 및 청지각 능력 발달에 따른 상호작용, 주의집중에 따른 놀이지도 탐색욕구 충족시키기 등 언어발달-옹알이 반응, 언어능력 키워주기, 상황에 적절한 말 익히기 등
	정서발달	울음에 민감하게 반응하기, 선택 존중하기, 교사와 신뢰관계 구축하기, 긍정적 자아개념 형성 돕기, 정서인식 및 표현 능력 기르기 등
	사회성 발달	또래에 관심 가지기, 친구 사귀는 연습하기, 장난감 소유 분쟁 지도하기, 집단생활 규칙과 약속 알기, 성 역할 발달 등
3~5세	신체발달	키 키우는 습관 기르기, 젓가락질 배우기 등
	인지발달	타인에 대한 이해 돕기, 문제해결 능력 키워주기, 언어발달과 관련해서 자신의 생각을 언어로 전달하기, 바른 태도로 듣는 습관 기르기, 상황에 맞는 언어 사용하기, 문해능력 발달 등
	정서발달	정서조절 능력 발달
	사회성발달	자아 존중감 높이기, 본보기를 통해 친사회적 행동을 기르기, 공중도덕 습득하기, 또래들과 사이좋게 지내기, 친구들과 잘 어울리지 못하는 아이 도와주기, 공격성 예방하기, 다양한 성 역할 경험 제공하기, 성에 대한 올바른 인식 심어주기 등

출처 : 서현아 외(2016).

〈표 6-3〉 부적응행동과 관련한 발달단계별 생활지도 내용

영 역	발달단계	생활지도 내용
기본생활습관 부적응 행동지도	영아기	하루에 세 번 식사하기, 정해진 장소에서 식사하기, 골고루 맛있게 먹기, 즐겁게 식사하기, 배변훈련 하기 등
	유아기	기본적인 안전 생활습관 기르기, 청결과 위생, 수면과 휴식, 바른 식생활과 의생활, 위험요인에 대한 기본적인 대처능력 기르기, 예절과 질서 익히기 등
정서적 부적응 행동지도	영아기	복잡한 정서를 표현하는 방법, 부정적 감정을 긍정적으로 표현하기, 긍정적 자존감 형성 등
	유아기	다양한 상황의 감정을 세련되게 표현하기, 다른 유아 도와주기, 나 위로하기, 분노의 감정 적절히 표현하기, 기본 정서를 언어로 표현하기 등
사회적 부적응 행동지도	영아기	긍정적 자아개념의 발달과 타인과의 관계 확장시키기 등
	유아기	공격성 조절하기, 또래에 대해 이타적 혹은 친사회적 행동 보이기 등
언어 부적응 행동지도	영아기	발달수준에 맞는 언어 모델링 보이기, 일상적인 경험에 대해 이야기하기, 듣기능력 향상시키기 등
	유아기	문장으로 표현하기, 생각과 감정을 조직하여 말하기 등
도덕성 부적응 행동지도	영아기	불쾌의 정서적 체험하기, 선악 의식을 결부시킬 수 있도록 돕기 등
	유아기	건전한 도덕성 발달시키기 등
성적 부적응 행동지도	영아기	연령에 관계없이 남녀의 특성과 역할을 이해하고 성에 대한 고정관념이나 편견을 갖지 않는 내용
	유아기	

출처 : 서현아 외(2016).

2. 놀이발달과 놀이지원 중재

놀이는 무엇을 습득하기 위해 사용하는 도구가 아니고 그 자체로서 매우 가치 있는 일이다. 이러한 놀이는 매우 다양하게 전개되고 해석되기에, 한 문장으로 정의하기 어려운 특성이 있다. 첫째, 놀이는 즐겁다. 둘째, 놀이는 자발적이다. 셋째, 놀이는 주도성이 있다. 넷째, 놀이는 비현실적인 상상의 요소가 포함된다. 다섯째, 놀이는 과정 그 자체를 즐기고 시작과 끝이 자유롭다. 여섯째, 놀이는 반복의 행위

로 나타나며, 내부자 간의 합의할 규칙에 따라 진행되며 융통성 있게 변화하는 특성을 가지고 진지하게 몰입하는 과정이고 특별한 목표가 없는 특성이 있다.

놀이의 발달은 영유아가 가진 놀이성에 따라 같은 연령에서도 다양한 유형의 놀이가 출현하고, 발달의 경향성이 나타난다. 놀이의 발달을 이해하는 것은 영유아의 놀이를 이해하는 데 도움이 된다. 첫째, 영아기에는 탐색으로 놀이를 시작한다. 탐색은 잘 알지 못하는 사물의 특성이나 속성에 관심을 가지고 '이게 뭐지?' 하는 관심을 해결하기 위한 오감각으로 다양한 시도를 한다. 둘째, 기능놀이는 영유가 우연히 발견한 재미있는 행위를 반복적으로 계속해서 즐긴다. 셋째, 상상놀이로 단순하게 시작하여 2세를 지나 유아기에 급속히 발달한다. 넷째, 구성놀이는 사물이나 재료를 활용하여 구성과 해체를 반복한다. 다섯째, 규칙 있는 게임은 미리 정해놓은 규칙을 포함하여 새로운 규칙이나 어떤 내용을 정하여 진행하는 놀이이다.

제4차 표준보육과정의 교수학습방법에 영유아와 영유아, 영유아와 교사, 영유아와 환경 사이에 능동적인 상호작용이 이루어지도록 하는 내용이 있다. 원장은 교사가 영유아와 놀이하면서 다양한 관계에 관심을 갖고 함께 상호작용하며 배움을 지원할 수 있도록 하고, 교사가 역량을 발휘할 수 있도록 지원하는 것이 필요하다. 첫째, 교사를 격려로 지원해서 영유아들이 자유롭고 활기차게 놀이할 수 있는 분위기를 만들고 영유아 사이의 다양한 상호작용을 한다. 둘째, 영유아와 주변을 이해하는 공동의 놀이자로서 놀이에서 발생하는 문제를 함께 해결하면서 영유아의 배움을 이끄는 상호작용을 할 수 있도록 교사를 지원하고 평가를 한다. 셋째, 영유아와 환경과의 상호작용에 주의를 기울이고 존중하며, 영유아가 환경과 즐겁게 상호작용할 수 있도록 교사의 상호작용 능력을 지원해야 한다.

놀이의 중재는 장애영유아와 비장애영유아가 긍정적인 상호작용을 하며 함께 어울려 놀이하고, 언어발달을 위해서 교사의 적절한 개입이 필요하다. 교사는 놀이 시작 전 장애영유아가 선호하는 놀이방식과 놀잇감을 파악하고, 또래와 놀이하는 데 필요한 사전기술을 알려주어 장애영유아가 더 잘 참여하는 놀이가 되도록 지원한다.

1) 교사의 영유아 상호작용의 평가 및 지원

교육과정이 개정되기 이전에도 영유아는 어린이집에서 놀이를 계속해 왔다. 하지만 개정된 이후에는 영유아와 교사의 자율성이 더욱 커지고, 놀이를 교사가 준비한 환경 내에서 자유롭고, 영유아가 주도하는 즐거운 놀이로 변화를 맞이했다. 그렇게 교사들이 영유아의 흥미가 무엇인지를 관찰을 하였고, 그 흥미를 따라 놀이가 진행되면서 교사는 놀이계획자가 아닌 지원자로 변화되었다. 이러한 놀이중심으로 교육과정이 변화하고, 영유아가 놀이하면서 배움이 전적으로 이루어지는 환경구성이 중요해지면서 원장이 교사를 지원하기 위한 노력이 더욱 요구되었다. 즉, 어린이집은 양질의 경험을 할 수 있도록 영유아의 흥미와 요구가 반영된 보육계획을 수립하는 것이 필요하다. 상황적 요구에 따라 미리 예측하지 못한 교구재가 필요할 때 원장의 적극적인 지원이 필요하다. 이를 위헤 평가제에서도 교사의 상호작용 및 놀이지원에 따른 교사의 지원을 지표로 전문성을 확인하도록 하였다.

표준보육과정에서 평가는 어린이집에서 영유아가 중심이 되고 놀이가 살아나도록 표준보육과정의 운영을 되돌아보고 개선해 가는 과정이다. 이를 위해 영유아·놀이중심 보육과정을 운영하는 데 도움이 되고자 평가를 간략화하고 각 어린이집의 자율적인 평가를 강조하였다. 원장은 교사의 상호작용 및 놀이지원을 일시, 대상, 방법, 결과의 활용을 바탕으로 자율적으로 평가하여 질적인 능력을 향상시키는 것이 필요하다. 2024년 개정 어린이집 평가 매뉴얼의 3영역은 영유아 존중 상호작용 지원이다. 3-1은 교사와 영유아의 반응적 상호작용이다. 반응적 상호작용이란 영유아가 교사와 맺은 관계 속에서 능동적으로 상호작용하면서 세상을 이해하고, 배움을 이루어가는 것이다. 즉, 교사가 영유아가 언어적 또는 비언어로 자신의 감정, 느낌, 의사를 적극적으로 표현하고 있다는 것을 이해할 때 적절히 반응할 수 있다. 교사가 수용적인 태도로 반응할 때 영유아는 자신이 존중받고 있음을 알게 되고, 자신의 의사를 다양한 방식으로 표현할 수 있다. 적절한 수준의 상호작용은 영유아의 비언어적, 언어적 표현을 경청하고, 있는 그대로 존중한다. 영유아와 소통이 이루어지고 있는지를 확인한다. 영유아의 놀이를 기다리고 지켜보며 지원한다. 영유아와 함께 놀이를 하며 경험이나 배움을 지원하는 상호작용을 한다. 영유아의 성, 신체적 특성, 장애, 종교, 가족 및 문화적 배경 등을 존중한다. 3-2는 영유아 또래 간 상호작용 격려이다. 교사는 영유아 또래 간 상호작용을 할 때 자신의 감정이나 의사를 또래에게 자유롭게 표현하고, 서로의 의사표현을 존중하도록 격려한다. 즉, 영유아가 또래와 다른 생각이나 관점을 틀린 것이 아닌 다른 특성으로 받아들이고 편견 없이 대할 수 있도록 지원해야 한다. 적절한 수준은 영유아들이 서로의 관심을 있는 그대로 존중할 수 있도록 격려한다. 영유아 또래 간에 경험 또는 배움을 공유할 수 있도록 격려한다. 영유아간 다툼이나 문제가 발생하면 긍정적으로 해결할 수 있도록 지원하는 것이다.

원장은 교사가 영유아를 존중하면서 긍정적으로 놀이를 촉진하는 상호작용을 할 수 있는 편안한 분위기를 조성하는 것이 필요하다. 또한 교사가 느끼는 어려움 등을 원장 또는 외부전문가가 함께 협의하고 지원하는 과정이 중요하다. 원장 또는 외부전문가가 일과 및 놀이 중 교사의 상호작용을 관찰하고 지원할 수 있어야 한다. 2024년 개정 평가제 3영역 영유아 존중 상호작용의 상세 내용과 사례는 〈표 6-4〉와 같다.

〈표 6-4〉 3영역 영유아 존중 상호작용 지원

3-1	교사와 영유아의 반응적 상호작용	
3-2	영유아 또래 간 상호작용 격려	

출처 : 교육부 · 한국보육진흥원(2024).

(1) 영유아 권리존중 상호작용 지원

교사는 영유아 인권에 대한 이해 및 감수성을 증진시켜 영유아를 인격체로 존중하고, 영유아의 관심, 요구, 흥미, 의도, 행동 등을 세심하게 살펴 민감한 반응과 지지를 하여 어린이집에서 편안하고 안정적으로 생활하도록 지원한다. 교사가 공감, 인정, 격려를 통해 개별 영유아를 하나의 인격체로 존중하는지, 유아의 다양한 배경 및 조건을 차별 없이 대하는지를 평가한다. 교사가 영유아와 상호작용을 할 때 가장 중요한 원칙은 영유아를 존중하는 것이다. 영유아가 느끼는 감정과 생각 등을 그대로 인정해 주면서 올바른 감정과 생각 등에 대해서는 지지해 주고, 잘못된 행동에 대해서는 바람직한 행동을 안내해 주는 것이 영유아를 존중하는 상호작용이다. 교사는 영유아를 존중하고 영유아의 모든 행동, 감정, 생각, 태도 등을 그대로 인정하며 교사 자신이 생각하는 효과적인 방법이나 정보를 제공하지만 교사의 의견이나 정보를 선택하여 따를 것인지는 전적으로 영유아의 몫이다(신지연 외, 2018). 원장은 교사가 영유아를 존중하면서 상호작용하는지 평가 및 지원하는 것이 필요하다. 영유아 존중의 상호작용은 〈표 6-5〉와 같다.

〈표 6-5〉 영유아 존중의 상호작용

바람직하지 못한 예	바람직한 예
• 영유아를 '야! 너! 얘!' 등으로 부르기 • 대화시 얼굴 쳐다보지 않기 • 영유아의 요구 못 들은 척하기 • 짜증내는 말투와 표정 짓기 • 영유아의 팔 잡아당기기 • 성 차별적 내용으로 말하기 "남자니까 울지 말고 씩씩하게 일어나" • 성별로 구분해 놀잇감 제공하기 "자동차는 남자 친구가 하고, 우린 인형놀이 하자" • 위협, 비난, 조롱 등 부정적인 평가하기 "선생님 말 안 들어서 또 잃어버렸잖아" "맨날 울기만 하니" • 영유아의 행동을 제지하는 명령, 지시, 통제 언어의 사용	• 영유아의 이름을 부드럽게 부르기 • 영유아의 눈높이 맞추기 따뜻하고 즐거운 표정 짓기 부드럽게 스킨십하기(안아주기, 토닥이기, 등 쓸어주기, 손 잡아주기 등) • 영유아의 이야기 주의 깊게 듣기 • 영유아의 실수 이해하기 "희원이가 선생님 도움 없이 혼자 해보려고 했구나" • 영유아의 의견 수용하기 "아~ 이런 방법도 좋은 생각이구나" • 영유아의 기분 읽어주기 "친구랑 같이 놀고 싶은데 친구가 그냥 가버려서 속상하구나?" • 구체적인 행동 알려주기

"앞으로 나오면 안 돼" "선생님이 허락할 때까지 만지지 말고 보고만 있어"	"○○야, 잃어버려서 속상하겠다. 선생님하고 다시 찾아보자. 그리고 다음부터는 바구니나 사물함에 넣어두면 잃어버리지 않을 거야" • 행동을 긍정적으로 이끄는 언어 사용하기

출처 : 신애선 외(2021).

(2) 영유아 간 상호작용 지원

영유아는 또래와의 긍정적인 상호작용을 통해 바람직한 사회적 기술을 터득하고 사회적 유능성을 기를 뿐 아니라 서로 의사소통하며 또래 간 학습을 한다. 그러나 영유아는 놀이와 활동을 하면서 또래와 갈등 상황을 겪게 되기도 하는데, 교사는 영유아가 긍정적인 문제해결을 경험할 수 있도록 감정이입, 공감 등의 방법을 통해 또래 간 상호작용을 지원해야 한다. 교사가 영유아 또래 간의 상호작용을 격려하기 위한 상호작용 지침은 다음과 같다(신지연 외, 2018). 첫째, 또래의 장점, 또래의 놀이 등에 관심을 갖도록 한다. 둘째, 영유아 자신 및 또래의 정서를 인식하고 긍정적인 방법으로 정서를 표현한다. 셋째, 또래 간 경험을 나누도록 한다. 넷째, 또래 간의 도움을 주고받거나 협력하는 경험을 하도록 한다. 다섯째, 교사는 영유아가 또래 간 긍정적인 상호작용을 경험하면서 바람직한 사회적 관계를 형성해 나갈 수 있도록 영유아 간 상호작용을 지원해야 한다.

(3) 상호작용 지원방법

교사는 영유아와 상호작용을 하면서 교사의 개인적 차원, 환경적 영향과 역동적이고 불규칙적인 방법까지도 포함하기에 다양하고 융통성있는 방법으로 상호작용이 필요하다. 이를 적용하는 방법으로 촉진적 상호작용, 안정적 상호작용, 긍정적 상호작용이 있다(박근주 외, 2020).

① 촉진적 상호작용

촉진적 상호작용은 교사가 영유아의 발달을 촉진하는 방법을 알고, 다양한 접근 방법을 통해 유능해지며, 오직 영유아가 실제 상황에서의 수행하고 많은 실천을 하면서 가능해진다. 촉진적 상호작용을 하는 교사는 첫째, 발문과 질문으로 단순히 알고 있는 것을 확인하는 결과중심이며, 발문은 알고 있는 것이 무엇인지 얼마나 이해하고 있는지를 이끌어 내는 과정중심의 방법이다. 즉, "이것은 토끼니?"와 같은 질문에 "예", "아니요"로 답을 하게 된다. 그러나 "이것은 무엇이니?"와 같은 발문을 하게 되면 "토끼"와 같은 답으로 촉진하는 상호작용이 된다. 둘째, 격려와 칭찬으로 행동을 강화하는 방법이라는 공통점이 있지만 칭찬의 경우 긍정적인 결과일 때 주로 사용하는 결과중심의 방법이고 격려는 영유아의 행동이 긍정적이거나 부정적일 때 모두 사용하는 경쟁과 비교를 피하는 과정중심의 방법으로 효과적이다. 즉, "○○이가 오랫 동안하고 있구나"의 격려보다는 "잘했구나", "최고야"와 같은 칭찬이 촉진하는 상호작용이 된다. 셋째, 인내와 훈육으로 바람직한 행동을 사회화하는 방법이다. 차이점으로 훈육은 행동을 중지시키는 목적이고, 인내는 행동중지와 수행해야 할 바람직한 행동의 방향성까지 제공하는 긍정적인 방법이다. 즉, "앉아서 여기를 잡고 가는 거란다"와 같은 인내보다는 "갖다 놔", "그만 울어"와 같은 훈육이 촉진하는 상호작용이 된다.

② **안정적 상호작용**

안정적 상호작용은 교사는 영유아에게 즉각적인 반응을 하여 적극적으로 지지하고 바람직하고 유용한 행동이 유지되고 확장되도록 지속적으로 상호작용한다. 첫째, 즉각적 상호작용으로 행동에 반응하는 시간적 개념이다. 자극과 반응의 연계를 통해 도전하고자 하는 도적적 성취감 형성의 방법이다. 즉, 교사를 보고 웃는 영아를 발견한 교사는 즉시 "선생님을 보고 있구나"라고 상호작용을 한다. 둘째, 적극적 상호작용으로 교사가 반응하는 표현의 강약, 고저, 장단 등의 차이에 따른 방법이다. 즉, 영아가 잠이 와서 우는 경우 교사는 "잠이 와요~라고 말하는 거구나"라고 상호작용한다. 셋째, 지속적 상호작용으로 영유아의 행동에 대해 일관적으로 반응하여 바람직하고 효과적인 행동이 유지되도록 돕는 상호작용이다. 즉, 영아가 물컵을 잡는 행동에 교사는 “○○이가 컵을 들었구나”라고 반응한다.

③ 긍정적 상호작용

긍정적 상호작용은 영유아가 수행해야 할 방법을 안내함으로써 행동의 방향성을 제공하는 상호작용을 한다. 기술이나 통제가 아닌 수행해야 할 행동, 경험해야 할 행동을 제안하여 영유아가 스스로 주어진 정보를 인식하고 성취할 수 있는 기회를 제공하는 상호작용 방법이다. 즉, 우는 경우 긍정적 상호작용은 “달라고 하는 거란다”라고 상호작용을 한다.

2) 교사의 영유아 놀이지원의 평가 및 지원

교사가 영유아의 놀이를 존중하여 지원한다는 것은 영유아의 놀이를 바라만 보거나 방관하는 것이 아닌 영유아가 놀이하며 경험한 내용을 관찰하고, 놀이에서 나타나는 배움에 주목하는 것이다. 또한 평가는 교사가 놀이중심 보육과정으로 하루 일과를 계획하고, 영유아의 흥미와 관심에 따라 자발적으로 시작된 놀이가 보육과정의 중심이 되는지를 돌아보고 개선해 가는 과정이다. 교사가 놀이중심 보육과정을 운영할 수 있도록 평가 및 지원은 다음과 같다. 첫째, 교사가 영유아를 가르치기 위해 무엇인가를 계획하는 일을 최소화하고 영유아가 어떤 경험을 하는지에 관심을 갖도록 평가 및 지원한다. 둘째, 교사의 계획이 아닌 영유아의 자발적인 놀이가 활성화될 수 있도록 계획안 작성이나 일상적인 용어도 자유선택활동이 아닌 자유놀이로 적용하도록 평가 및 지원한다. 셋째, 영유아가 하루 일과를 지내면서 놀이와 일상생활을 통해 경험하는 내용을 간소화하여 기록 관찰하도록 평가 및 지원한다. 또한 교사가 놀이지원을 위한 환경구성을 적절히 했는지 평가한다. 첫째, 놀이시간은 실외놀이를 포함하여 영아반은 2시간 30분 이상, 유아반은 3시간 이상 흥미 정도, 날씨 등을 고려하여 충분히 제공했는가 평가한다. 둘째, 놀이공간 중 흥미영역이 놀이영역으로 구성되어 영유아가 자유롭게 놀이하기 적합한지 평가한다. 놀이공간은 놀이를 방해하는 가구는 치우고 충분한 공간을 마련해서 놀이하고, 교실이외 놀이터나 복도, 현관입구, 교실과 교실 사이의 공유공간, 계단 등도 놀이공간으로 허용을 해준다. 셋째, 영유아가 놀이를 하면서, 하고 싶어 하는 방법대로 놀이자료를 사용하도록 허용하고, 관찰하면서 놀이에서 배우도록 지원한다. 놀이중심 보육과정을 실행하면서 교사가 기록하는 계획안과 평가 관련 양식의 개선을 위한 멘토링을 하는 것이 필요하다. 교사가 작성하는 내용 중 반 운영의 특이사항이나 부모면담, 부모요구사항, 감염병 발생사항, 안전사고 등은 기록이나 원내 보고 및 연장반 교사와 인수인계 등에도 적절히 활용될 수 있도록 지원해야 한다.

2024년 개정 평가제 4-1은 관찰 및 실행계획을 설명하고 있다. 영유아는 교사가 준비한 환경에서 놀이와 활동, 일상생활 등을 하고, 교사는 인상적이었던 것, 궁금했던 것, 알고 싶은 것 등을 토대로 관찰하여 영유아의 경험이나 배움을 기록한다. 교사는 영유아가 자발적으로 활동에 참여할 수 있도록 지원하고, 영유아의 놀이를 지원하기 위해 다양한 활동을 계획했더라도 영유아의 관심과 흥미에 따라 참여할 수 있도록 지원하고, 영유아의 관심과 흥미에 따라 놀이지원을 하기 위해 계획을 수정할 수 있다. 적절한 수준은 영유아의 놀이와 활동, 일상생활에 대한 관찰을 토대로 영유아의 경험이나 배움을 기록한다. 영유아의 놀이와 활동, 일상생활을 지원하기 위한 계획을 수립하여 실행하고, 기록한다. (5세 유아) 유아의 초등학교 전이를 지원하기 위한 놀이 혹은 활동을 계획하고 실행한다. 다양한 교육진단을 통해 발달에 적합한 개별화교육 계획을 수립하고, 장애유형 및 특성, 발달수준을 고려하여 실행한다.

개정 평가제 지표 4-1 관찰 및 실행 계획의 상세 내용은 〈표 6-6〉과 같으며, 4-2 보육과정 평가는 보육과정 운영개선, 실행계획 수립, 영유아 이해, 부모 면담 등에 활용하며, 부적절한 수준과 적절한 수준으로 평가되며 상세 내용은 〈표 6-7〉과 같다. 놀이실행 및 지원을 기록한 영아반 보육일지의 예시는 〈표 6-8〉, 유아반 주간계획안의 예시는 ❙그림 6-3❙과 같다.

〈표 6-6〉 4-1 관찰 및 실행 계획

부적절한 수준	적절한 수준
• 영유아의 놀이와 활동, 일상생활 지원계획을 수립하지 않거나, 실행기록을 작성하지 않는다. • (5세 유아) 유아의 초등학교 전이를 지원하기 위한 놀이 혹은 활동이 전혀 계획되어 있지 않고, 운영되지 않는다. • 개별화교육계획을 수립하지 않는다. • 개별화교육계획이 포함된 보육과정을 운영하지 않고 장애 유형 및 특성, 발달수준을 고려하여 실행하지 않는다.	• 영유아의 놀이와 활동, 일상생활에 대한 관찰을 토대로 영유아의 경험이나 배움을 기록한다. • 영유아의 놀이와 활동, 일상생활을 지원하기 위한 계획을 수립하여 실행하고, 기록한다. • (5세 유아) 유아의 초등학교 전이를 지원하기 위한 놀이 혹은 활동을 계획하고 실행한다. • 다양한 교육 진단을 통해 발달에 적합한 개별화 교육 계획을 수립하고, 장애 유형의 특성, 발달수준을 고려하여 실행한다.

출처 : 교육부 · 한국보육진흥원(2024).

〈표 6-7〉 4-2 보육과정 평가

부적절한 수준	적절한 수준
• 보육과정 운영 평가를 하지 않으며, 계획되어 있지 않다. • 영유아의 특성과 변화 정도를 평가하지 않는다. • 보육과정 운영 평가와 영유아 평가 결과를 활용하지 않는다.	• 영유아중심, 놀이중심 보육과정으로 운영되고 있는지를 평가한다. • 관찰 기록 등을 활용하여 연 2회 이상 영유아의 특성과 변화 정도를 평가한다. • 장애영유아에 대한 다양한 교육 진단과 일상적인 놀이 관찰 기록 등을 수집하여 연 2회 이상 영유아의 특성과 변화 정도를 평가한다. • 보육과정 운영 평가와 영유아 평가 결과는 보육과정 운영 개선, 실행 계획수립, 영유아 이해, 부모 면담 등에 활용한다. • 장애영유아 평가 결과는 다음 학기 개별화교육계획 수립, 장애영유아 지원방법 및 부모 면담 등에 활용한다.

출처 : 교육부 · 한국보육진흥원(2024).

〈표 6-8〉 놀이실행 및 지원을 기록한 영아반 보육일지의 예시

<table>
<tr><td>기 간</td><td colspan="5">년 월 일 ~ 월 일</td></tr>
<tr><td rowspan="2">일과(시간)</td><td colspan="5">계획 및 실행</td></tr>
<tr><td>월</td><td>화</td><td>수</td><td>목</td><td>금</td></tr>
<tr><td>등원 및 통합보육
(07:30~09:00)</td><td colspan="5">놀이시간에 정리 및 전이 시간이 포함되므로 이를 고려하여 충분한 놀이시간을 확보하여 실시하고 계획된 놀이와 우연히 일어날 놀이 등의 실행을 중심으로 간단하게 기록</td></tr>
<tr><td rowspan="3">오전 간식 및
오전 실내놀이
(09:00~10:50)</td><td colspan="5">[밀가루반죽놀이] *밀가루반죽을 늘리고 두드리며 탐색하다가,
-반죽을 흰색과 갈색으로 준비 갈색반죽을 동그랗게 만들어 “응가”라고 함.</td></tr>
<tr><td></td><td colspan="4">[모형변기에 앉아 “응가”하는 흉내 내보아요] *영아가 직접 모형 변기에 앉아 “쉬~응가” 관심
• 모형 변기, 응가모형, 기저귀 등 배변 관련 놀잇감 준비 *화장실 변기 내리는 데 관심</td></tr>
<tr><td colspan="2"></td><td colspan="3">[휴지를 탐색해요] *휴지탐색 즐겨 하며 던지고 뿌리는 놀이
• 화장실 변기 옆에 두고 사용하는 두루마리 휴지 준비</td></tr>
<tr><td>바깥놀이(대체)
(10:50~11:20)</td><td colspan="5">젖은 모래 뭉쳐보아요. 선생님 손잡고 달려보아요(빠르게, 느리게) (대체놀이 : ‘요기저기’ 노래 들으며 신체부위 짚어요. ‘들어들어’ 노래 들으며 몸을 움직여요) *종종 들었던 노랫말을 영아가 흥얼거리고 노랫말에 맞춰 몸을 움직이며 놀이함</td></tr>
<tr><td>점심식사
(11:20~12:20)</td><td colspan="5">• 골고루 먹기 * 적응 후 편안해지면서 영아들의 식사량이 늘고 있음</td></tr>
<tr><td>낮잠 및 휴식
(12:20~14:40)</td><td colspan="5">• 조용한 음악 들으며 편안하게 낮잠 자기 *엄마 생각이 나 우는 영아 개별적으로 도닥여 줌</td></tr>
<tr><td>오후 놀이 및
오후 간식
(14:40~16:00)</td><td colspan="5">• 오전놀이를 계속 진행하거나 확장하여 놀이하기 → 낮잠 후 자연스럽게 실시되는 놀이를 실내외 구분 없이 기록</td></tr>
<tr><td>통합보육 및 귀가
(16:00~19:30)</td><td colspan="5">자유롭게 놀이 후 순차적으로 귀가하기</td></tr>
<tr><td colspan="6">놀이평가 및 다음 날 지원계획</td></tr>
<tr><td>월</td><td>화</td><td>수</td><td colspan="2">목</td><td>금</td></tr>
<tr><td>화장실을 둘러보며 실제 변기를 탐색해 보았는데, 배변훈련 전인 영아들도 변기에 관심을 갖고 살펴 보았다.
영아의 흥미를 반영하여 실제 변기와 변</td><td>오늘은 미세먼지 농도가 ‘나쁨’이어서 바깥놀이 대체놀이를 진행하였다.
내일은 오전부터 미세먼지 수치를 확인하여 가능한 상황이면 바깥놀이 시간을</td><td>휴지를 탐색하는 과정에서 달리는 영아가 넘어질 우려가 있어, 가까이에서 위치를 잡아주거나 바닥을 정리하고 책상을 밀어 공간을 넓게 만들어 주었다. 아기인</td><td colspan="3">실행된 놀이에 대한 간단한 평가,
일과계획에서 그날 변동된 시간 등 기록</td></tr>
</table>

기를 탐색하는 영아들의 사진을 보육실 내부에도 부착해 영아들의 관심과 언어적 상호작용을 더 시도해 보아야 겠다.	충분히 제공해 주어야겠다.	형 응가시키고 휴지로 엉덩이 닦아주는 놀이에 관심 보여, 내 일은 수건, 팬티 등 배변 주체 관련 용품을 함께 비치해야겠다.

한 주의 놀이평가를 바탕으로 다음 주 예상놀이와 지원계획 및 특이사항 간략히 기록

다음 주 예상 놀이 및 지원계획	다음 주에는 날씨를 고려하여 물놀이를 진행하고자 한다. 최근 변기와 응가 등 배변 관련 내용에 관심을 많이 보이고 있어, 이에 대한 흥미가 지속된다면 배변 주제 관련 놀잇감을 계속 비치해 두는게 좋겠다. 영아의 관심 정도를 관찰 후 반영하여 지원해야겠다.
반 운영 특이사항	[건강, 영양교육] 손을 깨끗이 씻어요

출처 : 중앙육아종합지원센터(2020).

새싹반 이번 주 경험	놀이	여러 가지 돌과 흙 탐색하기 광목 흙 인형놀이
		비 오는 날 산책하기 흙이랑 놀아요 모래놀이 텃밭 가꾸기
	활동	함껜 놀아요, 흙이랑(동화) 던지면 안 돼요(이야기 나누기)
놀이 사진	  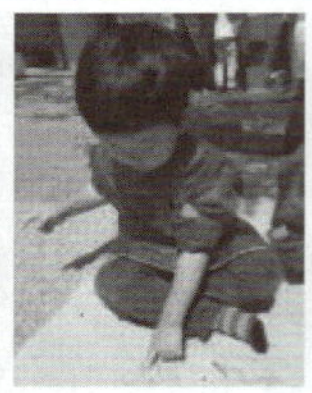 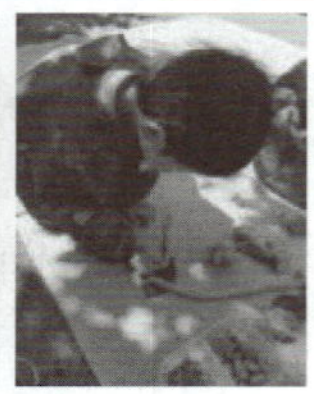 	
이번주 유아들의 관심	• 흙이 서로 달라요. • 흙에도 색깔이 있어요.	• 돌은 여러 가지 종류가 있어요. • 돌로 여러 가지 놀이를 할 수 있어요.
	• 이번 주가 끝나갈 즈음 우연히 채색한 투명 통을 창가에 올려놓은 유아들이 창가로 들어오는 빛을 통해 만들어진 무지개를 보며 '빛'에 대해 관심을 갖게 되었음. 유아들은 채색된 통과 그렇지 않은 통을 올려놓고 보는 사람의 눈높이에 따른 빛을 관찰하며 즐거워했음.	

| 그림 6-3 | 놀이실행 및 지원을 기록한 유아반 주간계획안의 예시

출처 : 교육부 · 보건복지부(2019).

3) 교사의 영유아 생활지도의 평가 및 지원

어린이집에서 영유아가 자율성과 책임감을 갖게 하기 위한 생활지도의 기본원리는 자기훈육, 협동, 상호존중, 책임분담, 사회적 평등이 있다. 첫째, 자기훈육이란 영유아 내면에서 일어나는 효과적인 자기훈육이다. 즉, 영유아의 문제행동을 잘못 설정된 목표(동기)로 인해 나타나기에 이를 올바르게 고치기 위해서 내부로부터 자극, 자기훈육을 하여 영유아 스스로 자신의 행동을 통제하고 긍정적인 결정을 내릴 수 있도록 하는 것이다. 둘째, 동일한 효과를 발휘하기 위해 둘 또는 그 이상의 객체 간 함께하는 협동이 필요하다. 영유아가 성장하면서부터 경쟁적 상황에서 승자와 패자를 만들어 내는 분위기로 교사-영유아, 또는 또래 영유아 간 인간관계를 변질시키고, 자신감의 상실과 좌절을 생산하여 문제행동을 유발한다. 셋째, 상호존중은 자기훈육, 협동과 밀접하여 개개인의 권리, 자신의 가치와 행동, 태도에 스스로 결정을 내리고, 그 결정에 결과를 경험하는 것이다. 존중은 타인의 가치나 지적인 차이를 사회적 체제, 철학, 프로그램, 생화량식 등에 대한 인정으로 상호존중은 정중하고 사려 깊은 방식으로 다른 사람을 대하여 그들이 존엄성을 가진 가치 있는 존재라는 것을 보여주는 것이다. 넷째, 책임분담이다. 책임이란 맡아서 해야 할 임무나 의무 또는 어떤 일에 대해 그 결과에 수반되는 의무나 부담, 결과로 받는 제재이다. 즉, 어린이집에 있는 모든 영유아는 교사 혼자만의 책임이 아니라 모든 구성원의 공동책임이라는 인식을 갖는 것이 필요하다. 다섯째, 사회적 평등으로 '민주적'이라는 용어가 내포된다. 교사가 영유아를 지도하고 자극을 제공하고 격려해 주는 등의 책임을 가지고 있으나 교사의 의지를 영유아에게 강요할 권리는 없다. 교사는 자신의 행동을 먼저 변화시키려 노력하여 영유아에게 저항, 불복종, 무관심, 협동의 결여와 강요된 가치나 규칙을 거부하는 전형적인 영유아의 반응에 대처해야 한다.

영유아는 어린이집에서 하루 일과를 보내며 먹고, 자고, 배변을 하면서 편안함을 느낀다. 교사는 영유아가 일상생활을 통해 동기유발에 필요한 칭찬과 격려, 교사 행동을 보고 생각하고 행동을 따르게 하는 교사의 시범을 제공하며, 자연스럽게 기본생활습관이 형성될 수 있도록 지속적이며 일관성 있는 지원을 한다(신애선 외, 2021). 영유아가 먹고, 배변하고, 낮잠을 자는 등의 일상생활 속에서 상호작용으로 지도하기 위해서 자율성을 키워주고, 동기유발을 하여 습관을 몸에 익히도록 하는 것이 중요하다. 또한 반복적으로 연습할 수 있도록 하고 가정과 지역사회와 연계하여 지속적으로 이루어질 수 있도록 교사의 평가 및 지원은 다음과 같다.

(1) 급 · 간식지도

영유아의 발달 수준과 건강 및 기분 상태를 고려하여 융통성 있게 지도한다. 지나치게 모든 음식을 다 먹어야 하거나, 교사의 도움 없이 처음부터 끝까지 스스로 먹어야 하는 것을 강조하지 않도록 한다. 영유아의 식욕이 쉽게 변할 수 있다는 것을 이해하고, 즐거운 시간이 되도록 한다. 급 · 간식에 대한 부정적 개념을 심어주고, 영유아의 자아존중감 및 자기효능감에 부정적 영향을 미칠 수 있는 상호작용은 지양하는 것이 바람직하다. 교사나 부모가 여러 가지 음식을 골고루 먹고 즐겁게 식사하는 모습을 보여 올바른 식습관 모델이 되도록 하는 것이 필요하다.

(2) 배변지도

배변은 영유아에게 수치심이나 죄의식 등을 느끼게 하고, 자신감을 상실하게 하는 등 정서적인 문제를 유발할 수 있다. 배변에 장애를 보이는 영유아는 정서적으로 쉽게 긴장하고 예민하며 심한 경우 불안 증세를 동반하기도 한다. 자신감이 부족하고 열등감이 있어 대인관계에서 위축되거나 놀림당하는 대상이 되기 쉽다. 실수한 영유아를 꾸중하여 열등감이나 죄악감, 노여움을 일으키게 해서는 안 되고, 실수한 경우에도 민감한 반응보다 영유아를 감정적으로 안심시키는 것이 중요하다. 배변 관련 문제행동을 예방하기 위해서는 배변훈련을 할 때 어린이집과 가정에서 절대적으로 협력하여 일관성 있는 훈련이 이루어지도록 해야 한다.

(3) 휴식 및 낮잠지도

부모가 어린이집에서 낮잠을 자면 밤잠이 방해된다고 휴식시간에 대해 불만을 이야기하면 낮잠의 중요성을 안내해야 할 필요가 있다. 영유아는 낮에 충분한 휴식, 즉 낮잠을 자야 피로가 풀리고 면역력을 높여주어 신체적으로 건강하게 매일의 생활을 할 수 있다. 개별 영유아의 체질 및 생활리듬이나 수면습관을 잘 알고 개별적인 배려로 융통성 있게 적용한다. 만 4~5세는 낮잠을 자지 않으므로 조용히 책을 읽거나 그림을 그리면서 휴식할 수 있도록 한다.

(4) 위생 및 청결지도

교사는 강제적이고 지시적인 위생과 청결지도보다는 영유아에게 동기를 부여하여 개인적 발달 수준을 고려하여 지도한다. 영아의 경우 씻을 때 교사가 도와주지만 3세 이후에는 영유아가 스스로 할 수 있는 기회를 주고 요청을 할 때 교사는 도움을 준다. 정리정돈을 하기 쉽도록 환경을 구성하여 영유아가 정리정돈에 지나치게 부담감을 갖지 않고, 놀이로 생각할 수 있도록 지도한다.

(5) 단체생활지도

영유아 시기는 자기중심적 사고를 가지고 있으므로 영유아의 욕구, 발달단계, 개인차를 고려하여 발달에 적합하게 지도한다. 단체생활을 하고 있으므로 질서 및 안전규칙을 영유아와 함께 논의하여 정하고 규칙의 내용을 실천할 수 있도록 지도한다. 시설 설비의 안전을 정기적으로 점검하여 영유아의 안전에 위험을 주는 요인은 사전에 예방한다.

제4차 표준보육과정에서는 이러한 영아의 일상생활에서 경험할 수 있는 기본생활습관 지도의 목표를 0~1세와 2세를 대상으로 구분하여 정하고 내용범주를 다음의 〈표 6-9〉와 같이 제시하였다. 개정 누리과정에서는 유아가 다양한 신체활동 즐기기, 건강하게 생활하기, 안전하게 생활하는 내용으로 〈표 6-10〉과 같이 제시하였다.

〈표 6-9〉 개정 표준보육과정 신체운동 · 건강 영역의 연령별 내용 범주

연 령	목 표	내용 범주
0~1세	신체활동 즐기기	• 다양한 감각을 경험한다. • 신체와 주변을 탐색한다. • 대소근육을 조절한다. • 기본 운동을 시도한다. • 실내외 신체활동을 즐긴다.
	건강하게 생활하기	• 도움을 받아 몸을 깨끗이 한다. • 음식에 관심을 가진다. • 하루 일과를 편안하게 경험한다. • 건강한 배변 습관을 갖는다.
	안전하게 생활하기	• 안전한 상황에서 놀이하고 생활한다. • 안전한 상황에서 교통수단을 이용해 본다. • 위험하다는 말에 주의한다.
2세	신체활동 즐기기	• 다양한 감각을 경험한다. • 신체를 인식하고 움직인다. • 대소근육을 조절한다. • 기본 운동을 즐긴다. • 실내외 신체활동을 즐긴다.
	건강하게 생활하기	• 자신의 몸과 주변을 깨끗이 해본다. • 음식을 즐겁게 먹는다. • 하루 일과를 즐겁게 경험한다. • 건강한 배변 습관을 갖는다.
	안전하게 생활하기	• 안전하게 놀이하고 생활한다. • 안전한 상황에서 교통수단을 이용해 본다. • 위험한 상황에 대처하는 방법을 경험한다.

출처 : 교육부(2024).

〈표 6-10〉 누리과정의 3~5세 신체운동 · 건강 영역의 기본생활습관 지도의 목표

연 령	목 표	내용 범주
3~5세	신체활동 즐기기	• 신체를 인식하고 움직인다. • 신체 움직임을 조절한다. • 기초적인 이동운동, 제자리운동, 도구를 이용한 운동을 한다. • 실내외 신체활동에 자발적으로 참여한다.
	건강하게 생활하기	• 자신의 몸과 주변을 깨끗이 한다. • 몸에 좋은 음식에 관심을 가지고 바른 태도로 즐겁게 먹는다. • 하루 일과에서 적당한 휴식을 취한다. • 질병을 예방하는 방법을 알고 실천한다.
	안전하게 생활하기	• 일상에서 안전하게 놀이하고 생활한다. • TV 컴퓨터, 스마트 폰 등을 바르게 사용한다. • 교통안전 규칙을 지킨다. • 안전사고, 화재, 재난, 학대, 유괴 등에 대처하는 방법을 경험한다.

출처 : 보건복지부(2020).

참고문헌

교육부(2020). 교사를 위한 놀이지원 워크북. 교육부.

______(2024). 2024 개정 표준보육과정(0~2세). 교육부.

교육부 · 보건복지부(2019). 2019 개정 누리과정 해설서. 보건복지부.

________________(2019). 2019 개정 누리과정 놀이실행자료. 보건복지부.

교육부 · 한국보육진흥원(2024). 2024 개정 어린이집 평가 매뉴얼.

김정미(2021). **놀이중심 반응성 상호작용 교수법 1 이해편**. 서울 : 학지사.

보건복지부(2020). 제4차 어린이집 표준보육과정 해설서. 보건복지부.

_________(2023). 2023년 어린이집 보육사업안내.

보건복지부 · 육아정책연구소(2013). 영유아 문제행동지도를 위한 어린이집 보육교사 지침서.

보건복지부 · 한국보육진흥원(2023). 2023년 어린이집 평가 매뉴얼.

박근주 · 임현숙 · 강경민 · 이자현 · 이혜원(2020). **영아 & 교사 상호작용의 실제**(제3판). 경기 : 공동체.

박찬옥 · 정남미 · 곽현주(2020). **놀이지도**. 경기 : 양성원.

신애선 · 임경례(2021). **영유아 교수-학습방법**. 경기 : 양서원.

신지연 · 신혜원 · 서원경 · 박원순(2018). **영유아교수학습방법**(개정판). 경기 : 파워북.

서현아 · 좌승화 · 엄세진 · 안영혜 · 허수윤 · 박소윤(2016). **영유아 생활지도**. 경기 : 공동체.

임부연 · 손연주(2020). 「2019 개정 누리과정」교육내용과 관련한 유아 교사의 역할 탐구 : 국가와 유아 '사이 존재자'를 중심으로. **교육혁신연구, 30**(3), 127-148.

조예나 · 박형신(2022). 유아교사의 유아놀이권리 인식과 놀이지원 실제가 유아의 또래놀이 상호작용에 미치는 영향 : 놀이지원 실제의 매개효과를 중심으로. **유아교육연구, 42**(1), 91-114.

중앙육아종합지원센터(2020). 제4차 어린이집 표준보육과정 놀면서 자란다(0~2세 보육과정).

한국보육진흥원(2022). 2022 공공형어린이집 원장연수 심화과정.

Bredekamp, S., & Rosegrant, T.(Eds.)(1995). *Reaching potetials : Transforming early childhood curriculum and assessment*(Vol. 2). Washington, DC : NAEYC.

CHAPTER 07

영유아 발달 지연과 부적응행동 지도

양선영(명지대학교 아동학과 겸임교수, 마음in 심리상담연구소 소장)

학습목표

- 긍정적 행동지원의 개념과 철학을 이해하고, 교사의 긍정적 행동지원 강화를 위한 전략을 수립할 수 있다.
- 부적응행동 유형에 따른 지도방안을 알고, 교사의 부적응행동 지도 능력을 강화하기 위해 지원할 수 있다.
- 발달지연 및 부적응행동 영유아의 가족 특성에 따라 부모상담을 진행하고, 필요시 유관 기관과 연계하여 지원할 수 있다.

1. 긍정적 행동 지원의 이해와 교사 지원

현대사회는 다양한 변화를 통해 국가를 구성하는 기본단위인 가족의 기능과 역할에 많은 변화를 가져왔다. 여성의 취업과 사회활동의 증가는 맞벌이 가정이 늘어나게 하였으며, 자녀 양육과 사회화 기능이 가정과 더불어 국가와 사회의 전문기관으로 비중이 늘어나게 되었다. 특히 무상교육의 확대는 영유아의 취원 연령을 낮추기도 하여 영유아가 보육현장에서 보내는 시간의 비중이 증가하고 제2의 가족 기능을 담당하는 역할을 보육기관이 수행하게 되었다(김갑순 · 박윤조, 2018). 따라서 과거에는 부모가 영유아의 문제행동을 지도하는 역할을 담당했다면, 최근에는 보육기관의 교사가 양육자와 훈육자로서의 역할이 강조되면서 교사의 책임에 대한 비중이 훨씬 커졌다고 볼 수 있다(김수진 · 권정윤, 2018).

문제행동을 가진 영유아를 위한 일관성 있고 지속적인 중재를 했음에도 변화하지 않는 영유아를 볼 때 교사들은 좌절감을 느끼거나 정신적인 스트레스를 경험하게 되고 이것이 다시 영유아에게 부적절한 반응으로 돌아갈 수 있으므로 이를 위한 체계적인 중재와 교육이 필요하다. 보육현장에서 교사의 체계적인 조기개입이 문제행동을 예방하고 발생한 문제행동들을 최소화한다는 연구들이 지속적으로 보고되면서(노화영, 2020) 긍정적 행동지원에 대한 관심이 증가하였다.

1) 긍정적 행동 지원의 개념과 철학

(1) 긍정적 행동 지원의 정의

유아의 문제행동에 대한 지도는 다양한 이론에 기초하여 접근될 수 있다. 그동안 문제행동에 관한 연구들은 주로 행동주의적 이론에 입각한 행동 수정 방법들이 적용되어 왔다. 행동주의적 접근 방식은 영유아의 문제행동에 초점을 맞추고 있고, 그 행동의 소거와 감소에만 관심을 두었다. 하지만 이러한 접근법은 효과적인 측면에서 일반화되기가 어렵고 문제행동의 감소와 유지에 한계를 갖는 경우가 많아 근본적인 지도 방법이 될 수 없고, 혐오적인 중재 전략들이 아동의 인권과 윤리적인 문제를 제기하기도 하였다. 따라서 최근에는 문제행동에 초점을 맞추는 것보다는 유아가 가지는 강점과 잠재적인 능력을 찾아내고 이를 증가시키는 데 초점을 맞추는 긍정적 행동 지원이 모색되기 시작하였다. 또한 응용행동분석의 성장과 더불어 인간-중심의 철학을 반영하는 행동 중재인 긍정적 행동지원이 영유아에게 더욱 효과적임이 밝혀졌다(Alberto & Troutman, 2001).

긍정적 행동지원(PBS : Positive Behavioral Support)이란 문제행동을 문제라고 규정하고 수정하기보다는 그 문제를 나타내는 다양한 환경적 변인들을 파악하는 기능평가를 통해 이를 변화시킴으로써 문제행동의 발생을 예방하고 궁극적으로 영유아의 전반적 삶의 질을 향상시키는 중재방법이다(Harrower, Fox, Dunlap, & Kincaid, 2000; 조윤경 외, 2020). 따라서 단기간에 문제행동을 감소시키는 것이 목적이 아니라 영유아의 주변 환경을 둘러싼 환경적 요소들을 변화시키고 삶의 질에 영향을 줄 수 있도록 장기간에 걸쳐 꾸준한 변화를 만들어 내는 것이 목적이 된다.

(2) 긍정적 행동 지원의 과정

긍정적 행동 지원은 영유아의 문제행동 예방 및 지도를 위한 목표를 기반으로 3단계의 과정이 필요함을 제시하고 있다(조윤경 외, 2020). 긍정적 행동 지원의 3단계 과정은 ❙그림 7-1❙과 같다.

1단계는 보편적 지원 단계, 2단계는 소집단 지원 단계, 3단계는 개별적 지원 단계를 적용하여 운영할 수 있다. 1단계는 보편적 지원 단계로 기관에 있는 영유아 전체를 대상으로 이루어지는 문제행동의 예방 방법이다. 보편적 지원은 문제행동을 보이는 아동을 포함하여 기관 전체의 아동에 대해 광범위한 환경에서 행동중재를 실시한다. 이러한 지원은 모든 아동이 특정 문제행동에 대한 판별이나 의뢰 없이 효과적인 행동 지원을 교육받을 수 있으며 기준점을 습득할 수 있기 때문에 예방적 사전 활동에 속한다. 보육기관에서의 환경 구성, 하루 일과의 운영, 규칙에 대한 선정, 지도 활동 등이 포함되게 되고, 바람직한 행동에 대한 환경을 마련하여 새로운 문제가 발생하지 않도록 학급 분위기를 조성하게 된다. 1차 보편적 지원 단계의 핵심은 새로운 문제행동이 발생하거나 발전되지 않도록 교육현장의 모든 구성원들이 적절한 행동을 지지하여 안정적이고 긍정적인 환경을 조성(Sugai & Homer, 2002)하는 것이다.

2단계는 1차 단계에서의 보편적 지원을 실시했는데도 불구하고 문제행동을 지속적으로 보이는 약 15%의 특정 위험군 영유아를 대상으로 한다. 예를 들어, 발달지연, 언어문제, 가족과 부모의 양육 환경 문제, 또래나 기관 거부 등과 같은 문제들로 인해 어려움을 겪는 영유아들을 위해 배워야 하는 바람직한 행동을 계획하고 가르치는 접근법이다. 2단계는 1단계와 독립적으로 구성하여 지도하는 것이 아니라 1차 단계에서 실시한 보편적 중재의 내용과 직접적으로 연관되어 이루어져야 하는 것이 중요하다(Hawken & Horner, 2001). 그것이 일관성 있는 교육의 연결을 만들어 내기 때문이다.

3단계는 1, 2차 단계에서 효과가 미비하고 만성적으로 심각한 문제행동을 보이는 특정 아동을 대상으로 실시하게 되는 특정 장애 아동에 대한 개별적 행동지원이다. 심각한 문제행동을 보이는 5%의 소수 영유아를 위한 것으로 기능적 행동 평가를 통해 문제행동이 나타나게 된 원인을 파악하고 선행사건과 후속 결과를 조작하는 개별화된 문제행동에 대해 파악하여 지도계획을 수립하는 접근방법이다(Scheuermann & Hall, 2017). 3단계의 중요한 목표는 만성적인 문제행동을 보이는 소수의 영유아에게 구체적이고 개별화된 지원을 집중적으로 실행하여 문제행동의 복잡성과 강도를 경감시키는 것이다.

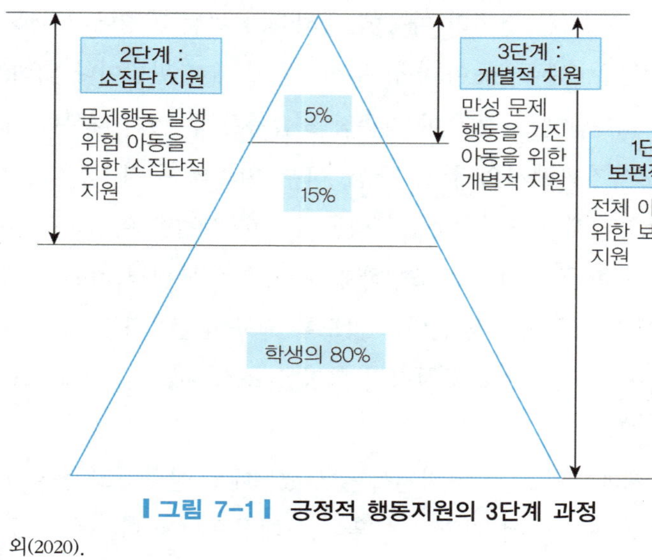

| 그림 7-1 | 긍정적 행동지원의 3단계 과정

출처 : 조윤경 외(2020).

(3) 긍정적 행동 지원의 특성

긍정적 행동 지원이 다른 문제행동 지도법과 다른 특성이 몇 가지 있는데, 첫째, 긍정적 행동 지원은 기관 내 모든 교직원이 함께 협력한다는 것이다. 교실에서 필요한 바람직한 행동에 대해 함께 정의를 내리고, 부적절한 행동을 대체행동으로 가르치는 계획을 함께 수립하고 실행한다는 점이 차별적이다. 모든 교사들은 영유아가 보이는 바람직한 행동에 대해 구체적인 강화로 행동이 지속되도록 돕고 문제행동에 접근하게 하는 것이다. 전문가나 특정 개인 한 명의 개입으로만 진행하는 것이 아니라, 보육현장, 가정, 또래 등과 같은 환경 구성이 모두 협력하여 영유아 문제행동에 접근하기 때문에 체계적인 변화를 이끌어 낼 수 있다.

두 번째, 긍정적 행동 지원은 인간중심의 가치에 기초를 둔 기능평가와 중재전략으로 문제행동을 감소시키고 보다 만족스러운 생활양식을 제공한다는 것이다(조윤경 외, 2020). 긍정적 행동 지원은 행동의 기능 평가만을 강조하는 것이 아니라 영유아를 둘러싼 부적절한 환경을 재조정하고 새롭고 적절한 행동 기술을 가르쳐 문제행동을 강화하는 요인을 제거하는 것도 강조한다.

마지막으로 영유아의 행동 변화가 영유아의 현재와 미래의 삶에 긍정적인 영향을 미칠 수 있게 된다. 영유아의 행동 문제를 조기에 개입하지 않을 때 더욱 부적절한 방식으로 확대될 수 있는데, 이를 예방하는 효과가 있고 이러한 효과가 지속될 때 사회구성원인 주체적 성인으로 성장하는 데 밑거름이 될 수 있다.

(4) 영유아에게 긍정적 행동 지원이 필요한 이유

긍정적 행동 지원은 영유아가 속하는 모든 환경 속에서 이루어질수록 효과적이다. 영유아는 자신이 속한 환경 안에서 문제행동을 나타내기 때문에 이들이 가장 많은 시간을 보내는 보육환경 안에서 중재가 진행되는 것이 가장 효과적이다.

영유아 교육현장에서 긍정적 행동 지원이 필요한 이유를 좀 더 구체적으로 살펴보면(이수정, 2016 재인용). 첫째, 영유아가 성장하는 발달과정에서 정상적으로 나타날 수 있는 문제행동을 보편적 수준의 접근을 통해 전체 영유아에게 적용시켜 연계성 있고 체계적 전략으로 문제행동을 예방할 수 있기 때문이다. 영유아 시기는 규칙을 습득하고 이를 내재화하는 데 중요한 시기이므로, 이 시기에 보편적 수준의 1차 접근을 통해 규칙의 기준을 만들어 주는 데 유용한 역할을 할 수 있다.

둘째, 영유아 문제행동이 습관화, 고착화되기 전에 문제를 발생시키는 환경적 맥락을 파악하여 조성하고 문제행동이 발생될 가능성을 최소화하여 성장할 수 있도록 돕는다는 점이다. 예를 들어, 영유아 시기의 교사나 부모의 지시를 따르지 않은 문제행동을 중재하지 않게 되면 이후에 반항적 문제나 품행 문제, 이후의 반사회적인 문제로까지 파생될 수 있다. 이 시기의 이러한 문제들이 고착화되기 전에 반복적이고 체계적인 긍정적 행동 지원을 통해 바람직한 방향으로 행동을 교정하도록 돕고, 이러한 방식을 가정에서도 함께 지원하게 될 때 영유아들이 건강하게 성장할 수 있는 것은 분명하다.

셋째, 긍정적 행동 지원은 포괄적으로 지원할 수 있다는 점에서 보육 현장에서의 접근이 매우 유용하다. 교사 단독의 접근이 아니라, 보육 현장에서의 보육전문가들의 논의를 통해 이를 체계적으로 지원할 때 양질의 긍정적이고 지원적인 환경이 조성되며 모든 영유아에게 실시할 수 있다는 점 또한 효율성의 면에서 매우 유용하다 할 수 있다.

이와 같이 긍정적 행동 지원은 단순히 영유아의 행동만을 교정하는 것이 아니라 근본적으로 볼 때, 영유아의 삶의 질을 향상시킨다는 점에서 효과적이다. 영유아를 지도하는 교사와 전체 교직원의 협력을 통해 문제행동의 원인이 될 수 있는 환경을 재구성하고, 문제행동을 대체할 수 있는 기술을 가르친다. 문제행동에 대해 적절히 반응하는 체계적인 접근을 통해 영유아의 긍정적인 변화를 나타내는 종합적인 문제해결 접근방법이 된다.

2) 교사의 긍정적 행동지원 강화를 위한 전략

Bambara와 Knoster(1998)는 기능평가를 토대로 긍정적 행동 지원을 위한 중재전력으로 네 가지의 중재 방식을 제안하고 있다(권수정, 2023).

(1) 배경사건 및 선행사건 중심 중재

문제행동과 연관되어진 선행사건을 파악하고 이를 수정하고 재구성하는 것으로 선행사건을 조작함으로써 문제행동과 관련된 자극을 제거하고 바람직한 반응을 대체하여 문제행동을 예방하는 것이다. 예를 들어, 새로운 과제를 제시할 때 자극이 많아지면 매우 산만해지는 유아를 위해서 새로운 것을 할 때 한꺼번에 자극을 제시하지 않고 새로운 자극의 수를 줄여주어 문제행동이 발생되는 것을 감소시키는 방식이다. 문제행동이 나타나지 않게 예방하는 것은 최선의 중재이므로 기능평가 결과 배경사건이나 선행사건이 유아의 문제행동에 영향을 미친다고 판단되며, 후속결과 중재보다 선행사건 중재를 먼저 시도하는 것이 바람직하다(우정화, 2015; 한미선, 2020).

(2) 대체행동 교수

문제행동을 하는 유아들에게 긍정적 행동지원을 위한 중재전략으로 대체 행동을 가르치는 것인데, 이는 영유아 문제행동의 기능을 파악하고, 이를 대신할 수 있는 대안행동을 적절한 방식으로 가르치는 것이다(김미숙, 2007; 권수정, 2023). 문제행동과 동일한 기능을 할 대체 기술을 가르쳐야 하며, 사회적으로 바람직한 방식으로의 행동을 배움으로써 적응적 능력을 향상시키게 된다. 예를 들어, 자신이 잘 몰라서 어려운 상황에 그냥 머리만 돌리는 행동 대신에 "도와주세요"라고 말할 수 있는 행동을 가르치거나, 친구와 놀고 싶지만 괴롭히는 행동을 하고 있는 유아에게 "나와 놀아줘"와 같은 사회적 상호작용을 시작하는 방법을 가르치는 것이다.

(3) 후속결과 중심 중재전략

후속결과 중심 중재전략은 문제행동의 감소와 대체행동 기술사용을 강화시키고자 하는 중재전략이 된다(유환조, 2015). 따라서 문제행동을 나타낸 직후에 즉각적으로 제공하는 것이 가장 효과적이며, 체계적인 강화물을 제공하고 일관되게 유지하도록 해야 한다. 행동의 증가 또는 유지를 위해 강화물, 토큰, 약속 등을 사용하기도 하며 새로운 행동형성을 위해 촉구, 행동형성법, 모델링 등도 사용된다(박근필, 2018; 한미선, 2020).

(4) 생활방식 중재

생활방식 중재는 영유아의 전반적인 삶의 질 향상을 통해 문제행동에 대한 장기적 예방을 하는 것이다(Bambara & Knoster, 1998). 유아를 둘러싸고 있는 생활 환경을 계속적으로 변화하면서 기관, 가정, 지역사회 안에서 수용할 수 있는 사회적 행동들을 지속적으로 교육하는 것이다. 영유아의 행동이 한 번에 바뀔 수 없음을 인지하고 영유아가 습득하여 내재화될 수 있도록 반복적이고 일관된 방식의 유지가 무엇보다 중요하다.

2. 부적응행동 지도를 위한 교사 지원

1) 부적응행동 유형에 따른 지도 방안

영유아 시기는 적절한 자극도 중요하지만, 적절한 행동의 대한 안내와 제한이 주어지지 않으면, 자신의 행동에 대한 기준을 마련하지 못하여 부적절한 행동으로 나타날 수 있다. 아직은 자신의 행동에 대한 통제력이 잘 발휘되지 않기 때문에 부정적인 감정을 잘 통제하기가 어려워 부적응적인 방식으로 행동을 나타내기도 한다. 이러한 영유아의 문제를 교사들은 모두 문제로 보기보다는, 아직은 어린 아이

이므로 그럴 수 있다는 마음을 가지고 도움을 주는 태도를 갖는 것이 중요하다(권정윤 외, 2021). 영유아가 문제행동을 보일 때 이것을 없애겠다는 생각보다 이를 잘 도와줄 수 있는 기회가 생겼다고 생각하면서, 적절한 도움을 통해 바람직하게 변화될 수 있다고 생각하는 것이다. 또한 교사는 영유아가 보이는 특정한 행동에 대해 정말 문제가 되는 행동인지를 발달적인 관점에서 진지하게 파악해 보는 것이 선행되어야 된다.

영유아들이 보이는 문제행동으로는 연령과 발달에 기초하여 규범적 행동으로 보기에 적절하지 못한 행동, 발달적인 문제로부터 기인하는 행동, 적응적이지 못한 행동들을 보이는 것으로서, 사회적 문제, 정서적 문제, 신체적 문제, 인지 · 언어적 문제 등이 대표적이다.

(1) 사회적 문제 이해 및 지도

영유아들이 보육기관에서 보이는 사회적 문제로는 또래관계에서의 어려움을 보이거나 함께 어울리지 못하거나 부적절한 방식의 대처 문제 등이 있다. 영유아들이 집단에서 자꾸 문제를 일으키는 부정적 행동은 또래 사이에서 거부되는 원인이 되기도 한다. 보육기관에서 나타날 수 있는 사회적 문제로는 공격성, 고립, 거짓말 등이 있다.

① 공격성

공격성은 다른 사람에게 해를 입히려는 의도를 가진 사람의 행동(Kazdin, 2000)으로, 사람이나 목표물을 향하여 심리적 혹은 신체적 해를 입히려는 의도된 행동(Herson & Sledge, 2002)을 의미한다. 공격적 행동의 유형을 살펴보면 적대적 공격성과 도구적 공격성으로 나뉜다(Shaffer, 1993). 도구적 공격성은 자신이 원하는 대상을 얻기 위해서나 목표를 달성하기 위해 취하는 공격 행동이며, 적대적 공격성은 신체적, 언어적으로 타인에게 심리적, 신체적 고통을 가하기 위한 목적에서 취하는 공격행동이다.

영유아가 공격성을 나타내는 데는 분명히 이유가 있으며, 그 원인은 영유아들마다 다양하다. 공격성의 원인은 영유아가 처한 환경이나 기질 등과 상호작용하면서 다양한 모습으로 발현될 수 있다. 공격성의 원인을 살펴보면, 첫째, 언어적 발달의 지연을 나타내는 경우이다. 자신의 감정이나 생각을 언어로 표현해야 하는데, 이러한 능력을 가지고 있지 않아 부적절한 상황에서 공격적인 행동을 나타내는 것이다. 둘째, 사회적 기술이 부족하거나 충동을 조절하는 능력이 충분히 발달하지 않은 경우에 나타날 수 있다. 공격적인 유아들은 내적인 욕구의 좌절이 많거나 자기조절 능력이 적절히 발달되지 않았을 수 있으며, 자신의 분노를 적절한 방법으로 해소하는 것을 모를 때 나타난다. 셋째, 관심을 끌기 위한 수단으로 사용할 수 있는데, 특히 애정적인 욕구가 충분하지 않을 때 자신의 존재감을 나타내기 위해 보일 수 있다. 넷째, 열등감을 숨기려는 행동으로 나타날 수 있다. 즉, 내적으로는 열등감이 많고, 자존감이 매우 낮지만 오히려 사자가 갈기를 세우듯 자신을 무섭게 포장하며 공격행동을 함으로써 이를 숨기고자 하는 것이다. 다섯째, 학습에 의한 행동을 모방하는 것으로, TV, 인터넷 등의 매체나 부모의 공격적 행동이 학습되는 경우이다. 특히 부모가 자녀의 잘못된 행동을 무서운 태도로 매를 들거나 위협하는 모습을 보일 때, 이를 경험한 영유아들도 또래들 사이에서 같은 방식으로 나타낼 수 있다. 마지막으로 자폐나 ADHD, 적대적 반항장애 등 기질적, 정서적 손상이 있는 경우에도 나타날 수 있다.

〈표 7-1〉 공격성을 보이는 영유아의 지도방법

• 영유아의 흥분된 감정을 교사가 수용하고 영유아 스스로 감정을 조절할 수 있도록 충분한 시간을 주면서 기다린다. 감정조절이 미숙한 영유아가 감정을 조절하는데는 이를 다룰 수 있는 충분한 시간이 필요하다. 충분한 시간을 주어 감정이 누그러질 때 공격행동은 용납될 수 없음을 인식시키고 자신의 감정이나 생각을 언어로 표현할 수 있도록 알려준다. • 관심의 수단으로 공격행동을 하는 경우 공격행동에 대해서는 반응하기보다, 바람직한 작은 행동에 관심과 칭찬을 제공한다. • 가정에서 부모의 행동을 모방하여 나타나는 경우, 영유아에게 공격행동을 보이는 대상, 환경을 파악하고 적절한 행동을 부모가 할 수 있도록 교육한다.

- 분노의 감정을 해소할 수 있는 사회적으로 인정된 해소 방법을 알려준다. 대안을 제공하는 것인데, 예를 들어 화가 나서 친구를 때리는 것은 안 되지만, 화가 날 때 쿠션이나 인형 등을 제공하여 그곳에 표출하도록 하는 방법을 사용할 수 있다.

② 고립

낯가림이 많거나 수줍음이 많은 영유아들은 사회적 상황에 대해 불편감을 가지는 경우들이 많다. 어린 영아들의 경우에 나타나는 낯가림은 정상적인 발달 과정에서 나타나는 특징이므로 걱정하지 않아도 된다. 하지만 유아기까지도 또래들과의 접촉을 회피하며 어울리지 못하고 혼자 고립된 행동을 보여주거나 부끄러워 관계를 나타내지 못한다면 도움이 필요하다.

고립행동의 원인은 첫째, 내향적인 성격으로 또래와 함께 놀이하는 것보다 혼자 책읽기나 쌓기 놀이, 만들기 등의 정적인 놀이들을 즐기는 경우가 있다. 둘째, 주 양육자와의 문제로 인해 고립의 원인이 되기도 하는데, 지나치게 밀착되고 의존적인 관계이거나 오랫동안 부모로부터 애정을 박탈당하거나 격리된 경우 어떻게 관계를 해야 하는지 알지 못해 혼자 있게 된다. 셋째, 또래관계에서 과거에 실패했던 경험이 있어 또래와의 접촉에 두려움을 가지고 회피하는 경우이다. 넷째, 대인관계 기술이 부족하여 친구를 어떻게 사귀어야 하는지 모르는 경우이다. 다섯째, 불안정환 환경 변화를 자주 겪을 때이다. 여섯째, 다른 사람에 대한 관심과 욕구가 결여되어 있는 경우에도 고립행동이 나타날 수 있다.

〈표 7-2〉 고립된 영유아의 지도방법

- 내향적인 아이들은 누군가 먼저 다가와 자신과 관계하기를 바라고 자신이 어떻게 다가가야 하는지를 잘 알지 못할 수 있다. 이런 경우 친구에게 다가가는 방법들을 구체적으로 알려주고 실천해 볼 수 있도록 도울 수 있다. 여러 명의 아이들보다는 소수의 아이들과 먼저 상호작용하도록 또래 관계에 대한 기회를 제공하는 것도 도움이 된다.
- 영유아가 또래와 어울리는 행동을 보일 때 칭찬과 격려를 지속하고, 천천히 다가갈 수 있도록 기회를 주며, 인내심을 가지고 또래관계에 관심을 가지고 자신감을 갖도록 돕는다.
- 부모와의 애착관계가 안정되어야 친구관계로 확장이 가능하므로 부모와 긍정적 관계를 경험하도록 부모에게 교육하고, 부모의 과잉보호의 문제일 경우 부모에게만 의존하지 않게 스스로 행동할 수 있는 자율성을 갖도록 돕는 훈육방법을 교육해야 한다.

③ 거짓말

유아기는 아직 상상과 현실 세계가 모호하여 이를 구분하지 못하는 발달적 특성이 있기 때문에 종종 거짓말을 한다. 문제행동으로서 거짓말을 하는 경우의 원인은 다양할 수 있다. 첫째, 관심을 끌기 위해서 거짓말을 하는 것인데, 거짓말을 통해 주변에서 자신을 바라봐 주는 것이 좋아 습관처럼 나타내는 것이다. 이런 경우 애정적 욕구가 부족한 부분들이 있을 수 있으므로 이를 확인해 볼 필요가 있다. 두 번째는 자기를 과시하기 위하여 거짓말을 하는 것인데, 예를 들어 우리 집에 장난감이 많다고 과시할 때 주변으로부터 관심을 받는 것이 좋아 거짓말을 지속하는 것이다. 셋째, 책임을 회피하기 위한 방식으로도 거짓말을 한다. 친구의 장난감을 부숴놓고 자기가 안했다고 하는 등의 행동을 보이기도 한다. 넷째, 부모나 교사의 방식이 너무 강압적일 때 거짓말을 할 수 있게 되는데, 잘못된 행동으로부터 파생되는 부적절한 반응에 대한 두려움이 너무 커서 거짓말을 나타낼 수 있으므로 이에 대한 점검이 필요하다.

〈표 7-3〉 거짓말을 하는 영유아를 위한 지도방법

- 발달 과정상의 거짓말일 경우 크게 문제시하지 말고 아동의 기분을 이해해 주고 거짓말이 적절하지 않은 행동임을 교육한다.
- 거짓말을 지적할 때 부드럽지만 단호한 태도를 취한다. 무안을 주거나 비난하고, 야단을 치는 것은 유아의 자존감에 상처가 된다. 거짓말이 친구와 선생님의 마음을 아프게 함을 솔직하게 이야기해 준다. 자신의 행동으로 인해 주변의 어떤 영향을 주는지를 알게 하는 것은 타인에 대한 배려를 배우는데 도움이 된다.
- 거짓말을 했지만, 자신의 잘못을 정직하게 말했을 때를 격려한다. 긍정적인 방식으로 행동할 때 “사실대로 말해줘서 고마워. 잘못을 용기내서 선생님한테 얘기하기 힘들었을텐데 이렇게 말해준 것은 잘했어”라고 표현해준다.

(2) 정서적 문제 이해 및 지도

정서 발달로 인한 문제행동의 원인과 지도를 위해 교사는 적절하고 세밀한 관심을 가져야 한다. 정서 문제는 영유아가 성장하면서 자연스럽게 해결되기도 하지만 그 문제가 더욱 심각해지고 빈번해져 학령기까지 이어질 수 있다. 정서문제는 다양한 형태들이 많지만, 영유아가 나타낼 수 있는 정서적 문제의 대표적인 부분으로 수줍음, 울음, 산만함 등에 대해 설명하고자 한다.

① 수줍음

처음 만나는 사람이나 상황에서 유독 부끄러움이 많아 엄마 뒤에 숨거나 다른 사람 앞에서 이야기하기를 유독 어려워하는 영유아들이 있다. 2~3세에서 나타나는 두려움과 수줍음은 발달적 차이가 있으므로 크게 문제가 되지 않는다. 하지만 수줍음으로 인해 걱정과 불안, 외로움을 동반하는 경우, 적응과 심리적인 부분에서 어려움을 보일 수 있다(Colpan, Ooi, Xiao, & Rose-Krasnor, 2018). 4~5세가 되었는데도 여전히 위축되고 수줍어하며 집단생활에서도 혼자 놀이하는 형태가 나타난다면 사회적 관계에서의 어려움을 가져올 수 있기 때문에 조기 개입해 주는 것이 필요하다.

〈표 7-4〉 수줍음을 보이는 영유아를 위한 지도방법

- 다른 사람과 접촉할 기회를 제공하여 다른 사람과의 관계에 흥미를 느끼도록 도와주어야 한다. 수줍음이 많은 영유아는 사람이 많으면 더욱 수줍어하는 행동이 많을 수 있기 때문에 강제로 친구들 사이에 넣도록 하지 않고, 천천히 1명부터 시작하여 관계를 늘려나간다.
- 친구들이 놀이하는 것을 관찰할 수 있도록 시간과 기회를 충분히 준다. 혼자 놀이할 때 교사가 개입하면서 놀이를 함께 해주면서 다른 친구들이 노는 모습을 관찰하고 어떤 상황인지를 미리 파악하고 예측할 수 있도록 도와준다.

② 울음

영아의 울음은 의사표현의 수단으로 아픔, 분노, 두려움, 좌절, 슬픔을 울음으로 대신한다. 그러나 성장하여 언어로 의사표현이 확장되면서 울음 행동은 줄어들게 된다. 하지만 울음을 잘못을 용서받거나 무마되고 난 후의 자기 방어의 용도로 사용하기도 하고, 자기의 생각을 관철시키기 위해 이용하기도 한다. 유아가 되었는데도 울음이 잦다면 그 원인에 대해 생각해 봐야 한다. 여기에는 원인이 다양할 수 있기 때문에 유아들의 개별적인 문제의 원인을 자세히 살펴봐야 한다. 예를 들어, 자신의 감정과 생각을 표현하지 못하고 울음으로 표현하는 유아는 감정을 어떻게 언어적으로 표현해야 할지 알지 못해서일 수도 있고, 언어적 능력 자체가 부진할 수도 있기 때문에 발달적 문제를 확인하는 것이 우선되어야 한다. 또한 주위의 관심 끌기로 사용할 수도 있고, 내재된 문제가 있는 경우나 책임을 회피하는 방식으로도 울음이 나타날 수 있다. 문제의 원인에 따라 해결할 수 있는 방법이 달라질 수 있으므로 원인에 대한 구체적인 파악이 필요하다.

〈표 7-5〉 울음이 많은 영유아를 위한 지도방법

• 영유아의 울음에 단호한 태도로 일관하고 울음이 그쳤을 때 긍정적인 반응을 보여주어야 한다. 영유아의 울음에 교사가 감정적으로 대하거나 무반응하게 될 때 자신의 감정을 알 방법이 없고 어떻게 대처해야 하는지 모를 수 있다. 속상한 마음을 수용해 주되 울음으로 해결할 수 없음을 알리고 언어로 자신의 마음을 표현하는 방법을 교육한다.
• 관심끌기의 울음이라면 울음으로써 영유아가 관철시키고자 하는 욕구를 해결해 주지 않는다. 우는 행동을 하게 된다고 뺏은 장난감을 다시 준다면 영유아는 우는 행동으로써 문제를 해결하는 방법을 강화시키게 된다.
• 만약 언어적인 문제나 자기 표현능력이 미흡한 경우에는 유아의 언어적 발달을 위한 개입이 필요하며, 그 상황을 언어로 표현할 수 있도록 알려주고, 실제 역할연습을 통해서 적용해 볼 수 있도록 돕는다.

③ 산만함

영유아의 집중 시간은 연령, 발달 수준과 관련이 깊기 때문에 영아기의 많은 활동성은 발달적으로 적절하다. 유아기에 접어들면 집중시간이 증가하는데 5세 정도가 되면 나이의 3배 정도인 15~20분 정도를 집중할 수 있게 된다. 우선 영유아에게 제공된 활동이 연령과 발달에 적합한지를 확인하고 교실에서 계획된 활동이 지나치게 산만하지는 않은지를 고려해야 한다. 유아기의 산만한 정도가 지나친 경우와 ADHD를 구분하는 것은 매우 어려운 일이지만 중요한 일이기도 하다.

〈표 7-6〉 산만한 영유아를 위한 지도방법

- 주의집중에 도움이 되는 환경을 만든다. 외부자극에 민감하고 산만함이 있는 유아들은 놀잇감이 많은 자리나 출입문과 가까워서 사람들이 왔다 갔다 하는 것이 잘 보이는 자리에 앉으면 더 산만해지기 쉽다. 이런 경우 외부로부터 오는 소음이나 과도한 자극을 줄일 수 있도록 공간이나 환경을 변경해 줄 필요가 있다.
- 좀 더 오랜 시간 활동에 집중할 때 강화의 간격을 점차 늘리도록 한다. 바람직한 행동(잠시라도 가만히 앉아 집중할 때)은 강화하고, 그렇지 않은 행동(산만히 움직이는 행동)은 무시한다. 오늘 수업시간에 5분 앉아있기를 서로 목표를 삼아서 잘 수행했을 때 보상을 주는 방법도 사용해 볼 수 있다.
- 주의력결핍 과잉행동장애(ADHD)가 의심된다면 전문가의 도움이 필요하므로 부모와 이에 대해 의논하여야 한다.

(3) 신체적 문제 이해 및 지도

영유아의 신체는 급속도로 발달하게 되고 습득해야 할 것들이 많아지면서 다양한 신체적 문제들을 가질 수 있다. 그중에서 가장 많이 나타나는 문제로 배설의 문제인 유뇨, 유분, 야뇨증과 같은 행동들이 대표적이다. 또한 수면의 문제 또한 야경증과 같은 행동들로 인해 어려움을 겪기도 한다. 마지막으로 교사들이 가장 어려워하고 당황할 수 있는 영유아의 성문제에 대해서 자세히 다루어 보고자 한다.

① 배변문제

배변 훈련의 시기는 영유아마다 다를 수 있는데 대부분 18~24개월에 시작하여 3~4세가 되면 완료된다. 대소변을 잘 가리던 유아도 신체적, 심리적, 환경적 변화가 생겼을 때 실수하는 문제를 나타낼 수 있다. 따라서 영유아의 배변 문제는 완료되었다 하더라도 불안정한 부분들이 있어 이를 유연하게 바라볼 필요가 있다. 영유아의 배변 훈련은 강압적이지 않고 스스로 이를 성취했다는 느낌을 받을 수 있도록 격려하는 방식으로 이루어져야 한다. 유아의 발달을 고려하지 않은 강압적인 훈련은 영유아에게 스트레스로 작용되어 정신건강이나 성격 발달에 부정적 영향을 줄 수 있기 때문이다.

배변 문제를 보이는 원인은 다양하지만 첫째, 발육의 지연, 방광 및 괄약근의 기능적 장애와 기질적 질환이 있는지 확인해야 한다. 둘째, 유뇨와 야뇨증의 경우 유전적 요인이 큰 편으로 가족력이 있을 때 배변 문제가 더 많이 발생될 수 있다. 셋째, 부모나 교사의 배변 훈련 방식의 문제가 있는 경우이다. 적절한 발달시기에 훈련을 시키는 것이 필요하며, 지나치게 강압적일 때 만성적인 스트레스로 인해 조절을 하지 못하게 될 수 있다. 넷째, 부모의 불화, 이사나 어린이집 전원, 가족의 사망과 같은 환경적 요인으로 인해 잘 하던 아이가 유뇨 증상을 나타낼 가능성이 있는데, 이러한 경우에는 스트레스 요인이 줄어들면 없어지는 경우가 많다.

〈표 7-7〉 배설 문제를 보이는 영유아를 위한 지도방법

- 실수하는 경우, 부끄럽지 않도록 영유아를 보호하고 괜찮다고 알려주어 죄책감을 갖지 않도록 도와줄 필요가 있다.
- 지나치게 강압적인 방식으로 배변 훈련을 하기보다는 배뇨를 느끼는 감각을 알게 해주고, 영유아의 발달과 심리적 상태를 고려하면서 진행해야 한다. 학급에서 어떤 아이는 발달이 빨라 잘 할 수 있지만, 그렇지 못한 아이도 있기 때문에 모두 일괄적으로 진행하는 것이 아니라 영유아 개인의 발달 속도에 맞추는 과정이 필요하다.
- 스트레스로 인해 나타나는 경우, 현재 영유아에게 주되게 나타나는 스트레스의 요인을 파악하는 것이 필요하다. 동생이 태어났거나, 새로운 어린이집의 환경이 변화하였거나, 선생님의 변화 등도 영유아에게는 상당한 스트레스로 경험될 수 있다. 이러한 환경적 변화들에 대해 애정을 가지고 따뜻하게 수용하며 부모와 함께 협력하는 과정이 필요하다.

② 수면문제

유아들 중에 밤과 낮이 바뀌거나 쉽게 잠들지 못하거나 자주 깨는 등의 수면 문제를 나타낼 수 있다. 수면의 문제는 영아기의 습관이 잘못되어 지속되는 경우도 있을 수 있고, 가정에서 바람직하지 못한 생활 습관으로부터 기인하기도 한다. 낮잠을 자지 않으려는 유아들도 있는데, 가정에서 늦게까지 잠을 잔 경우 그럴 수 있으며, 하던 놀이를 중단하기를 싫어하는 경우에도 그럴 수 있다. 또한 아직 기관에 적응이 되지 않아 편안한 마음이 들지 않기 때문에 잠들기 어려워할 수도 있기 때문에 영유아의 상태에 따라 다르게 접근되어야 한다.

〈표 7-8〉 수면 문제를 보이는 영유아를 위한 지도방법

- 기관에서 수면을 잘 하기 위해서는 아이들마다 적응기간이 다름을 이해하고 예민한 아이들은 편안한 수면을 할 수 있도록 안락한 환경을 조성해 줄 필요가 있다. 특히 수면할 때 안고 자는 인형이나 집에서 사용하는 애착 이불 등을 기관에서 사용할 수 있도록 허용해 주는 것도 방법이 될 수 있다.
- 아이들마다 수면 시간이 일괄적이지 않기 때문에 낮잠을 원하지 않는 유아의 경우 강압적으로 자게 하는 것은 바람직하지 않으며 조용히 놀이할 수 있도록 하거나 휴식을 취하게 하는 것이 필요하다.
- 수면 중 야경행동이나 악몽 등의 문제를 나타내는 것은 신경과 뇌의 발달이 아직 불안정하기 때문에 나타날 수 있는 흔한 문제이다. 대부분 청소년기가 지나면서 사라지기 때문에 걱정하지 않아도 되며, 잠들기 전에 무서운 이야기를 보거나 듣게 하지 않도록 해야 하며 너무 많은 피로감을 경험하지 않도록 하는 것도 도움이 된다.

③ 성문제 : 자위 행동

가끔 영유아들이 바지 속에 손을 넣어 성기를 만지거나 책상이나 딱딱한 물체에 성기를 문지르며, 베개와 같은 물건을 다리에 끼우고 성기를 압박하는 행위를 하는데 이를 자위 행동이라 한다. 영유아의 성 관련 행동은 '성 개념의 발달 수준'을 반영하며, 성 개념을 획득하는 과정에서 시도하는 탐색적인 행동이 대부분이다(보건복지부 · 육아종합지원센터, 2020). 자위 행동은 영유아가 우연하게 얻어진 쾌감을 경험한 이후에 반복적으로 즐거움이나 심리적인 위안을 받고 싶은 욕구를 자위행위로 표출하는 경우가 있다. 또한 부모의 사랑이 충분하지 못하다고 지각하거나 스트레스가 많은 경우에도 나타날 수 있으므로 이에 대해 양육자와의 상담이 필요하다. 또한 성적인 학대의 경험이 있는 경우에도 나타날 수 있으므로 주의 깊게 살펴봐야 하고, 주변 환경에 대한 탐색을 해야 한다.

〈표 7-9〉 자위행동을 보이는 영유아를 위한 지도방법

- 가족과의 상담을 통해 가정에서 자위행위가 나타나는지 확인한다. 혹시 부모가 너무 엄격하거나, 너무 바빠 아동을 돌볼 시간이 없는 것은 아닌지를 확인해 본다. 양육적 환경이 안정되지 않았거나 불만족스러운 부분이 많을 때 영유아들은 자기를 위로하는 방식으로 자위행위에 몰두할 수 있다.
- 위생적인 의미에서 설명하고, 비난함으로써 죄책감을 가지지 않도록 한다.
  "○○아. 너의 성기를 만지는 게 기분이 좋았구나. 하지만 여기를 자꾸 만지게 될 때 손에 있던 더러

운 세균들이 여기에 들어갈 수 있어. 이곳은 우리가 나중에 아기를 가질 때 아기씨가 자라는 곳이니까 소중히 여겨줘야 해"

- 자위 행위를 하려고 할 때 관심을 다른 곳으로 돌린다. 특히 손으로 할 수 있는 신체놀이나, 감각적인 경험을 할 수 있는 놀이(물, 모래, 점토, 물감놀이)를 통해 다양한 감각적 느낌을 경험하도록 한다.
- 자위 행동에 대한 교사의 지도에도 불구하고 지속되거나 행동에 몰두하고 성인의 눈을 벗어나는 장소에서 계속적으로 시도하는 경향을 보인다면 우려한 수준의 문제행동으로 볼 수 있어 부모와의 면담을 실시하고 필요시 아동을 위한 전문 기관에 의뢰하는 것이 필요하다.

(4) 인지, 언어 문제 이해 및 지도

영유아기는 학습과 언어발달이 급속도로 이루어지고, 개인차가 매우 크기 때문에 교사는 지속적으로 관찰하면서 환경적 자극을 제공하는 것이 필요하다. 영유아들이 보이는 학습과 언어의 대표적 문제는 언어발달지연 및 장애, 함묵이 있다.

① 언어발달지연 및 장애

일반적으로 영유아는 많은 노력을 기울이지 않아도 의사소통의 구어와 비구어 형태를 빠르게 발달시킨다. 언어로 나타날 수 있는 문제들은 언어지체, 조음장애, 음성장애, 유창성장애 등과 같이 다양한 문제들로 나타난다. 언어지체는 정상발달의 과정을 밟아 나가지만 그 습득이 느린 모습들을 보인다. 조음장애의 경우 말소리를 습득하는 데 어려움이 있어 발음이 불분명하여 의사소통에서의 어려움을 나타낼 수 있다. 음성장애는 부적절하게 낮은 음조로 이야기하거나 비성이 지나친 발성을 나타내는 경우를 들 수 있다. 유창성장애의 경우 말더듬의 형태를 나타내게 되고 주로 첫 단어의 초성을 반복하거나 연장하는 등의 문제를 나타낸다.

〈표 7-10〉 언어장애를 보이는 영유아를 위한 지도방법

- 교사는 유아가 보이는 구어를 격려하고 확장시킬 수 있도록 말을 촉진할 수 있으며, 정확한 형태와 사용을 제시하는 모델의 역할을 담당해야 한다.
- 언어 문제는 실제 인지적 기능과도 연관이 많이 나타날 수 있으므로 발달지연의 문제가 아닌지를 확인해 봐야 할 필요가 있다. 다른 신체나 소근육, 대근육 발달, 사회성, 정서적 문제가 없는데 언어

적 문제를 많이 나타낼 경우 다양한 언어적 문제를 발생시키는 요인이 있을 수 있으므로 이는 전문가의 상담과 검사가 필요할 수 있다.
- 조음의 문제의 경우 적절하지 않은 방식으로 발음을 지속하면서 고착화되거나 바꾸기 어려운 이상 형태로 악화되는 경우들이 있을 수 있으므로 전문가들은 신호를 발견한 직후에 중재를 시작할 것을 강조한다.
- 말더듬의 경우, 유아기는 생각의 속도가 빨라지는 반면 근육의 힘이 아직 미흡하고 언어적 표현능력이 부족할 수 있어 말을 더듬는 행동들이 자주 나타날 수 있다. 이에 대해 영유아의 발음이나 더듬는 행동을 지적하게 되면 아이들이 더욱 위축될 수 있고, 발화에 대한 자신감이 상실될 수 있으므로 천천히 지켜봐 주는 과정이 필요하다.

② 함묵

어린이집에서 교사와 친구들에게 말을 하지 않는 경우인데, 아동이 말을 할 수 있는데도 하지 않는다면 이는 심리적인 이유가 있는 경우가 많다. 우선은 영유아의 언어 및 청각 기능을 확인하고 언어적인 발달이 지연되어 있지 않은지를 파악해야 한다. 대체적으로 내향적이고 수줍음이 많은 영유아들 중에서 함묵 증상을 나타내는 경우가 있으므로 말하기를 꺼리는 요소가 무엇인지를 파악해야 한다.

〈표 7-11〉 함묵을 보이는 영유아를 위한 지도방법

- 24개월 전의 영아라면 언어적인 자극을 많이 해준다. 의성어, 의태어와 같이 재밌는 말을 배우도록 하고 말하기의 즐거움을 경험하도록 도와주어야 한다.
- 말하기를 강요하지 않으면서 시도하는 행동에 대해서는 가능한 한 빨리 이를 칭찬해 준다.
- 말하기를 강압적으로 강요하지 말고, 현재 영유아가 할 수 있는 의사소통 방법을 사용하여 의사소통을 하도록 해야 한다. 오히려 자신에게 억지로 시킨다고 느낄 때 더욱 움츠러들면서 함묵 증상이 강화되는 경우가 있기 때문에 비언어적으로 의사소통하는 방법도 사용하고, 편안하게 정서적 상태를 만들어 주는 것이 선행되어야 한다.
- 일부러 관심을 끌기 위한 행동이라면 비언어적인 시도는 무시하고 말로 표현할 수 있도록 지도한다.
- 이렇게 했는데도 지속적인 행동을 보일 시에는 부모에게 이를 알리고, 전문적인 도움을 받는 것이 필요하다. 특히 선택적 함묵증의 경우 7세 이전에 개입이 이루어져야 습관화, 고착화되지 않을 수 있으므로 조기 개입이 매우 중요하다.

2) 교사의 부적응행동 지도 능력 강화를 위한 지원

(1) 안정적인 환경 지원

교사는 영유아의 부적응행동을 지도하기 위해 영유아가 잘 적응할 수 있도록 환경을 안정되게 만들어 지원하는 것이 매우 중요하다. 영유아의 행동은 물리적 환경에 민감하므로 교사는 영유아의 수, 흥미 영역, 발달 수준에 따라서 적절한 공간의 크기, 놀잇감 준비 등의 물리적 환경 구성을 점검하고 재배치하여 영유아의 행동을 조절한다. 환경을 구성할 때는 연령을 고려하여 적합하게 구성할 수 있는데 0~2세의 영아반은 가정과 같은 편안함과 안락한 환경 안에서 다양한 영역의 감각적 자극을 줄 수 있는 환경이 좋다. 3~5세의 유아반은 유아의 독립성과 자율성 발달이 촉진되는 환경이며, 또래와의 협력과 적극적인 상호작용이 이루어질 수 있는 사회적 발달의 증진하는 환경을 제공해야 한다. 또한 활동영역의 공간을 고려해야 하는데 많은 영유아가 같은 영역에서 동시에 놀이하고 있는지를 확인하여 공간을 충분히 활용하여 부딪히지 않게 놀이할 수 있도록 해야 하며 놀잇감의 갯수를 충분히 준비하여 갈등이나 분쟁을 예방하도록 하여야 한다.

(2) 교사와 영유아의 효과적인 상호작용

영유아들은 성인과는 다르게 사고할 뿐 아니라 감정적으로 행동하기도 하며, 자신의 행동을 스스로 통제하는 데 있어서 안정적이지 않기 때문에 다양한 문제를 일으킬 수 있다. 교사들에게 가장 필요한 것은 이러한 영유아의 행동을 참아내는 것이 아니라 '영유아들을 더 잘 이해하는 것'을 통해 더욱 전문적이고 바람직한 성장을 돕는 것이다(Gartrell, 2012). 특히 영유아가 교사에 의해 영향을 많이 받는 시기임을 고려해 볼 때, 교사가 어떤 태도로 영유아들을 대하는지, 어떻게 관계를 맺는지는 매우 중요하다. 어린이집에서 교사와 영유아의 긍정적 관계는 독립심과 자율성 발달을 촉진하고 환경에 잘 적응하도록 하며, 사회성 발달에 긍정적 영향을 준다. 하지만 갈등적 관계는 영유아의 적응에 부정적인 영향을 미치며, 영유아와 교사 간의 공감대를 형성하지 못하고 부적절한 상호작용에 영향을 준다. 교사와 영유아 간의 신뢰를 바탕으로 한 친밀한 관계가 이루어질 때 영유아들은 자신의 이야기를 할 수 있게 된다. 따라서 교사와 영유아의 긍정적인 관계 형성을 위한 구체적인 방법에 대해 고민하고 실행해야 한다(서현아 외, 2021). 원장은 교사와 영유아가 긍정적인 관계 형성을 하도록 정서적으로 교사들을 지원해야 하며, 원장 역시도 이와 같은 태도로 교사들을 대해야 교사들도 함께 노력할 수 있다.

① 긍정적 수용

교사의 언어, 비언어적 태도는 영유아에게 모두 전달되므로 부드러운 얼굴표정, 몸짓, 목소리를 통해 영유아를 존중하고 있음이 드러난다. 영유아의 행동을 무조건 통제하려 하지 말고 마음의 수용이 먼저 일어나도록 한다. 즉, 마음을 수용하고 행동은 통제한다는 전제하의 교사와 영유아 간의 상호작용이 필요하다. 예를 들어, 간식시간에 부주의하게 돌아다니다가 컵에 있는 우유를 쏟은 영유아에게 무조건 비난하거나 혼내지 않고 "너도 놀랐구나. 간식시간에 돌아다니면 이렇게 쏟을 수 있으니 자리에 앉아서 먹자. 그리고 간식 다 먹고 나면 그때 놀자"와 같이 이야기할 수 있다.

원장의 경우는 영유아뿐만 아니라 영유아들을 지도하는 교사에게도 긍정적인 지원을 해줄 필요가 있기 때문에 더욱 정신적인 노력이 요한다. 원장의 태도는 어린이집 전체의 분위기와 보육 환경을 만들어 주기 때문에 교사들의 입장에서 어려움에 대해 수용하고 정서적 지원을 해주어야 한다. 반에 한 아이 때문에 너무 힘들다고 하소연하는 교사에게 원장은 "선생님이 아이들 때문에 너무 힘들어 보이네요. 선생님이 애쓰고 있다는 걸 잘 알지요"라고 말해줌으로써 힘든 마음을 수용해 줌으로써 모델링할 수 있도록 도와야 한다.

② 공감적 이해

교사는 영유아의 심리상태를 듣고 이해하고 영유아가 느끼기에 교사가 자신을 이해하고 있다는 느낌을 갖도록 하는 것이다. 객관적 자세를 유지하여 영유아가 스스로 자신이 처한 어려움에 대해 통찰하고 문제에 직면하도록 도와준다.

예를 들면, "그래. 선생님도 네 마음을 알아. 속상해서 그랬구나"라는 감정을 수용하는 것만으로 아동의 행동이 수정되는 경험을 할 수 있다.

원장의 경우도 교사들의 마음을 공감적으로 이해하는 것이 우선되어야 한다. 영유아를 돌보는 일이 얼마나 많은 신체적, 정신적 에너지를 요하는 직업인지 원장들이 더욱 잘 알고 있다. 이에 대해 교사들의 마음을 어루만져 주고 교사들의 실수에 대해서도 공감적 이해가 먼저 이루어진 후에 올바른 지도 방법을 알려줄 수 있다. 불평불만을 하는 교사에게 "선생님이 짜증이 날 만도 하겠네요. 정말 나 같아도 너무 화가 날 것 같아"라고 말하는 순간 자신이 이해받는다고 느끼기 때문에 그 다음 의사소통은 훨씬 원활하게 이루어진다.

③ 진실성 및 개방성

진실성은 교사가 영유아를 대할 때 언어적, 비언어적 표현이 일치되는 것이며 개방성은 교사가 영유아와 대화를 나누는 과정에서 교사 개인의 생각과 느낌, 경험을 영유아에게 적절하게 표현하는 것으로 교사와 영유아가 신뢰감을 갖는 데 중요하다. 마찬가지로 원장과 교사의 관계에서도 어려울 때 솔직하게 표현하는 것이 정답일 경우가 많다. 어떻게 대처해야 할지 모르겠을 때 나의 감정과 상황에 대해 솔직하게 이야기할 수 있는 환경을 마련하고, 터놓는다면 좀 더 원활한 원장, 교사, 영유아의 관계를 마련할 수 있다.

3. 부적응행동 지도를 위한 부모 상담

1) 발달지연 및 부적응행동 영유아의 가족 특성

영유아의 문제들은 조기에 발견되어 접근할수록 예후의 차이가 매우 크게 달라질 수 있다. 따라서 장애를 조기에 발견하여 꾸준히 치료를 받은 결과 문제가 줄어들고 호전되어 극복하는 사례들도 볼 수 있다. 발달지연의 문제가 심각하지 않을 때 최대한 조기에 발견하여 치료를 진행하면 일상적인 생활이 가능한 정도로도 성장할 수 있다. 하지만 발달지연과 부적응 문제를 자신의 자녀가 가졌을 때, 대부분의 부모는 이를 쉽게 인정하기 어려워한다. 그래서 성장하면서 나아질 것이라는 희망을 가지고 치료 시기를 놓치는 경우들이 발생한다. 문제를 숨기면서 진단받기가 두려운 마음은 너무나 이해되지만, 치료 시기가 늦춰질수록 결정적 발달시기를 놓칠 수 있음을 알아야 한다. 따라서 장애 아이를 둔 선배 부모들은 자녀의 장애 사실을 숨기지 말고 빨리 진단 받아 같은 아픔을 가진 부모들과 정보를 교류하라고 조언하기도 한다.

영유아의 어려움에 처한 가정의 주 양육자는 대부분 어머니인 경우가 많으며, 어려움이 있는 아이를 돌봐야 하는 어머니는 개인적 시간을 가지기 어렵고 아동의 불안정한 행동을 모두 감당하면서 심리적, 신체적 양육스트레스를 경험하게 된다. 일상적으로 할 수 있는 외식이나 여행 등도 마음 편히 하기 어려운 것이 실상이다. 따라서 일반 자녀의 어머니에 비해 양육스트레스가 매우 높게 되고, 양육에 대한 효능감을 경험하기가 어렵다.

따라서 이들이 문제행동에 대한 이해를 돕기 위한 다양한 교육이 필요하며, 아동들의 문제행동에 대처하기 위한 기술들을 배워나가는 것이 무엇보다 중요하다.

2) 지역사회의 공공기관 자원 및 서비스

영유아가 살고 있는 지역사회는 그들의 성장과 발달에 영향을 미치는 환경의 중요한 요소이다. 영유아는 성장, 발달하면서 그 지역사회 특성에 영향을 받을 수밖에 없다. 보육에서 지역사회를 강조하는 것은 그 지역의 다양한 특성에 따라 다른 자원을 보유하고 있기 때문이다. 지역사회의 중요한 문화유산이 있을 수 있고, 중요한 행정기관이 있을 수 있다. 이러한 부분들은 지역사회마다 다른 특징들을 가지기 때문에 이를 잘 활용하게 되면 그 지역에서 성장하는 영유아들에게 다양한 정보를 습득할 수 있는 기회가 된다. 따라서 어린이집은 지역사회의 인적, 물적 자원을 활용할 수 있는 지역사회의 여러 기관이나 단체들에 대해 잘 알고 있어야 하며, 이들 기관들과 협력해야 한다.

특히 영유아의 문제행동과 관련하여 육아종합지원센터나 특수교육지원센터, 장애학생 인권지원단과 같은 다양한 지역사회의 기관들을 알고 있어 전문가와의 연계와 소통이 필요하다. 의료기관이나 상담센터, 지역의 발달센터들과의 연계도 매우 중요한데 이러한 정보들을 찾는 데 다소 어려움을 가지고 있다고 보고되고 있다. 영유아의 문제행동과 관련하여 전문가와 함께 논의할 수 있는 방안도 지역사회 안에서 추진된다면 영유아들의 문제행동을 미리 예방하는 데 도움이 될 것이다. 또한 기관과 지역사회의 연계는 기관장 및 교사의 역량과 관련이 깊다. 지역사회 연계의 실제 활동을 추진하는 데 원장은 이에 대한 관심을 가지고 살펴봐야 하며, 주도적 역할을 담당할 교사는 전문성을 기를 수 있도록 지속적인 교육이나 컨설팅 등의 기회가 필요하다. 이를 위해 교육청이나 육아종합지원센터와 같은 지자체에 있는 지원체계에서는 지역사회 연계를 함께 구성해 나갈 전문가를 발굴하고 배치하는 것도 필요할 것이다. 또한 지역사회의 영유아의 문제행동에 대해 자문을 할 수 있는 상담센터와의 협력, 협업이 이루어진다면 영유아의 문제를 조기에 예방하는 데 매우 중요한 역할을 할 것으로 생각된다.

참고문헌

권수정(2023). 개별차원의 긍정적 행동지원이 중복지체장애학생의 수업방해행동 및 수업참여행동에 미치는 효과. 대구대학교 대학원 박사학위논문.

권정윤 · 안혜준 · 송승민 · 권희경(2021). **유아생활지도**. 서울 : 학지사.

김갑순 · 박윤조(2018). 유아교사의 정서지능, 전문성 인식이 유아의 문제행동 지도 전략에 미치는 영향. **한국보육학회지, 18**(4), 187-197.

김미숙(2007). 통합학급 지원방안으로서의 긍정적 행동지원 효과성 연구. 부산대학교 대학원 석사학위논문.

김수진 · 권정윤(2018). 유아교사의 회복탄력성, 정서조절 어려움, 유아 문제행동 지도전략 간의 관계. **한국보육지원학회지, 14**(3), 59-76.

노화영(2020). 유아특수교육에서의 긍정적 행동지원 중재연구 동향분석 : 2007 – 2021년까지 국내전문학술지 논문 중심으로. 단국대학교 특수교육대학원 석사학위논문.

박근필(2018). 학급차원과 개별차원의 긍정적 행동지원이 지적장애 고등학생의 문제행동, 활동참여행동 및 삶의 질에 미치는 영향. 우석대학교 대학원 박사학위논문.

보건복지부 · 중앙육아종합지원센터(2020). 어린이집 영유아의 성 행동 문제 관리 · 대응 매뉴얼.

서현아 · 좌승화 · 엄세진 · 안영혜 · 하선혜 · 박소윤(2021). **아동생활지도**. 경기 : 공동체.

우정화(2015). 긍정적 행동지원이 장애위험유아의 주의산만 행동과 방해 행동에 미치는 영향. 단국대학교 대학원 석사학위논문.

유환조(2015). 긍정적 행동지원이 지적장애 중학생의 문제행동, 수업참여행동 및 인식에 미치는 영향. 우석대학교 대학원 박사학위논문.

이수정(2016). 유아 교육환경에 적용된 보편적 수준 긍정적 행동지원의 실행 및 교사지원요소 분석. **특수교육학연구, 50**(4), 199-226.

조윤경 · 김형미 · 유연주 · 장지윤(2020). **특수아 행동지도 – 유아교사를 위한 장애아동 문제행동에 대한 긍정적 행동지원**. 경기 : 공동체.

한미선(2020). 유아특수교사의 긍정적행동 지원인식과 실천. 백석대학교 교육대학원 석사학위논문.

Alberto, P. A., & Troutman, A. C.(2001). *Applied behavior analys is for teachers*(6th ed.). Columbus, OH : Merrill.

Bambara, L. M., & Knoster, T.(1998). *Designing positive behavior support plans*. Washington, DC : American Association on Mental Retaradaion.

Coplan, R. J., Ooi, L. L., Xiao, B., & Rose-Krasnor, L.(2018). Assessment and implications of social withdrawal in early childhood : A first look at social avoidance. *Social Development, 27*(1), 125-139.

Garttrell, D.(2012). **가이던스에 기초한 영유아 생활지도 사회정서 기술 가르치기**. 이은해 외 공역. 서울 : Cengage Learning Korea.

Harrower, J. K., Fox, L., Dunlap, G., & Kincaid, D.(2000). Functional assessment and comprehensive early intervention. *Exceptionality, 8*(3), 189-205.

Hawken, L. S., & Horner, R. A.(2001). Evaluation of a targeted group intervention within a schoolwide system of behavior support. Manuscript for publication.

Herson, M., & Sledge, W.(2002). *Encyclopedia of psychotherapy*. New York : Academy Press.

Kazdin, A. E.(2000). Encyclopedia of psychology, Volume 1. American Psychological Association : Oxford University Press.

Scheuermann, B. K., & Hall, J. A.(2017). **긍정적 행동중재와 지원**. 김진호 · 김미선 · 김은경 · 박지연 공역. 서울 : 시그마프레스..

Shaffer, D. R.(1993). *Developmental psychology : Childhood and adolescence*. CA : Brooks/Cole.

Sugai, G., & Horner, R. H.(2002). The evalution of discipline practices : School-wide positive behavior supports. *Child and Family Behavior Therapy, 24*, 23-50.

CHAPTER 08

보육교사 장학과 평가

김미정(명지대학교 아동학과 박사수료)

학습목표

- 보육교사 장학의 필요성 및 목적, 방법에 대해 이해한다.
- 영유아 일상생활지도, 놀이 및 활동 지원 등 수업 장학을 위한 관찰, 기록과 평가를 계획하고 교사 발달에 적합한 장학의 내용과 평가, 지원 사항을 제안할 수 있는 전문적 역량을 기른다.
- 보육교사들이 질 높은 보육과정 운영과 상호작용, 교수학습방법을 개선할 수 있도록 지원하기 위한 멘토링과 효율적인 의사소통기술을 익힌다.

1. 장학의 이해

1) 보육교사 장학의 필요성 및 목적

영유아기 중요성에 대한 인식이 높아지고, 교육과 보육에 대한 국가의 책무성이 강조되면서 보육교사의 질적 수준이 중요한 요인으로 부각되고 있다(채영란 외, 2015). 이에 따라 영유아 보육의 질적 향상의 토대가 되는 교사의 전문성 제고를 위해 인성교육 및 현장실습의 강화 등을 통해 보육교사 자격제도의 정비, 어린이집에 대한 정기적인 평가제 실시와 같은 질 향상 정책이 운영되고 있다(권순애 · 조안나, 2022). 교육과정도 '영유아 놀이 중심'으로 개정되면서 교사의 자율성이 강조되었는데 이는 교사의 책무성 및 전문성이 함께 있어야 하는 것으로 교사들의 전문성 향상이 요구된다. 이렇게 어린이집 보육교사들은 급변하는 사회 속에서 새롭게 변화되고 있는 보육정책과 교수 방법 그리고 프로그램에 대한 지식과 정보 부족을 인식하여 새로운 정보를 얻기 위해 장학이 필요한 것이다(조혜경 · 구경선 · 안미희, 2022).

일반적으로 장학이란 영어로 supervision이라는 용어를 사용하며 그 뜻은 '높은 곳에서 우수한 사람이 본다'는 감독 또는 감시를 지칭하는 의미를 지닌다. 그러나 현재 우리의 장학을 supervision으로 이해하기는 조금 그 접근이 제한적이며, 학자마다 관점이나 강조점을 달리하여 개념을 다르게 정의하고 있다(한국보육진흥원, 2020). 초기 장학은 교사가 배운 대로 행하는 것을 칭찬하고 개선하기 위한 감독자와 같았지만, 이후 사회적 효율성 모델에 기초하여 자율성을 갖고 교육과정 실행을 과학적이고 객관적, 합리적 기준에 따라 행하는 평가의 개념으로 변화되었다(김정숙 · 이수민 · 박진아, 2023).

장학을 통해 보육교사들은 전문성을 갖춘 교사로 성장과 발달을 효율적으로 달성할 수 있고, 교사들의 문제를 개선하는 데 적용할 수 있는 실용성이 있으며 실현 가능성이 높기에 어린이집의 장학이 필요한 것으로 장학의 목적은 시대의 변화에 따라 변해 왔으나 다음과 같은 공통점이 있다(김정숙 · 이수민 · 박진아, 2023).

첫째, 교육과정의 질을 관리하고 질 향상에 기여한다. 교육과정 개발과 운영, 결과의 과정에 지도, 평가, 조언을 통해 교육목표가 효과적으로 달성되었는지, 교육과정이 제대로 운영되었는지를 분석한다.

둘째, 교수 효과성을 높인다. 교사의 교수 활동을 개선함으로써 영유아의 교육효과를 증진시킨다.

셋째, 교사의 전문성을 향상한다. 교사의 수업 개선 및 향상과 더불어 교직 생활과 관련된 교육관, 가치관, 신념, 태도, 지식, 기능, 행동의 제반 사항을 다루며 교사의 자아실현을 지원한다.

넷째, 교실 및 학습 환경을 개선한다. 교육상황에서 요구되는 인적, 물적, 재정적 자원을 효과적으로 유지하고 운영하여 교육활동이 잘 이루어지도록 한다.

2) 장학의 방법

장학은 어린이집보다 유치원 현장에서 주로 이루어졌으나 어린이집에서 교육과 보육이 모두 이루어지고 있는 현재 상황에서는 보육교사를 위한 기관 내 장학을 어린이집에서도 실시할 필요가 있다(이명순 외, 2022). 이러한 관점에 따라 보육교사를 위해 유용하게 활용할 수 있는 원내 자율 장학의 형태에 대해 살펴보고자 한다.

(1) 동료장학

동료장학은 교사들이 자율적으로 상호협력하며 서로의 전문성 함양을 도모하는 활동이다. 경력이 비슷한 또래 간, 경력이 다른 교사 간, 같은 기관 내 교사 간 또는 다른 기관의 교사와 실시할 수 있다. 그러나 초임 교사의 경우 경력이 더 많은 교사와의 동료장학이 전문성 향상에 도움이 된다. 동료장학의 장점은 다음과 같다(이명순 외, 2022).

첫째, 개별 교사가 가지고 있는 장점을 공유할 수 있다.

둘째, 개선점을 발견해 지속적으로 교수전략과 기술을 배우려고 노력하게 된다.

셋째, 동료 교사 간에 존중과 신뢰감을 형성하게 된다.

넷째, 어린이집 실정에 맞춰 교사의 자발적인 참여로 이루어진다면 교사들이 교사 효능감을 향상시킬 수 있으며 교사로서 자질과 질적 향상을 이룰 수 있다(김현정 · 황혜정, 2019).

동료장학의 방법으로는 상호 수업 사례 분석하기, 전문 서적 읽기 및 토론하기, 협의하기, 동료 코칭하기 등이 있다. 수업 사례 분석은 교사의 수업을 녹화하여 녹화자료 또는 전사자료를 함께 보면서 수업 진행과정에서 나타난 장점, 문제점, 의문점 등을 비판적으로 검토하고 의견을 나누는 방법이다. 수업 사례 분석의 장점은 자신의 수업을 객관적으로 평가해 볼 수 있고, 동료의 수업 사례를 통해 수업 개선을 위한 아이디어를 얻을 수 있다는 데에 있다. 이렇게 동료장학이 교사의 전문성 발달을 돕고 성공적으로 이루어지기 위해서는 교사 간의 원활한 의사소통과 원만한 인간 관계가 우선되어야 한다(이명순 외, 2022).

〈표 8-1〉 동료장학 사례

동료교사 장학을 통한 어린이집 교사의 수업전문성 변화 탐색

- **연구목적** : 가르침의 중요한 청사진이 되는 어린이집 교사가 수업 전문성 신장을 위하여 수업에서 느끼는 어려움을 알아보고, 자율장학의 형태인 동료장학을 통해 나타난 수업 전문성 변화를 탐색
- **연구대상** : 어린이집에 근무하는 3년 차 보육교사
- **연구방법** : 변화 탐색의 과정으로 질적연구 진행. 수집된 자료는 면담자료, 교사저널, 교사의 이야기 쓰기, 수업동영상, 수업 계획서, 수업참여 후 이야기 나누기 평가표, 교사신념 검사 질문지, 보육일지, 유아관찰 기록, 수업 구조 분석
- **연구결과** : ① 동료장학을 통해 수업에 대한 어려움을 구체적으로 알게 되었고, 이에 반해 어린이집 교사가 수업의 전문성을 확보하기 위해서는 어린이집의 근무환경 개선 및 교사의 업무내용을 분석하고 불필요한 업무에 대한 축소, 효율적인 업무방식에 대해 방법을 모색하는 것이 필요함을 알게 됨
  ② 수업전문성 변화는 '좋은 수업 실천에 대한 반성'과 '함께 만드는 좋은 수업'인 것
  ③ '함께 만드는 좋은 수업'으로, 연구참여교사는 동료장학의 필요성을 느끼고 다른 동료들과 상호 협력관계를 통해 함께 성장하기를 희망하는 교사의 모습을 보여줌

출처 : 김미정 · 최일선(2019).

(2) 자기장학

자기장학은 외부로부터의 지원을 통해서가 아닌 교사의 자율적인 자기평가로 스스로 자신의 수업을 계획, 분석, 수정, 적용 등을 통해 노력해 나가는 장학이다. 자기장학은 교사가 스스로의 필요와 요구에 의해 주체적으로 이루어지며 그 안에서 전문성을 신장시키고 개인적 목표를 달성하는 활동이다. 자기장학의 유형은 스스로 자신의 수업을 녹음 또는 녹화하고 이를 분석하기, 전문 서적이나 전문 자료 읽기, 각종 연수회, 교과 연구회, 학술발표회, 시범수업, 공개 회의 등에 참석하기, 전문기관이나 전문가와의 면담하기, 스스로 평가 체크리스트를 이용하여 자신의 교육활동을 평가 및 분석하기 등이 있다. 이러한 방법으로 교사들이 자발적 참여로 자기장학이 실행된다면 지시적이고 공식적인 장학보다 큰 효과를 나타낼 수 있다(양복순, 2005).

〈표 8-2〉 자기장학의 사례

유아교사의 자기장학 수행과 전문성 발달에 관한 연구

- **연구목적** : 유아교사의 자기장학 수행이 교사의 전문성 발달에 미치는 영향과 그 관계를 밝힘으로써 자기장학 수행과 전문성 발달을 위한 기초 자료를 제시
- **연구방법** : 유아교육기관 근무하는 교사를 대상으로 MMS를 통한 설문조사 실시
  빈도분석, t-test, ANOVA, 다중응답분석, 상관분석, 중다회귀분석
- **연구결과** : ① 유아교사의 자기장학수행과 교사 전문성 발달과의 상관관계를 살펴본 결과 유아교사의 자기장학 수행 정도가 높을수록 교사전문성 발달도 높은 것으로 나타남
  ② 전문성 발달 하위영역인 지식과 기술의 발달에 미치는 요인은 자기장학평가가, 자기이해발달에는 자기장학평가가, 생태적 발달에는 자기장학실행과 자기장학평가가 영향을 미치는 요인으로서 통계적으로 유의미하게 나타남
  ③ 자기장학수행은 교사전문성 발달에 밀접하게 영향을 미치는 것으로 유아 교사의 전문성 발달을 위해 자기장학은 국가적으로 보완되어야 할 것이며, 효율적인 자기장학을 위한 모형 개발, 교사 자질의 역량 강화를 위한 체계적인 교사교육 등이 이루어져야 할 것

출처 : 김윤희 · 오인희(2017).

(3) 수업장학

수업장학은 유치원과 교육청이 연계하여 교사의 수업능력 향상을 위해 원장, 원감, 외부 장학요원 등이 주도하는 체계적인 지도 · 조언 과정이다(염지숙 외, 2022). 2013년부터 어린이집, 유치원의 유아들의 교육과정이 누리과정이라는 공통과정이 실시됨에 따라 교육에 대한 책임감을 가지고 수업능력을 향상시킬 수 있도록 어린이집 교사들에게도 수업장학지도가 필요하다. 어린이집에서의 수업장학은 학급 내 교수-학습 과정을 유지 또는 개선하기 위하여 수업 현장에서 노출된 실질적 문제들을 직접적으로 심도 있게 살펴 실용성 높은 해결 방법을 제시하는 체계적인 장학활동이다(이연주, 2013). 그렇기 때문에 교사의 교수행위에 직접적으로 영향을 줄 수 있다. 수업장학은 원장과 교사들의 사전 협의를 통해 교실에서 이루어질 수업계획을 작성하고, 원장 또는 중간관리자가 수업 활동을 관찰 및 분석하여 수업 활동의 개선점을 논의한다. 이러한 과정을 통해 수업장학은 교사의 수업기술을 향상시키는 체계적인 활동이라고 정의할 수 있다(김선경, 2013; 송정원, 2008; 송정원 · 이대균, 2008). 수업장학은 장학 담당자와 교사들이 일대일 평가를 받게 되므로 직접적인 도움을 얻을 수 있다.

〈표 8-3〉 수업장학 사례

3, 4세 혼합연령학급의 이야기 나누기에 대한 맞춤형 수업장학 실행연구
• **연구목적** : 맞춤형 수업장학 실행연구를 통해 이야기 나누기 시간 3, 4세 혼합연령학급의 교사들이 실제 수업 진행을 하면서 경험하는 어려움이 무엇인지에 대해 알아보고, 이에 대한 해결방안을 교사들과 함께 모색해 봄으로써 혼합연령학급에서의 효과적인 이야기 나누기를 위한 교수 실제를 제공 • **연구대상** : 서울시 소재 직장어린이집 3, 4세 혼합 연령 학급을 팀티칭으로 운영하고 있는 유아교사 3명 • **연구방법** : 교육현장에서 나타나는 문제점을 파악하고 이를 개선하기 위한 실행연구로 자료수집은 이야기 나누기 수업 동영상, 사전 및 사후 협의회, 교사 면담, 월간 주간보육계획안, 교사 및 연구자 저널, 수업에 대한 자기 평가서 • **연구결과** : ① 맞춤형 수업 장학의 과정을 통해 나타난 교사들의 변화로 보여지는 것은 이야기 나누기에 대한 개념 및 중요성에 대한 깨달음과 효과적인 이야기 나누기 시간을 만들기 위한 팀티칭의 역할을 설정하므로 반성적 사고를 통해 수업 개선 의지와 태도에 긍정적 변화

출처 : 임승렬 · 이혜진(2016).

(4) 컨설팅 장학

컨설팅이라는 용어는 2000년 학교 컨설팅 사업을 수행하면서 교육현장에서 먼저 도입되었다. 보육분야에는 2010년 '교육컨설팅'이라는 명칭으로 처음 시도된 컨실팅 시범사업(구 평가인증)에서 컨설팅이라는 용어가 시작되었고, '교육컨설팅'은 2011년에 '보육컨설팅'으로 사업 명칭이 변경되었다(정효정 · 장영인 · 김현진, 2016). 보육컨설팅은 어린이집의 질적 수준을 향상시키기 위해 어린이집에 전문적인 도움을 제공하고 개별적으로 지원하는 과정이다. 전국의 평가제 어린이집을 대상으로 자발적인 신청을 통해 실시되는 보육컨설팅에는 보육과정 컨설팅, 평가제 컨설팅, 설치 운영 컨설팅, 재무회계 컨설팅 등 어린이집 운영에 대한 내용이 포함된다(이명순 외, 2022).

보육 컨설팅은 수업장학과 구별되는데, 수업장학이 일반적으로 교사의 수업전문성 증진을 위해 상하 수직적인 관계에서 지도와 조언이 이루어지는 반면 수업컨설팅은 교사의 자발적인 참여에 의해 독립성과 자발성을 바탕으로 실시되며 컨설턴트와 의뢰인의 교직원이 수평적 관계를 유지한다는 점이 특징이다(이진옥 · 이대균, 2016). 어린이집에서의 수업 컨설팅은 대게 개별 교사의 요구에 따라 맞춤형으로 이루어지는데 집합교육이나 일회성 교육으로 그치지 않고 교사가 인식한 문제점을 바로 의뢰하고 즉각적으로 도움을 받을 수 있으며, 의뢰 교사의 상황에 따라 융통성 있게 운영되기 때문에 시간의 제약, 업무의 공백을 최소화할 수 있다는 장점이 있다(이진옥 · 이대균, 2016).

(5) 학습공동체

① 적응적 전문성 역량의 요구

적응적 전문성이란 보육교직원들이 익숙한 문제상황에 효율적으로 대처할 뿐 아니라, 새로운 문제 상황을 유연하고 창의적이며 혁신적으로 해결해 나아가며 새로운 지식과 방법을 창조할 수 있는 능력을 말한다(조혜경 · 구경선 · 안미희, 2022). 포스트 코로나 시대에 접어들면서 보육교사의 전문성 제고를 위해 시공간의 제약을 넘어서 온라인 학습환경에 직접 참여하는 새로운 교육방식들이 주목되고 있다. 인공지능, IoT, 빅데이터 기반의 수업 도구를 이용하는 실시간 교육뿐만 아니라, 실시간 온라인 교육 플랫폼 활용을 통한 쌍방향의 상호작용 강화를 위한 연수와 실습, 교사 간 수업 공유나 전문적 학습공동체 등을 온-오프로 구성하는(박창현, 2021) 방향으로 나아가고 있다. 어린이집 보육 과정이 교사 중심에서 영유아 놀이 중심의 보육과정으로 개정이 되면서 중요한 변화를 경험하면서 보육교사들은 놀이중심 보육과정 운영을 배우기 위해 컨설팅을 받고 학습공동체를 운영하고 있다.

② 새로운 지식을 창출하는 학습공동체 운영

현 시대는 다양한 시각에서 문제를 직시하고 서로의 지식을 공유하여 새로운 통찰을 창출해 낼 수 있는 집단지성이 요구되는 시점이다. 학습공동체 주체는 교사-유아, 교사-학부모, 교사-교사 등 다양하고 복합적인 관계 안에서 형성된다(조혜경 · 구경선 · 안미희, 2022). 교사들은 업무에서 겪는 어려움을 해결하기 위해 변화를 추구했고, 학습공동체를 통해 새롭게 알게 된 지식으로 자신의 보육 업무형태나 보육업무의 관행을 스스로 바꾸며 변화시켰다. 즉, 학습공동체 참여를 통해 교사가 변화를 추구하고 있다(이수인, 2017).

(6) 멘토링

멘토링은 멘토와 멘티의 관계 속에서 이루어지는 것으로 상호 신뢰와 협력을 바탕으로 더 경험이 있는 멘토가 멘티를 지원하는 과정이다. 멘토는 그 분야에서 더 경험이 있는 사람으로 상호 신뢰적인 관계에서 상대적으로 경험이 적은 사람과 지식을 기꺼이 공유하려는 사람으로 초임교사를 안내해 주는 경험자, 자문자, 조력자이다(박찬옥 · 이영미, 2007).

멘토링 장학은 공식적인 멘토링 장학과 비공식적인 멘토링 장학의 유형으로 나뉜다. 공식적인 멘토링 장학은 교직 생활에 도움을 주기 위해 동료교사 중 적절한 교사(멘토 : 고경력자)를 선정하여 제도적으로 조직 차원에서 맺어주는 관계로서 교직 생활 전반에 걸쳐 사회적, 심리적으로 여러 방면에서 도움을 주고받는다. 특징으로는 멘토링 장학의 목표와 교사들의 요구 연계, 명확한 추진, 능력 개발, 경험 전수, 지속적이고 체계적인 지원, 체계적 성과 측정 등을 들 수 있다.

비공식적인 멘토링 장학은 개인적으로 추구하는 관심사나 가치관으로 인해 자연스럽게 형성된 관계를 맺게 되며, "특징으로는 지속적이고 밀접한 관계, 목표와 연계되지 않음, 추진주체의 불명확, 미미한 지원 및 협조, 특정 목표에 대한 약한 집중도, 오리엔테이션의 부재, 체계적 지원 및 성과 측정의 부재, 대부분 일회적 데이터 처리 등을 들 수 있다(강순미, 2007; 구희칠, 2006; 정숙진, 2010)"고 하였다.

3) 보육교사의 성향 및 발달단계 수준 파악하기

보육교사의 발달은 인간이 태어나 성장하고 나이 들어가는 것처럼 보육교사도 양성과정에 입문하면서부터 교직생활을 하면서 성장, 발달, 퇴보하는 등 변화가 있다는 생각에 기반하고 있다(조혜경 · 구경선 · 안미희, 2022). 어린이집 원장은 장학을 계획하기에 앞서 교사들의 개인적인 성향과 교사의 발달단계를 고려해야 한다. Katz(1972)는 교사는 경력을 쌓아가면서 관심사가 달라지며, 관심사를 토대로 발달해 간다고 보았다. 그는 보육교사의 발달단계를 생존단계, 강화단계, 갱신단계, 성숙단계 등으로 구분하고 각 단계의 특성을 제시하였다. 보육교사의 발달단계에 따라 적합한 장학이 필요하다.

〈표 8-4〉 Katz의 교사발달단계에 따른 교사교육방법

단 계	관심사	요구되는 장학
생존단계 (1년 미만)	일상적인 교실 상황에서의 생존 여부에 관심을 가짐 교사로서 살아남을 수 있을까 하는 문제	• 수업현장에서의 지원과 이해 • 격려, 확신, 위로 등 심리적 안정 • 교실 현장에서 즉각적으로 활용 가능한 구체적인 기술과 통찰력 제공
강화단계 (1년 말~3년)	특정한 문제를 지닌 개별 영유아와 문제 상황에 관심을 가짐	• 수업현장에서의 지원과 도움 • 전문가의 도움 • 동료교사, 자문인사의 정보교환, 감정교환 필요
갱신단계 (3~5년)	자신의 교육방법에 대해 뒤돌아보고 새로운 교육적 접근에 관심을 가짐	• 새로운 다양한 프로그램에 대한 학술 세미나 참석, 타 기관 방문 • 자신의 수업에 대한 평가 • 동료교사의 수업 참관
성숙단계 (5년 이상)	아동관, 보육의 목적 등 근본적인 질문에 관심을 가짐	• 학술대회나 세미나 참석 • 대학원 진학 • 폭넓은 독서 • 동료 교사들과의 깊이 있는 토론

출처 : 임승렬 외(2014).

4) 보육교사 발달에 적합한 장학 계획 및 전문성 지원

보육교사의 발달을 돕기 위해서는 교사의 발달 수준을 고려하여 장학 유형을 고려해야 할 뿐 아니라 교사 개인의 특성과 교사가 속한 기관의 상황 등을 고려하여 사용될 수 있다(조부경 외, 2001; Caruso & Fawcett, 1999). 교사의 특성과 여러 상황을 고려하여 사용될 수 있는 장학의 기법을 살펴보면 협의하기, 반성적 저널 쓰기, 교사 이야기 쓰기, 현장 관찰하기, 연수에 참여하기, 전문서적 읽기 등이 있다.

(1) 장학 협의하기

장학 협의는 장학 실시과정에서 가장 핵심적인 역할을 한다(백은주, 2002). 장학

협의는 장학요원 간의 신뢰감 형성과 의사소통 기술, 어린이집 조직 풍토, 이전 경험 등에 따라 성공할 수 있다. 특히 의사소통 기술을 사용함으로써 장학 협의 효과를 높일 수 있으며, 이러한 의사소통 기술로는 적극적 경청, 침묵, 질문, 칭찬, 정보제공 등이 있다. 즉, 원장과 중간관리자들은 보육교사의 말을 적극적으로 주의 깊게 들으며, 비평가적인 태도로 반응으로써 편안함을 주고, 교사가 자신의 행동에 대해 생각하고 분석하도록 상황에 따른 질문을 한다. 또한 교사의 행동에 대한 구체적인 칭찬을 함으로써 장학요원이 원하는 행동이 무엇인지 교사 자신이 이해할 수 있도록 하며, 교사의 전문적 지식을 공유하기도 한다.

(2) 반성적 저널 쓰기

반성적 저널쓰기는 자신이 무엇을 느끼는지, 자신이 무엇을 알고 있는지, 자신이 왜 해야 하는지, 자신이 무엇을 하고 있는지를 고찰함으로써 교사는 자신의 반성적 사고를 기르는 데 도움이 된다(Yinger & Clark, 1981). 반성적 저널 쓰기는 교사가 가지고 있는 신념을 바탕으로 자신의 교수행동에 대한 반성적 사고를 가지고 스스로를 검토해 보는 기회를 제공하는 것이다. 교수-학습에 대해 스스로에 대한 반성이라고 할 수 있으며 교사가 쓰는 것을 좋아하고 자신을 반성적으로 고찰할 수 있는 기본적인 역량이 갖추어져 있을 때 반성적 저널 쓰기 방법이 더욱 효과적으로 적용될 수 있다(배진옥, 2007; 조부경 외, 2001). 그러므로 원장과 중간관리자는 교사가 작성한 저널을 읽고, 교사가 경험한 것과 경험을 해석하는 과정을 구분지어 줌으로써, 교사 자신의 경험을 객관적인 분석이 가능하도록 돕는다.

(3) 보육교사의 이야기 쓰기

보육교사는 보육을 경험하게 되는 행동뿐 아니라 개인의 삶에 따라 계속해서 변화하고 발전해 나간다. 따라서 보육교사의 이야기 쓰기는 개인의 숨겨진 또는 잊힌 과거 경험을 이용해 교사가 자신의 교실 경험과 지식을 더 분명히 하는 데 도움을 준다. 또한 보육에 대한 자신의 철학과 신념을 형성하는 데 영향을 미친 개인적, 사회적, 역사적, 정치적 요인들이 무엇인가를 살펴보고 보육교사로서 미래의 삶을 그려볼 수 있다. 이를 통해 보육교사로서의 개인적 경험과 그 의미의 중요성을 깨닫는 계기를 가질 수 있다(이명순 외, 2022). 따라서 원장과 중간관리자는 보육교사들이 보육현장에서 이루어지고 있는 전반적인 보육 활동에 대한 자신의 이야기를 글로 표현해 보는 것을 격려함으로써 보육교사들의 전문성 향상을 유도할 수 있다.

(4) 영유아 관찰하기

유능한 보육교사에게 요구되는 능력 중 한 가지로 영유아 관찰은 교수-활동 방법을 향상시키는 유용한 방법이다. 영유아를 관찰하고 이에 대해 피드백을 하고 분석하는 일련의 반성적 과정은 교사의 전문적 발달에 중요하다. 교사들이 교수 경험을 함으로써 가르치는 것을 배우는 것처럼, 계획적이고 조직적인 방법으로 행동을 분석하고 반성해 봄으로써 그들의 실제에 대해 반성하는 것을 배우기 때문이다(유영혜, 2006). 개정된 교육과정에서는 영유아 놀이중심을 강조하고 있으며 이는 놀이와 배움을 이해하고 지원하기 위해 영유아를 관찰하고 기록하면서 알아갈 수 있는 것으로 영유아를 관찰하고 기록하는 것을 강조하고 있다.

영유아를 관찰할 때에는 교사가 가지고 있는 편견이나 선입견을 버리고 영유아의 생활 세계를 이해하고, 그들의 목소리에 진정으로 귀 기울이는 경청이 필요하다. 또한 보육교사는 현장 관찰을 통해 영유아 발달 단계의 특성과 영유아가 놀이를 통해 어떻게 학습하고 발달하는지에 대한 이해를 증진시킬 수 있다. 이러한 현장관찰을 통해 보육교사는 새로운 교수학습방법이나 활동을 도입하기 전, 간접적인 수업적용에 대한 경험을 해보게 된다(천연미 외, 2021).

(5) 연수 참여하기

연수 참여하기는 보육교사들이 인성적인 자질과 전문적인 자질을 연마하고 발달시켜 훌륭한 교사로서의 면모를 새롭게 갖추어 가는 데 필요한 방법이다(백은주,

2002). 즉, 교사 양성교육이 교사가 되기 위한 기초를 형성하게 한다면, 연수에 참여하는 교육은 끊임없는 자기반성과 성장을 도모하도록 하는 것이라 할 수 있다. 그러므로 원장은 교사들에게 연수에 참여할 기회를 반복적으로 제공하고 지원할 필요가 있다.

(6) 전문서적 읽기

전문서적 읽기는 보육교사의 필요성에 의해 적절히 활용하여, 기존의 교육에 대한 관점까지도 변화시킬 수 있는 영향력을 행사할 수 있다. 영유아 발달 및 영유아 교수방법 등의 전문 서적 읽기를 자율장학의 방법 중 하나로 적용할 때, 원장은 무엇보다 보육교사들의 읽기 능력의 차이를 인정해야 한다. 특히 책 읽는 능력이 부족한 교사의 경우, 어렵지 않은 적절한 자료를 제공하고, 지속적으로 격려함으로써 편안함을 느끼게 하여, 전문서적 읽기의 필요성을 인식하게 해주는 것이 중요하다(조부경 외, 2001).

5) 표준보육과정 운영을 위한 수업 관찰 계획, 기록, 평가

(1) 표준보육과정 운영 살피기

보육교사들은 개인적 성향이나 능력에 따른 차이가 매우 크다. 그리고 보육교사들은 자신의 반에서 이루어지는 보육과정 운영과 놀이 선정 및 학부모와 영유아들 관리에 관심을 갖기 때문에 원장으로서 어린이집에서 운영되고 있는 보육과정 운영 전반을 고려하여 교사를 지원하는 방향을 가져야 한다.

원장은 교사들끼리 각 반의 보육과정 운영을 비교할 수 있는 시간을 마련하고, 운영 상황 중 특별한 이슈가 있는 경우 의논 및 토론을 통해 서로 피드백을 줄 수 있도록 한다. 그래서 연령에 따른 연계성이라든가, 연령별 활동 난이도에 대해 직접 알아나가는 시간을 마련하는 것이 중요하다. 그리고 원장은 어린이집 운영의 총 책임자로서 보육과정 및 보육계획 수립에 대한 이해를 바탕으로 반별로 보육과정이 어떻게 운영되고 있는지 각 반별 보육과정 운영에 대한 평가를 통해 어린이집 전체 보육과정 운영을 파악하고 있어야 한다(보건복지부, 2023).

각 반별 보육계획안, 보육일지, 담임교사와의 면담, 보육실 관찰 및 지도, 학습공동체 운영 등을 통해 반별로 보육과정이 어떻게 운영되고 있는지 파악하고 평가하여야 하며, 보육과정 운영평가를 통해 어린이집에서 설정한 철학대로 운영되고 있는지, 어린이집의 철학과 표준보육과정, 개정된 누리과정, 영유아의 발달수준 및 요구에 따라 보육계획이 수립, 실행되고 있는지, 각 반별 보육과정 평가는 잘 이루어지고 있는지 점검하고, 필요한 경우 보육과정 운영을 수정하고 보완하여야 한다(보건복지부, 2023).

(2) 보육과정 운영 평가

보육과정 운영 평가는 계획한 바를 어느 정도 실행했는지 또는 학습자가 계획한 교육목표나 내용을 어느 정도 성취했는지에 초점을 두게 된다. 그러나 최근 학습자 평가의 패러다임이 변화하고, 국가수준 누리과정과 표준보육과정이 영유아 놀이중심 보육과정을 강조하면서 보육과정 운영평가의 방향도 전환되고 있다. 영유아 놀이중심 교육과정에서는 학습자인 영유아의 놀이를 통한 배움에 초점을 두기 때문에, 교육과정 운영을 위한 계획, 실행, 평가의 의미는 다소 달라진다. 다시 말해, 교사는 영유아가 현재 하고 있는 놀이를 관찰하여 역동적인 배움을 발견하여 이를 지원하는 실행을 한 후, 영유아 놀이의 배움과 실행했던 교사 지원의 유기적인 관계를 평가한다(이진희 외, 2023).

생각나누기

- 장학의 운영 형태 중 원장님이 원하는 장학 유형을 정해보세요. 그리고 그 이유를 생각해 보세요.
- 우리 어린이집에 학기 초 초임교사가 들어왔습니다. 어린이집 생활을 보다 효과적으로 적응할 수 있도록 도와주기 위해 어떤 자율장학을 실시할 것인지 생각해 보세요.

2. 교수학습 개선을 위한 원내 장학과 평가

1) 수업장학의 실제 적용 및 교수학습방법의 개선 사례

(1) 수업장학의 실제 적용

보육교사는 영유아들과 직접 접촉하는 대표적인 인적 환경이며, 영유아에게는 제공되는 물리적 환경의 질을 결정하는 역할을 한다. 그러므로 영유아에게 인적, 물리적으로 질 높은 환경을 제공하기 위해서는 보육교직원의 발달과 역량, 담당 업무에 따라 체계적인 연수를 계획하고 실행하도록 하는 등 각자의 어린이집 운영 수준에 적합한 맞춤식 원내 교육이 이루어져야 한다(한국보육진흥원, 2020).

〈표 8-5〉 수업장학의 과정

1단계 : 교사의 관심사 및 요구 파악하기	2단계 : 수업상황의 문제점 파악하기	3단계 : 관찰 전 협의회
• 면담을 통한 교사의 관심사 찾기 • 현장에서 교사의 어려움을 경험 내러티브로 표현하기	• 예비 현장 관찰 • 본 관찰 전 협의회 교사의 전문성 파악하기	• 장학사와 교사의 관계형성 • 수업에 대한 관계형성 • 관찰방법에 대한 계획 • 관찰 후 협의회 방법에 대한 계획

4단계 : 관찰	5단계 : 관찰 후 협의회
• 수업실시 • 수업관찰 및 기록	• 자료 분석 및 토의 • 앞으로의 활동 계획 • 장학 과정에 대한 평가

출처 : 오한나 · 임승렬(2012).

(2) 평가제 컨설팅

어린이집 평가제에서도 연 1회 이상 원장은 일과 중 나타나는 교사와 영유아 간의 상호작용을 관찰하고, 교사의 수준에 맞추어 적절하게 피드백을 해야 함에 대한 지표를 포함하고 있다(보건복지부 · 한국보육진흥원, 2024). 어린이집에서 일과 및 놀이

중의 보육교사의 상호작용을 관찰하고 지원하는 것은 수업장학의 한 형태로 볼 수 있다(천연미 외, 2021).

〈표 8-6〉 평가제 지표를 통해 볼 수 있는 수업장학의 형태

5-3	원장은 교사의 상호작용 등에 대해 관찰하고 지원한다.
평가내용	교사의 상호작용 등에 대한 피드백을 통해 교사가 놀이중심 보육과정에 놀이 지원자로서의 역할에 자신감을 가지고 보육과정을 운영할 수 있도록 지원한다.
평정기준	적절한 수준과 부적절한 수준으로 평정함

출처 : 보건복지부 · 한국보육진흥원(2024).

(3) 보육과정 맞춤 컨설팅

보육과정 컨설팅 사업은 중앙육아종합지원센터에서 진행하며 보육과정 컨설팅의 계획과 내용은 각 센터마다 다를 수 있다. 이 중 서울시육아종합지원센터에서 이루어지고 있는 맞춤 컨설팅 사업의 사례를 살펴보면 다음과 같다.

① 사업방법 및 절차

- 방법 : 방문컨설팅 4회 + 원격컨설팅 2회 + 원장 교육 2회
- 내용

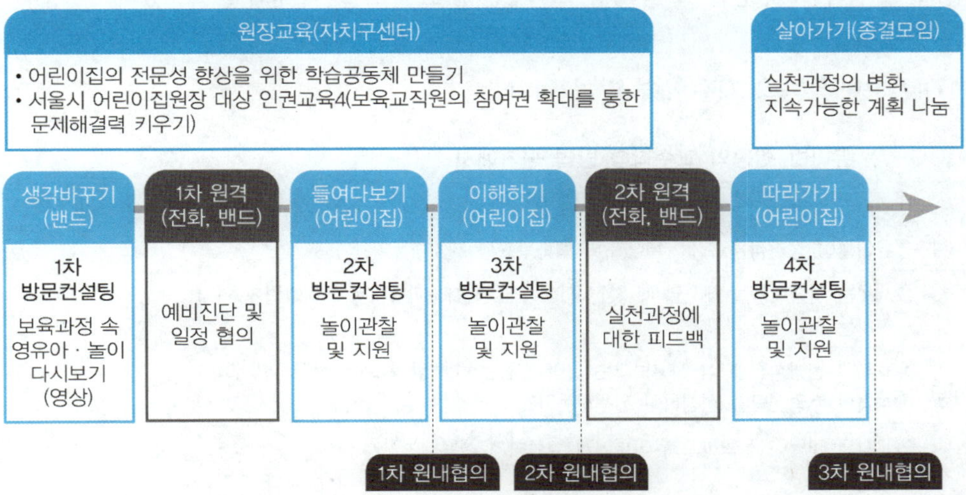

생각 바꾸기	영유아와 놀이, 보육과정에 대한 기존의 관점에서 벗어나 영유아 놀이중심 보육과정의 의미를 함께 찾아가기
들여다보기	교사가 영유아의 놀이를 주의 깊게 관찰하여 영유아의 유능함과 놀이에서 배움의 가치를 발견하고, 지속적으로 영유아의 놀이를 인정하고 지지하기
이해하기	영유아의 놀이를 더 깊이 들여다보며 영유아의 요구와 놀이흐름을 이해하고 놀이 기록과 유기적으로 연결하기
따라가기	영유아의 요구와 놀이에 대한 이해를 바탕으로 교사가 자율성을 갖고 다양한 방법으로 놀이를 지원하기
살아가기	어린이집의 실천과 변화를 어린이집 간 교류로 확장하여 영유아 놀이중심의 보육 실천을 일상으로 확장하기

출처 : 서울시 육아종합지원센터(2022).

3. 수업관찰과 평가, 멘토링의 효율적인 운영방안 모색

1) 교수학습 방법 평가

연령별 장학지도를 실시하고 그 내용에 대한 평가를 통해 교사는 자기반성을 하고, 평가의 내용은 보육과정 및 교수학습 개선에 적극 반영하여야 한다. 장학지도를 통한 교수학습 개선은 보육과정 질 개선에 효율성을 극대화할 수 있다.

(1) 유아반 활동의 교수학습 방법 평가

〈표 8-7〉 유아반 활동의 교수학습 방법 평가예시

	내 용	○	×	비고의견
1	유아들이 성취감을 느낄 수 있도록 학습목표를 제시하는가?			
2	새로운 학습내용을 제시할 때 사전 지식이나 경험과 학습내용을 매끄럽게 연결하는가?			
3	교사의 일방적인 지식 전달보다는 유아가 깊은 이해와 사고를 신장시키기에 적합한 수업전략을 선정하여 활용하는가?			
4	교사의 설명이 정확하고 유아들에게 명료하게 전달되는가?			

5	수업자료 또는 매체를 효과적으로 활용하는가?			
6	교사의 언어 특성(크기, 어조, 속도 등)이 학습에 적절하고 신체 움직임이 활발하며 생기가 있는가?			
7	수업의 전개 속도가 적절하고 원활히 진행되는가?			
8	교사의 자신감 있는 태도 및 유아들과 공감대를 형성하기 위한 노력이 보이는가?			
9	이해와 사고를 촉진하는 질문을 하고 유아들이 대답할 시간을 충분히 주는가?			
10	언어뿐 아니라 신체 언어(눈 맞춤, 손짓 등)을 사용하여 유아활동을 주의깊게 점검하며 적절한 피드백을 제공하였는가?			
총평				

출처 : 한국보육진흥원(2020).

(2) 수업관찰 동료 장학 평가

〈표 8-8〉 수업관찰 동료 장학 평가지 예시

원내 동료 장학 교수 활동 평가지					
담당교사 : 수업참관일 : 년 월 일 시간 :					
내 용	5	4	3	2	1
1. 교수목표가 분명하며 목표에 따른 교수 계획이 되었는가?					
2. 교수학습활동이 영유아의 연령과 발달에 적합하게 선정되었는가?					
3. 활동과 연관된 환경구성에 대한 준비가 잘 되었는가?					
4. 활동 중 교사의 상호작용은 적절한가?					
5. 각 유아를 관찰하며 적절하 개입이 이루어지는가?					
6. 유아의 활동을 효율적으로 적용할 수 있는 교수자료가 제공되었는가?					
7. 교사는 각 유아를 존중하며 그들의 개성을 인정하는가?					
8. 교사 간의 팀워크가 조화로우며 방법에 일관성이 있는가?					
9. 유아 개개인에게 민감하게 반응하며 긍정적인 태도로 수용하는가?					
10. 교사의 태도가 밝으며 적극적으로 돕고자 하는 분위기가 느껴지는가?					

관찰한 수업내용에 대한 의견 및 토의사항
예시) • 바닷속 풍경을 탐색해보고, 이야기 나누었던 사전활동으로 유아들이 적극적인 참여를 유도할 수 있어 좋았음 • 다양한 기자재를 활동하여 활동의 질을 더욱 높이려는 의도를 읽을 수 있어 좋음 • 구체적인 상호작용으로 유아들의 개별적 표현을 읽어주었더라면 하는 아쉬움이 있었음 • 유아들이 정한 바다 생물 외의 다른 생물을 표현해 보는 기회가 적어 아쉬웠음

출처 : 한국보육진흥원(2020).

2) 멘토링의 효율적 운영 방안

멘토링은 멘토가 멘티의 성공적인 역할 모형이 되어 중요한 기술, 태도, 가치관을 제공하는 것으로(홍은경 · 백영수 · 김성숙, 2006) 끊임없는 상호작용 속에서 멘티의 상황에 맞게 적절한 지도와 조언을 함께 제공함으로써 멘티의 시각을 변화시키고 성장을 조성할 수 있다(조형숙 · 김현주, 2005).

〈표 8-9〉 효과적인 멘토링 장학을 위한 운영방법

멘토링 제시 방법	멘토링 내용
명료화하기	• 멘토가 멘티의 문제 확인하기 "요즘 선생님을 힘들게 하는 것이 무엇인지 말해주실 수 있나요?" "요즘 선생님의 가장 큰 관심사는 무엇인가요?"
경청하기	• 멘티의 생각 이해하기 "음 그렇지요." "~ 하는 말인가요?"
반영해 주기	• 멘티의 생각 이해하기 "선생님은 ~을 문제로 여기고 계시군요." "제 이해가 정확한가요?"
제시하기	• 멘토의 견해 제시하기 "저는 상황을 이런 식으로 보았습니다." "제가 보기에 이 문제는 ~"
명료화하기	• 멘토의 견해를 멘티가 이해하도록 하기 "제가 지금 말한 부분이 이해되시나요?"
문제해결하기	• 멘토 · 멘티의 선택 방안 교환하기 "이 상황을 개선하기 위해 할 수 있는 것을 생각해 봅시다."

격려하기	• 멘토 · 멘티의 갈등 받아들이기 "이 상황을 해석하는 데 있어 다소 의견 차이가 있을 수 있습니다." "의견 차이를 통하여 오히려 최선책이 나오기도 합니다."
문제해결하기	• 서로가 받아들일 만한 해결책 찾기 "우리는 어떤 것에 합의를 할 수 있을까요?" "우리는 어떤 것에 의견이 다른가요?"
표준화하기	• 세부계획에 동의하기 "언제 수업이 이루어지나요?" "어떤 자원이 필요한가요?"
협상하기	• 최종계획에 동의하기 "선생님이 이해한 계획을 다시 이야기해 주세요." "우리가 합의한 것을 명료화하기 위해 우리 함께 계획을 적어봅시다."

출처 : Glickman & Ross-Gordon(2001).

〈표 8-10〉 멘토링 장학의 사례

3, 4세 혼합연령학급의 이야기 나누기에 대한 맞춤형 수업장학 실행연구

- **연구목적** : 원장의 멘토링을 통해 영아와의 상호작용에서 나타난 영아반 초임교사의 상호작용 변화 탐색
- **연구대상** : H 어린이집 2세반 담임 S교사, 원장
- **연구방법** : 자료수집은 5개월간 S교사와 영아의 일과 중 상호작용에 대한 관찰, 녹화, 전사자료, 교사의 반성적 저널과 면담자료 등 다면적 수집
- **연구결과** : ① 2세 영아반 교사 - 원장의 멘토링 과정은 지켜보기, 관계맺기, 파악 및 가르치기, 기회주기, 확증하기의 다섯 단계로 진행됨
  ② 원장의 지속적인 멘토링으로 S교사는 영아의 마음을 읽어주고 긍정적인 언행으로 영아를 격려하는 긍정적인 변화를 가져옴
- **연구가치** : 2세반 영아교사의 상호작용에 대한 원장의 지속적인 멘토링은 교사의 자신의 문제인식 및 개선의 의지와 바람직한 적용으로 변화를 이끌어 내므로 초임교사의 상호작용 능력의 모색의 기초자료가 됨

출처 : 서은정 · 신현정(2021).

멘토링의 과정과 방법은 다양하여 어떤 하나의 정도가 있는 것은 아니지만, 멘토링이 성공적으로 운영되기 위해 고려할 점을 살펴보면 다음과 같다(염지숙 외, 2022).

첫째, 멘토링의 과정을 순환적 시스템을 활용하여 체계적인 과정으로 진행한다.

둘째, 멘토링은 멘토와 멘티 간의 신뢰감 형성이 우선되어야 한다. 사적인 대화 시간이 아닌 교육적 대화를 위한 공동체 문화 형성의 기회가 되도록 하기 위해서이다.

셋째, 반성적 사고를 촉진하는 다양한 기술과 방법을 활용한다. 멘토링은 궁극적으로 멘티의 독립을 추구하는 것이며, 멘티의 자율성과 전문지식의 발달을 촉진시키는 역할을 하기 때문이다.

넷째, 멘토링을 위해 멘토와 멘티에게 효과적인 의사소통 능력이 요구된다. 상호간의 이야기 경청하기, 반영적 듣기, 반성적 질문하기, 명확히 질문하기, 구체적인 과제에 초점을 맞추어 시의 적절하게 피드백 주기 등을 활용할 수 있다.

생각나누기

- 멘토의 역할을 해야 하는 원장으로 나는 어떤 원장인지 생각해 보세요. 또한 멘토의 역할과 자질에 대해 고민하면서 어떤 원장이 되고 싶은지도 생각해 보세요.

참고문헌

강순미(2007). 멘토링에 의한 교사-유아의 언어적 상호작용 변화 탐구. 성균관대학교 대학원 박사학위논문.

구희칠(2006). 교내 자율장학 활성화를 위한 실천모형 개발. 대구교육대학교 교육대학원 석사학위논문.

권순애 · 조안나(2022). 어린이집 자율장학의 운영의 실태와 활성화 방안에 대한 유아교사의 인식. **사회심리발달연구, 3**(1), 92-110.

김미정 · 최일선(2019). 동료교사 장학을 통한 어린이집 교사의 수업전문성 변화 탐색. 정기학술대회 논문집. 2020.

김선경(2013). 유치원내 자율장학의 실태와 문제점 및 활성화 방안. 충남대학교 교육대학원 석사학위논문.

김윤희 · 오인희(2017). 유아교사의 자기장학 수행과 전문성 발달에 관한 연구. **포괄영유아 · 아동교육지원연구, 5**(2), 60-87.

김정숙 · 이수민 · 박진아(2023). **유아교육기관 운영관리.** 서울 : 한국방송통신대학교출판문화원.

김현정 · 황혜정(2019). 어린이집 동료장학의 인식과 실태에 따른 교사효능감의 차이. **한국보육학회지, 19**(3).

박찬옥 · 이영미(2007). 멘토링을 통한 2세 영아교사 보육프로그램 수행과정 탐색. **유아교육연구, 27**(4), 79-103.

박창현(2021). 에듀테크를 활용한 영유아교사 전문성 교육의 미래탐색. 교육대전환시대 영유아 디지털 교육 보육정책의 현재와 미래. 2021 제3차 육아정책심포지엄. 육아정책연구소.

보건복지부(2020). 제4차 어린이집표준보육과정 해설서. 세종 : 보건복지부.

보건복지부 · 한국보육진흥원(2024). 2024 개정 어린이집 평가 매뉴얼.

배진옥(2007). 예비유아교사를 위한 저널쓰기 멘토링 프로그램의 개발과 효과검증. 동아대학교 대학원 박사학위논문.

백은주(2002). 발달적 장학을 통한 유치원 교사의 발달 과정. 한국교원대학교 대학원 박사학위논문.

서울시육아종합지원센터(2022). 2022 서울특별시육아종합지원센터 어린이집 컨설팅 '시작된 변화 성장하는 우리' 수기집.

서은정 · 신현정(2021). 원장의 멘토링을 통한 영아반 초임교사의 상호작용 변화와 탐색. **아동연구, 33**(1).

송정원(2008). 유치원 교사의 수업장학 경험의 이해. 배재대학교 대학원 박사학위논문.

송정원 · 이대균(2008). 유치원 교사의 수업장학 경험의 이해. **유아교육연구, 28**(4), 379-403.

양복순(2005). 유아교사들의 자기장학 수행정도에 따른 교사 효능감 분석. 광주여자대학교 교육대학원 석사학위논문.

염지숙 · 이명순 · 조형숙 · 김현주(2022). **유아교사론**(제5판). 경기 : 정민사.

오한나 · 임승렬(2012). 맞춤형 수업장학을 통한 영아보육교사 전문성 인식 및 교수 실제의 변화 연구. **육아정책연구, 6**(1), 67-94.

유영혜(2006). 자율장학을 통한 교수 실제 변화에 관한 질적 연구 : A유치원을 중심으로. 창원대학교 대학원 교육학과 박사학위논문.

이명순 · 염지숙 · 조형숙 · 김현주(2022). **인성에 기초한 보육교사론**. 경기 : 정민사.

이연주(2013). 원내 자율장학에 대한 보육교사의 경험과 요구. 성신여자대학교 대학원 석사학위논문.

이수인(2017). 보육교사의 학습공동체 참여를 통한 회복탄력성 경험 탐구. 배재대학교 대학원 석사학위논문.

이진옥 · 이대균(2016). 어린이집 만1세 영아반 교사의 요구에 따른 맞춤형 수업컨설팅 실행과정과 결과. **열린유아교육연구, 21**(1), 241-273.

이진희 · 김희연 · 신은미 · 정가윤 · 허정민(2023). **아동관찰 및 행동연구 : 영유아교사의 윤리적 실천**. 서울 : 창지사.

임승렬 · 김연미 · 이은정(2014). **영유아 교사를 위한 보육교사론**. 경기 : 파워북.

임승렬 · 이혜진(2016). 만 3, 4세 혼합연령학급의 이야기나누기에 대한 맞춤형 수업장학 실행연구. **한국열린유아교육학회, 21**(3), 1-31.

정숙진(2010). 멘토링 장학에 대한 초등교사의 인식 분석. 경인교육대학교 교육대학원 석사학위논문.

정효정 · 장영인 · 김현진(2016). 보육교직원의 인식과 욕구를 통해 본 교사중심 보육컨설팅 운영방안. **한국영유아보육학, 101**, 245-274.

조부경 · 백은주 · 서소영(2001). **유아교사의 발달을 돕는 장학**. 서울 : 양서원.

조형숙 · 김현주(2005). 유아교사를 위한 집단 멘토링의 의미 탐색. **미래유아교육학회지, 12**(1), 227-263.

조혜경 · 구경선 · 안미희(2022). **보육교사론과 인성**. 서울 : 창지사.

천연미 · 한유진 · 김은희 · 고윤지 · 곽경숙 · 김미진 · 백진희 · 신승희 · 안영옥 · 안복희 · 안정현 · 양선영 · 오치국 · 윤소정 · 이미숙 · 이미애 · 이민정 · 이진실 · 이행숙 · 이현경 · 장 훈 · 정애련 · 한승의 · 허재윤 · 홍정무(2021). **어린이집 원장 사전직무 교육**. 경기 : 공동체.

채영란 · 박유영 · 박희숙 · 신금호 · 이은희 · 조은정(2015). **유아교육개론**. 경기 : 정민사.

한국보육진흥원(2022). 2020 공공형 어린이집 원장연수 기본과정 자료집.

홍은경 · 백영수 · 김성숙(2006). 유치원 교사의 멘토링에 대한 인식 및 요구. **유아교육학논집, 10**(4), 5-24.

Caruso, J. J., & Fawcett, M. T.(1999). *Supervision in early childhood education : A developmental perspective*(2nd ed.). New York : Teachers College Press.

Glickman, C. D., Gordon, S. P., & Ross-Gordon, J. M.(2001). *Supervision and instructional leadership : A developmental approach*. MA : Allyn and Bacon.

Katz, L. G.(1972). Developmental supervision : Reducing teacher stress at different career stages. (ERIC Document Reproduction Service No. Ed 218 267).

Yinger, R. J., & Clark, C. M.(1981). *Reflective Journal Writing : Theory and Practice*. Michigan : The Institute for Research on Teaching.

CHAPTER 09

다양한 가족의 양육지원

김민희(명지대학교 아동학과 박사)

학습목표

- 특별한 욕구를 가진 가족의 특성과 현황을 분석하고, 이에 따른 양육지원을 계획하고 실천한다.
- 포괄적 보육서비스를 이해하고 활용한다.
- 긴급복지지원제도를 이해하고, 필요에 따라 지원한다.

1. 특별한 욕구 가족의 유형과 양육지원 방안

1) 다양한 가족의 특성 및 현황분석

사람은 태어나는 순간, 어떠한 유형이나 형태와 상관없이 '가족'이라는 집단 안에 생활하게 된다. 그러나 시대가 변화하면서 다양한 유형의 가족이 등장하게 되었고, 점차 각 개인이 경험하는 가족은 매우 개별적이고 특수한 형태의 가족 관계로 변화되었다. 우리나라는 산업화와 세계화 과정을 거치면서 새로운 가치관이 형성되기 시작하였고, 이에 따라 다양한 유형의 가족이 등장하였다. 이러한 가족 유형의 다양화는 「제4차 건강가정기본계획」(2021~2025)에서 제시한 정책 목표 중 '가족 다양성 인정'을 설정한다고 밝혔다(여성가족부, 2021). 따라서 다양한 가족의 유형과 다양한 가족의 지원 제도에 대해 알아보고자 한다.

(1) 한부모 가족

한부모 가족이란 모자 가족 또는 부자 가족으로서 18세 미만의 아동을 양육하는 가족을 말한다. 아울러 소득 인정액이 기준 중위소득 60% 이하(복지급여 지급기준은 기준 중위소득 52% 이하)에 부합하는 경우도 이에 해당된다(한부모지원가족법, 2023). 통계청의 2021년 인구주택총조사에 의하면 전국 한부모 가족 현황은 2020년도 1,533명에서 2021년에는 1,510명으로 그 수가 줄어든 것으로 집계되었다.

(2) 다문화 가족

다문화가족지원법(2020)에 제시된 '다문화 가족'은 「외국인처우기본법」에 따라 대한민국인과 혼인하였거나 「국적법」에 의해 대한민국 국적을 취득한 자의 가족을 말한다. 제4차 다문화가족정책 기본계획안(2023~2027)에 의하면 우리나라에 거주하고 있는 다문화가구수는 2018년 1백만 명을 넘어 2021년에는 112만 명으로 증가하였다. 즉, 2021년 기준으로 다문화 가구는 38.5만 가구로 전체 가구(2,202만 가구)의 1.8%를 차지하고 있으며, 다문화 가구원은 112만 명으로, 전체인구(5,174만 명)의 2.2%로 집계되었다. 이어 다문화가족 자녀 유형별 현황을 살펴보면, 만 6세 이하는 109,081명, 만 7~12세는 109,519명, 만 13~15세는 51,546명, 만 16~18세는 29,294명으로 집계되었다(여성가족부, 2023b).

(3) 북한이탈주민 가족

1990년대부터 북한에서 심각한 식량난과 경제난으로 인한 대규모 탈북이 일어나면서 1998년 이후부터 급증하기 시작하였다. 최근에는 북한이탈은 가족 단위의 입국과 여성의 입국이 증가하는 추세이다. 1999년부터 통일부의 소속기관인 하나원에서 북한이탈주민을 위한 정착지원이 이루어지고 있으며, 2003년 UN에서 위임 난민으로 인정하여 보호받고 있다.

2) 다양한 가족의 양육지원

(1) 다양한 가족의 욕구 분석 및 양육지원

① 한부모 생활 안정 지원

제1차 한부모가족정책 기본계획(2023~2027) 과제에서는 한부모가족 생활 안정 지원을 위한 정책을 제시하였다. 그리고 저소득 한부모 생계 지원으로 양육 지원 대상을 확대하여 지원한다고 발표하였다. 2016년도에는 기준 중위소득 52% 이하의 한부모 가족 아동양육비 지원을 20만 명이 받았는데, 2023년부터는 60% 이하의 아동양육비 지원 대상을 23만 명으로 확대하여 지원한다고 언급하였다. 이어 한부모가족의 자립 역량 제고를 위해 한부모 맞춤형 직업교육 활성화하고, 취업 교육 · 훈련 프로그램 운영 시 자녀 돌봄 연계를 강화하여 한부모가족 자녀 돌봄 지원을 확대한다고 제시하였다(보건복지부, 2023d).

② 결혼 이민자 안정적 정착 지원

여성가족부(2023a) 주요업무 추진계획 중 결혼 이민자의 안정적 정착을 위한 지원 사업에서는 통번역 및 맞춤형 사례관리를 통한 정착 지원 사업을 실시한다. 이를 위해 지원 인력으로 통번역 지도사, 사례관리사를 배치하여 다문화 가족이 건강한 사회 구성원이 되도록 초석을 마련해 주고자 한다. 또한 다문화 가족 자녀의 의사소통에 어려움을 가진 아동에게 적절한 언어교육을 실시하여 아동의 언어발달 촉진을 도모할 수 있는 기회를 제공하고자 한다(여성가족부, 2023).

③ 장애아동수당 지원 사업

장애아동수당이란 「장애인복지법」 제50조 제1항에 의해 국가와 지방자치단체가 장애아동에게 보호자의 경제적으로 인해 생활이 어려운 아동의 생활 안정 지원 및 복지를 증진하고자 18세 미만의 장애인(1~6급)으로서, 국민기초생활보장 수급자 및 차상위계층에 속하는 아동에게 매월 수당을 지급하는 제도이다. 이는 읍 · 면 · 동 주민센터에서 신청이 가능하며, 지원액은 장애 및 수급 유형에 따라 다르다. 구체적인 장애아동수당의 유형 및 지급액을 살펴보면 〈표 9-1〉과 같다(보건복지부, 2023c).

〈표 9-1〉 장애아동수당의 유형 및 지급액

유 형	중증 장애 아동수당	경증 장애 아동수당
생계 · 의료급여 수급자	22만 원/월	11만 원/월
주거 · 교육급여 수급자	17만 원/월	11만 원/월
차상위계층	17만 원/월	11만 원/월
보장시설 수급자(생계, 의료)	9만 원/월	3만 원/월

출처 : 보건복지부(2023c).

2. 포괄적 보육 서비스의 이해와 유관기관 연계

1) 포괄적 보육 서비스의 이해

(1) 포괄적 보육 서비스의 개념

현대사회는 여성의 경제활동과 가정해체의 증가로 인해 가정의 아동 양육 기능이 점차 약화되는 반면, 아동 보육에 대한 사회적 욕구와 국가의 책임이 점차 높아지고 있다. 따라서 자선적이며 빈민구제의 목적으로 시작되었던 아동 보육 서비스는 점차 모든 아동의 기본적 권리를 보장하기 위한 아동복지, 여성의 사회참여와 경제활동을 지원하는 가정의 아동 양육 기능을 향상시키는 가정 복지와 지역사회의 복지를 추구하는 복합적인 사회복지 서비스로 발전되어 왔다.

이에 따라 부모가 사회 · 경제적 활동을 할 수 있도록 자녀를 믿고 맡길 수 있는 사회적 지원체계에 대한 필요성이 인식되었다. 또한 보육 서비스뿐만 아니라, 영유아 가족과 지역사회 환경도 포함한 확장된 서비스를 제공해야 한다는 요구가 높아졌다. 특히 사회경제, 신체, 문화적 측면에서 불이익을 당할 수 있는 빈곤층 영유아와 그 가정에 대한 공평한 기회와 환경을 제공하여 중요한 시기인 생의 초기에 영유아의 발달에 긍정적인 영향을 미칠 수 있는 사회적 개입의 필요성이 대두되었다.

따라서 포괄적 보육 서비스는 기초적인 생존권을 보장받지 못하는 저소득 가정의 자녀를 우선적으로 보호 양육하며, 점차 일반 아동과 이들 가정에 복지를 증진하기 위한 복지기관으로서의 사회적 기능을 수행할 필요가 있다.

2) 포괄적 보육 서비스의 구성 요소

포괄적 보육 서비스는 보육 대상자인 영유아를 포함하여 부모, 지역사회, 어린이집까지 모두를 포함하는 통합적 보육 서비스이다. 미시적인 관점에서 관심의 초점을 영유아에게 맞추기는 하지만, 가정을 변화시키는 작업도 병행되어야 한다. 따라서 포괄적 보육 서비스에 대한 구체적인 구성 요소를 살펴보면 다음과 같다(박찬옥 외, 2011).

- **목적의 포괄성** : 포괄적 보육 서비스는 영유아, 가정 및 지역사회의 복지를 동시에 추구하는 목적의 포괄성을 지닌다.
- **관점의 포괄성** : 포괄적 보육 서비스는 생태 체계적 관점에 따라 영유아와 가정 환경, 지역사회 특성에 따라 개별적으로 구성되고, 제공되어야 한다.
- **어린이집 기능의 포괄성** : 포괄적 보육 서비스는 어린이집이 영유아 복지 서비스의 기능을 수행하여야 하는 포괄성을 의미한다.
- **서비스 대상의 포괄성** : 포괄적 보육 서비스는 영유아만이 아닌 가정 및 지역사회도 포함하고 있다.
- **보육내용의 포괄성** : 교육, 영양, 건강, 안전 등 부모와, 지역사회에 대해 모두 포함되는 내용의 포괄성이다.

3) 포괄적 보육서비스의 활용

포괄적 보육 서비스를 활용한 보육프로그램의 구체적인 보육내용을 영유아, 가정, 지역사회로 분류하여 설명하면 다음과 같다(김현정 · 김 현, 2020).

(1) 유아 보육프로그램

영유아 보육프로그램은 저소득층 아동의 개인 문화적 특징을 고려한 아동 교육 프로그램으로 구체적 내용을 설명하면 다음과 같다. 첫째, 기본생활습관을 바르게 형성하고 자조 능력을 기른다. 둘째, 친사회성을 증진하여 또래와의 친근한 관계를 지속하도록 한다. 셋째, 놀이에 몰입하는 경험을 갖고 협동 및 극화 놀이를 즐기도록 한다. 넷째, 효과적인 의사소통 능력을 기른다. 다섯째, 읽고 쓰기에 대한 관심을 갖도록 한다. 여섯째, 기본적인 수 · 과학 개념을 형성한다. 일곱째, 정서적인 안정감을 갖고 적절하게 자신의 감정을 표현함으로써 자기 통제 능력을 기르도록 한다. 여덟째, 새로운 것을 학습하는 것에 대한 관심과 흥미를 갖도록 한다. 아홉째, 주변을 주의 깊게 관찰하는 태도와 탐구하는 자세를 갖도록 한다. 열째, 집단의 한 구성원으로서 자신의 역할을 알고 책임을 다하는 태도를 기른다.

(2) 부모지원 프로그램

부모지원 프로그램은 부모가 자녀를 잘 양육하도록 돕는 것을 포함한다. 즉, 온 가족의 교육적 사회적, 경제적 상황을 향상시키도록 돕는 것을 목표로 두고 있으며, 영유아와 부모(가족)에게 도움을 주는 '2세대 돕기 프로그램' 내용을 포함하고 있다.

알아두면 좋은 정부정책·육아지원서비스 검색사이트

구분	주요 서비스	전화번호	주소
정부24	맞춤형 혜택서비스 안내 (민원 24, 알리드림e, 타정부기관 서비스 22종을 모아 원스톱으로 제공하는 서비스)	1588-2188	http://www.gov.kr
임신육아 종합포털 아이사랑	임신, 육아, 출산, 어린이집·유치원 관련 이용 서비스 안내 (전문가 상담 및 정부 지원 서비스, 어린이집, 유치원 이용 관련 정부 정보 제공 서비스)	1566-3232	http://www.childcare.go.kr
복지로	나에게 맞는 복지 서비스 안내	129	http://www.bokjiro.go.kr
육아종합 지원센터	어린이집 및 가정양육지원서비스 안내, 관련 정보 제공 (전국센터 부모교육 일정 안내)	1577-0756	http://central.childcare.go.kr
건강가정 지원센터	가족교육 및 가족상담사업, 아이돌봄지원사업 등	1577-9337	http://www.familynet.or.kr
학부모 지원센터	학부모 참여지원, 학부모 교육 및 상담실 운영	1899-0025	http://www.parents.go.kr

| 그림 9-1 | 부모지원 프로그램 안내

출처 : 중앙육아종합지원센터(www.central.childcare.go.kr).

(3) 지역사회연계 프로그램

지역사회연계 프로그램은 아동과 부모의 요구에 맞춘 전문적인 자원을 개발한 보육서비스를 말한다. 이는 지역사회기관 또는 민간단체에서 협력하는 연계프로그램이 해당되며, 영유아, 가족, 지역사회가 상호 협력적으로 서비스를 제공하는 것이 중요하다. 또한 지역 내 육아종합지원센터, 가족센터, 보건소 등 기관과 연계 · 협력으로 지역사회 양육 인프라 · 자원 연결망을 구축하여 연계프로그램을 제공하고 있다.

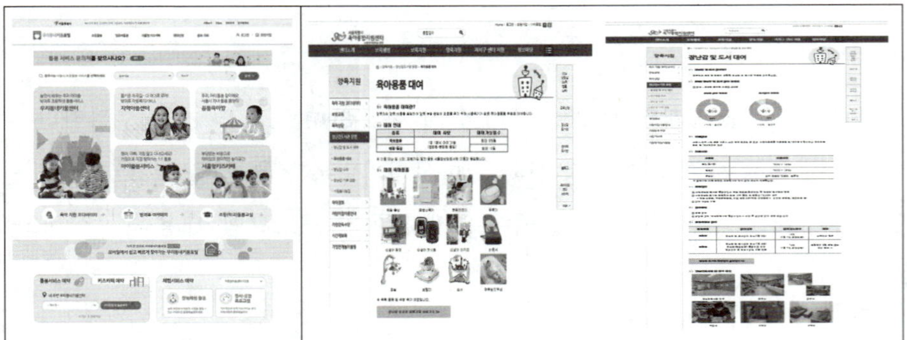

우리동네 키움포털
www.icare.seoul.go.kr

서울시육아종합지원센터
www.seoul.childcare.go.kr

| 그림 9-2 | 지역사회 연계 프로그램 활용 안내

우수사례 광명시 육아종합지원센터 유관기관 협력 사업

- (건강 · 안전) 소방서, 종합사회복지관, 보건소(영유아 마사지교육)
- (어린이집 지원 · 교육) 아동보호전문기관(아동학대 신고의무자 교육), 실종아동전문기관(실종 · 유괴예방교육), 정신건강증진센터(보육교직원 정신건강 교육 및 상담), 자원봉사센터(어린이집 자원봉사)
- (출산 · 양육 지원) 대한체육회(임산부, 출산 후 생활체육활동), 가족센터(아빠놀이학교 프로그램), 사회적협동조합 그린무브공작소(장난감 순환, 재활용) 등

┃그림 9-3┃ 광명시 육아종합지원센터 유관기관 협력 사업

출처 : 제4차 중장기보육 기본계획안(2023~2027).

3. 긴급복지지원제도의 이해와 활용

1) 긴급복지의 기본 원칙과 종류

(1) 긴급복지지원이란?

"긴급복지지원"이란 생계의 어려움과 위기 상황에 처하여 도움이 절실한 사람 또는 생계 및 주거를 같이하는 가구 구성원에게 「긴급복지지원법」에 따라 일시적으로 신속하게 지원하는 제도를 말한다(긴급복지지원법 제1조). 2004년 12월, 4세의 아이가 장롱 안에서 숨진 채 발견된 '대구 동구 불로동 사건'은 일시적 빈곤계층에 대한 기존 우리 사회의 안전망에 대한 무력함을 드러내는 계기가 되었다. 이를 기반으로 긴급복지지원 제도의 도입뿐 아니라, 사각지대 발굴을 위한 긴급지원 인프라 구축의 필요성을 부각하는 계기가 되었다. 이에 따라 2005년부터는 긴급지원인프라 구축 및 24시간 상담서비스를 제공하였다. 그리고 기존 공공부조제도의 사각지대를 완화하고, 빈곤계층의 극단적인 생계형 사고로부터 예방한다는 긴급복지법이 형성되었다.

(2) 긴급복지의 기본 원칙과 종류

① 긴급복지의 기본 원칙

긴급복지의 기본 원칙은 어려운 상황에 놓여있는 사람을 일시적으로 지원하는 제도를 원칙으로 두고 있다. 기본 원칙의 종류로는 '선지원 후처리 원칙', '단기 지원 원칙', '타 법률 중복지원 금지의 원칙', '가구단의 지원의 원칙'이 있다.

② 긴급복지지원의 종류

긴급복지지원의 종류는 '금전 · 현물 등의 직접 지원'과 '민간기관 · 단체와의 연계' 등의 지원으로 구분할 수 있다. 먼저, 금전 · 현물 등의 직접 지원으로는 생계, 의료, 주거, 사회복지시설 이용지원 등이 이에 해당된다. 민간기관 · 단체와의 연계 등의 지원은 「대한적십자사 조직법」에 의한 대한적십자사, 「사회복지공동모금회법」에 의한 사회복지공동모금회 등의 사회복지기관 단체로의 연계지원이 이에 해당된다. 또한 그 밖에 지원제도는 상담과 정보 제공을 통해서 지원을 받을 수 있다(보건복지부, 2023a).

2) 긴급복지지원제도 신고자 의무교육

(1) 긴급복지지원제도 신고자 의무교육

긴급지원 신고의무에 대한 교육은 「긴급복지지원법」 제7조 제5항에 근거하여 의무교육을 받아야 한다. 긴급복지 신고의무자가 소속된 기관과 시설 등의 장(이하 '기관 · 시설장')은 소속 신고의무자에게 신고의무교육을 연간 1시간 이상 실시하여야 하며, 결과를 관계 중앙행정기관의 장에게 제출해야 한다.

(2) 긴급복지지원법에 의한 신고의무자에 대한 교육 내용

긴급복지지원법 시행규칙 제2조의3(긴급지원대상자의 신고의무 관련 교육)은 법 제7조 제4항에 따른 긴급지원 사업의 신고 및 신고의무와 관련된 교육(이하 "긴급지원 신고의무 교육"이라 한다)을 다음의 내용이 포함된 교육으로 실시하여야 한다. 첫째, 긴급지원대상자 신고의무에 관한 법령, 둘째, 긴급지원대상자 발견 시 신고 방법, 셋째, 긴급대상자 보호 절차에 관한 내용이 포함되어야 한다. 이어 긴급지원 신고의무자 교육은 연간 1시간 이상 이루어져야 하며, 집합교육이나 인터넷 강의 등의 방법으로 교육을 수강할 수 있다(보건복지부, 2023b).

3) 긴급지원 대상자의 발굴

(1) 긴급지원 대상자 발굴 및 신고 대상자

시 · 도 및 시 · 군 · 구는 어려운 상황에 처한 사람에 대한 발굴조사를 연 1회 실시하여야 한다. 또한, 시 · 도 및 시 · 군 · 구는 제1항에 따른 정기발굴조사 또는 수시 발굴조사를 위하여 필요한 경우 관계 기관 · 법인 · 단체 등의 장에게 자료의 제출을 할 수 있으며 위기상황에 처한 사람의 거주지와 현장조사 시 소속 직원과 동행하여 협조를 요청할 수 있다. 이에 따른 긴급지원대상자의 발굴 협력 및 긴급지원 신고의무대상자는 다음 〈표 9-2〉와 같다.

〈표 9-2〉 긴급지원 신고의무대상자

- 「의료법」에 따른 의료기관의 종사자
- 「유아교육법」, 「초 · 중등교육법」, 「고등교육법」에 따른 교원, 직원, 산학겸임교사, 강사
- 「사회복지사업법」에 따른 사회복지시설의 종사자
- 「국가공무원법」 및 「지방공무원법」에 따른 공무원
- 「장애인활동 지원에 관한 법률」 제20조에 따른 활동지원기관의 장 및 그 종사자와 같은 법 제26조에 따른 활동지원인력
- 「학원의 설립 · 운영 및 과외교습에 관한 법률」 제6조에 따른 학원의 운영자 · 강사 · 직원 및 같은 법 제14조에 따른 교습소의 교습자 · 직원
- 「건강가정기본법」 제35조에 따른 건강가정지원센터의 장과 그 종사자
- 「청소년 기본법」 제3조 제6호에 따른 청소년시설 및 같은 조 제8호에 따른 청소년단체의 장과 그 종사자
- 「청소년 보호법」 제35조에 따른 청소년 보호 · 재활센터의 장과 그 종사자
- 「평생교육법」 제2조에 따른 평생교육기관의 장과 그 종사자
- 그 밖에 긴급지원대상자를 발견할 수 있는 자로서 보건복지부령으로 정하는 자

출처 : 국가법령정보센터(2023). 긴급복지지원법.

참고문헌

김현정 · 김 현(2020). **영유아 프로그램 개발과 평가**. 서울 : 동문사.
박찬옥 · 김낙홍 · 구수연 · 이옥임 · 노희연 · 이선영(2011). **영유아 프로그램 개발과 평가**. 경기 : 정민사.
보건복지부(2020). 모자보건 사업안내.
__________(2021). 장애아동가족지원 사업안내.
__________(2023a). 긴급복지 지원사업 안내.
__________(2023b). 2023년도 긴급지원 신고의무자 교육 안내.
__________(2023c). 장애인연금 사업안내(장애수당 및 장애아동수당 포함).
__________(2023d). 2023~2027 제1차 한부모가족정책 기본계획.
__________(2023e). 제4차 중장기 보육 기본 계획안(2023-2027).
여성가족부(2021a). 제4차 건강가정기본계획(2021~2025).
__________(2021b). 2021년 전국다문화 가족 실태조사.
__________(2023a). 2023년 주요 업무 추진 계획.
__________(2023b). 제4차 다문화가족정책기본계획(2023~2027).
육아정책연구소(2019a). 장애 영유아 양육실태 및 요구조사.
______________(2019b). 이주배경 가족의 육아 실태와 지원 방안.
통계청(2021). 인구주택총조사.

건강가정지원센터 www.famlynet.or.kr
국가법령정보센터 www.law.go.kr
서울다문화교육지원센터 www.multiculture.sen.go.kr
서울시육아종합지원센터 www.seoul.childcare.go.kr
우리동네 키움포털 www.icare.seoul.go.kr
중앙육아종합지원센터 www.central.childcare.go.kr

CHAPTER 10

부모-교직원 관계 형성과 협력

정애련(인천재능대학교 복지케어과 겸임교수)

학습목표

- 영유아들에게 질 높은 보육을 제공한다는 공동 목적을 달성하도록 지원하기 위한 파트너십의 중요성을 인식한다.
- 효과적인 의사소통 방법 부모-교직원의 긍정적 관계 형성을 위한 다양한 방법을 알고 실천한다.
- 부모-교직원 간의 다양한 갈등 사례를 분석하여, 원인을 파악하고 해결 전략을 제시할 수 있다.

1. 부모-어린이집 파트너십 형성

1) 부모-교직원 협력관계 구축 방안 탐색

어린이집은 영유아를 안전하게 보호 · 양육하고 발달 특성에 맞는 교육을 제공하는 한편 보호자의 경제 · 사회적 활동이 원활하게 이루어지도록 함으로써 영유아와 그 가정의 복지 증진을 목적으로 한다. 또한 보육교직원은 보호와 교육의 기능을 수행하는 조직으로서 영유아, 부모와 서로 협조적인 분위기를 통해 어린이집 조직의 안정화와 함께 바람직한 보육이 이루어진다는 점에서 다른 조직과 구분되는 고유한 특성을 가진다.

(1) 원장의 역할

원장은 기관 운영을 위해 운영철학을 바탕으로 영유아 및 보육교직원의 관계형성이 원활하도록 노력하는 동시에 학부모와의 관계에도 많은 노력이 요구된다. 왜냐하면 어린이집의 운영은 일반 사회적인 운영체계와는 달리 어린 자녀를 매개로 하는 보육교직원, 영유아 그리고 학부모로 구성된 운영체계를 가지기 때문이다.

영유아의 건전한 성장 발달이라는 공통의 목적을 달성하기 위한 교사와 부모의 노력에도 불구하고 종종 부모와 교직원 간의 갈등상황이 발생하게 된다. 이때 원장은 리더십을 발휘하여 갈등을 원만히 해결하고 교사와 부모와의 협력적 관계 구축을 지원해야 한다. 이를 위해 원장은 부모-어린이집의 협력관계 구축을 위한 방안을 탐색하고 실천하며, 어린이집에서 발생하는 보육교직원, 부모 간의 갈등이나 문제를 해결할 수 있는 전문성을 기르도록 한다. 부모를 동반자로 바라보는 마음자세를 갖추고, 부모참여는 영유아의 발달을 지원하는 필수적인 활동이라는 공감대를 어린이집과 부모가 함께 형성하기 위한 노력을 하며 보육교직원과의 원활한 소통이 이루어질 수 있도록 기회를 마련하여 협력체계를 만들 수 있도록 지도력을 발휘한다.

(2) 보육교직원의 역할

보육교직원은 조직 구성원과의 정보 교환을 하거나 의사를 전달하는 역할을 하게 된다. 또한 영유아를 매개로 학부모와 직접적 또는 간접적인 방법으로 의사소통을 주고받는다. 특히 부모와의 의사소통은 일상생활에서 인사를 주고받는 사적인 의사소통부터 행사에 대한 정보, 영유아의 간식이나 귀가시간 등과 같은 어린이집 생활과 관련된 의견을 나누게 된다. 이 과정에서 부모와의 사회적 관계를 형성하게 되고, 중요한 의사를 논의하는 중요한 시간이 된다. 직접적인 만남을 갖지 못하는 맞벌이 부모의 경우는 키즈노트나 알림장 등을 통해 소통을 하게 되는데, 이때 교사가 전달하고자 하는 정보가 제대로 전달될 수 있도록 노력해야 한다.

(3) 학부모의 역할

학부모는 자녀에 대한 모든 것을 알고자 하는 욕구가 높으며 관심사를 해결하려고 노력한다. 기관에서 자녀의 놀이 및 교육활동이나 발달에 대한 정보, 진급이나 취학 준비와 같이 성장하는 자녀의 발달에 대해 의사소통하고자 한다. 적극적으로 참여하는 부모와의 소통은 비교적 원활한 반면, 경제활동으로 인해 부모참여 활동에 제한이 있는 부모는 키즈노트나 알림장만으로는 소통이 부족하다고 느낄 수 있다. 또한 내 자녀가 소외되거나 교사로부터 관심을 받지 못하면 어쩌나 하는 염려로 예민함을 보일 수도 있기 때문에 교사와의 소통에 신경 써야 한다. 기관이나 교사가 부모 개개인의 일정에 맞추기 어려울 수 있다는 것을 이해하고 최대한 어린이집이 안내하는 활동 일정에 맞추려는 노력도 필요하다.

2) 부모-교직원의 효과적인 의사소통 방법

(1) 의사소통의 중요성 인식 및 소통의 전략

어린이집의 특성상 영유아를 중심으로 보육교직원과 부모는 끊임없이 자신이 생각하는 의견을 교환하면서 협조하고, 때로는 갈등을 겪기도 한다. 이 과정에서 원장은 조율을 통한 합의를 이끌어야 하는데 그 결과에 따라서 보육교직원과 부모의 갈등을 봉합하고 협력 관계로 회복시켜야 하는 중대한 역할을 수행해야 한다.

부모는 "내 아이만 봐달라"는 입장에서 의견을 내고, 보육교직원은 교육을 담당하는 입장에서 의견을 내기 때문에 소통 과정에서 오해가 생길 가능성이 크다. 그만큼 의사소통은 결코 단순하거나 쉬운 것은 아니지만 어린이집은 타 기관과는 다른 영유아를 보육하고 부모의 경제활동을 도와야 하는 중요한 역할을 하는 곳이기 때문에 결코 가볍게 넘길 일은 아니다.

(2) 소통의 전략

보육교직원들은 부모 상담에 대해 부담을 많이 느낀다고 한다. 부모 상담을 위한 교사 교육을 받아본 경험이 부족하고, 대부분은 원내 장학을 통해서 받는다고 보고하고 있다. 대부분의 교사들은 부모 상담의 필요성을 느끼고 있으며, 상담 전문가나 관련 학과의 교수에게 교사 연수를 받고자 한다. 일반적으로 부모 상담에서 받고 싶은 교육은 부모와의 효과적인 대화 방법을 원하고, 다음으로는 부적응 또는 특수 아동의 부모와 상담할 때 아동 유형별 상담 방법을 교육받고자 하였다. 또한 교사들은 아동에 대한 상담에 대해 아동 상담 전문가의 지원이 필요하다고 느끼고 있으며, 교사를 대신해서 육아교육진흥원과 같은 기관에서 실시해 주기를 원했다. 이와 관련해서 몇 개 기관을 묶어 담당 전문 상담사가 지원해 주는 방법을 선호하고, 어렵지만 원내 상주하는 상담교사를 통한 소통 전략도 원하는 것으로 조사되었다(육아정책연구, 2010).

학부모와 교사 간의 의사소통이 원활하지 않을 경우 원장을 통한 중재가 이루어지는데 기관의 입장에서 최대한 부모의 의견에 맞추기 위한 노력 덕분에 대부분의 문제들은 무난하게 해결되는 경우가 많다. 그렇다고 해서 모든 문제가 원장의 중재로 해결되는 것은 아니다. 홈페이지, 알림장, 키즈노트 등을 통해 영유아에 대한 정보와 기관 소식들을 전달하고, 등 · 하원 시에도 보호자와의 직접적인 상담을 통해 소통을 하고 있지만 이런 다양한 방법으로도 교사들은 어려움을 호소하고, 학부모들 역시 소통의 부족함을 느낀다거나 불만이 생긴다고 말한다. 서로의 입장이 다르기 때문에 현명하게 해결할 수 있는 노력이 필요하다.

생각나누기

- 기관과 부모, 보육교사는 협력적인 관계를 유지해야 하지만 구성원 간의 갈등이 생겼을 때 문제를 조정하고 해결할 수 있는 의사소통과 문제 해결 방법은 무엇인가?

2. 부모-어린이집 갈등유형과 해결방안

1) 부모-교직원 갈등 유발 요인

어린이집에 보내지는 영유아는 맞벌이 부부의 증가로 연령이 점차 낮아지고 기관에서 머무르는 시간도 길어지고 있다. 기관에서 보내는 시간이 길어지면서 영유아의 발달에 영향을 미치는 교사의 역할은 어느 때보다 중요할 수밖에 없다. 그런데 보육의 질은 교사에 의해 영향을 받지만 그만큼 보육의 질을 담보받기는 힘든 것이 현실이다. 최근 보육 현장에서는 아동학대와 관련된 사건들이 발생하고 있으며, 이러한 사건들은 교사뿐만 아니라 어린이집 전체에 대한 불신으로 이어져 보육계 전체적으로 사기를 저하시키고 있다. 이는 유능하고 책임감 있는 교사들을 이직하게 만들고 교사 구인을 어렵게 하는 요인이 된다. 영유아의 권익과 보호를 보장하기 위해서는 영유아와 가장 밀접하게 관계를 맺고 있는 교사의 권익을 강화하여 유능한 인재들이 보육현장에 남아서 질 높은 보육이 이루어지도록 제도적인 보완이 필요하다.

어린이집 내에서의 갈등은 개인 또는 보육교직원 간의 대립이나 경쟁으로 인하여 의사결정이나 조직 발전에 다양한 형태로 지장을 초래한다. 갈등 개념의 구성요소를 살펴보면, 상호의존적인 존재, 이익에 대한 대립되는 인식의 차이들, 집단 안에서의 상호작용, 일방적인 한쪽의 이익으로 인한 피해 등을 말하며 갈등의 원인으로 가치관의 차이, 재원의 결핍, 신념과 규범에 대한 믿음의 차이, 의무감의 충돌, 희소가치에 대한 권리 등에서 서로 어긋나는 것을 지적하고 있다(임유진, 2010).

(1) 부모의 민원에서 오는 갈등상황

민간어린이집의 경우는 궁금한 사안이나 불편 사항을 직접적으로 민원을 재기하면서 갈등의 요지가 드러나게 되고, 국공립어린이집의 경우는 민원을 지자체로 하면 그만이라는 인식 때문에 직접 해결할 기회보다는 지자체로부터 민원에 대한 해결을 요구받기 때문에 어쩔 수 없이 민원을 예방하고 해결하려는 과정에서 원장은 추후 위탁받는 문제에 신경이 쓰이고, 보육교직원은 권위자로부터 지시를 받기 때문에 부모에 대한 원망이 생길 수 있으므로 갈등이 심화되는 것을 경험한다.

생각나누기

국공립과 민간은 엄마들 마인드가 다른 느낌이에요. 민간은 엄마들이 "내가 원장님한테 말한다."고 했다가 원장이 들어주지 않으면 뒤에서 수군거리지만 대놓고 말하지 못하고, "내가 나가야지" 이런 마인드가 있어요. 그런데 국공립은 나라에서 운영하는 거니까 민원만 넣으면 된다는 생각이 굉장히 많은 것 같아요. 엄마들의 눈치를 많이 보게 되고, 운영위원회에서 건의되는 내용이나 만족도 조사 결과도 신경을 써야 해요. 부모님들과 감정적으로 가다가는 대화로 소통할 기회까지 못 가고 민원이 제기될까 봐 가급적이면 들어주고, 그러면서 마음속으로는 '아... 내가 이런 것까지 들어줘야 하나?'라는 갈등이 생겨요. (D원장, 개별 면담)

출처 : 양보경(222).

(2) 타 기관과의 비교에서 오는 갈등상황

어린이집은 소문에 취약한 편이다. 국공립어린이집이나 민간어린이집 모두 부모들의 비교에 자유롭지 못한데, 특히 지역 맘카페에서 떠도는 확인되지 않은 내용이나 타 기관에서 무언가 더 해준다고 하면 그것과 비교하면서 예민하게 반응하는 학부모와의 갈등을 겪는다.

생각나누기

저는 긴급보육을 해야 할 때 등원하지 않는 10명 정도의 아이들에게 키트와 간식꾸러미를 보냈고 잘 받았는지 확인하려고 학부모님께 전화를 했는데, 어느 부모님께서 "큰 애 어린이집은 진짜 많이 줬어요. 원장님 왜 엄마들 건 안 주셨어요? 아니 애들 간식만 주면 어떡해요? 엄마들이 얼마나 힘든데 다음에는 엄마들 것도 신경 써주세요" 이러시는 거예요. 나는 늘 한다고 하는데 주변 기관하고 비교당하는 게 정말 힘들어요. (C원장, 개별 면담)

출처 : 양보경(222).

(3) 학부모의 지나친 요구사항에서 오는 갈등상황

어린이집의 주요 서비스인 교육 및 보호 서비스뿐만 아니라 포괄적인 복지를 어떻게 서비스하면서 운영할지에 관한 고민은 누구나 할 텐데 학부모 개인적인 요구가 있을 때 반영해야 하는 어려움이 있다.

생각나누기

하루는 한 어머니가 다급하게 오시더니 문을 빨리 열지 않는다고 하면서 “우리 애가 엘리베이터 안에서 응가를 했어요. 치워주세요.” 하는 거예요. 아침 맞이 시간이라 바빴지만 그래도 응가했다니까 기저귀 갈아주고 씻겨주었는데 어머님의 말투가 너무 화가 나는 거예요. 아이를 돌보는 일을 하지만 말을 함부로 하는 부모님들에게 화는 나지만 속으로 삭여야 하는 게 더 속상할 때도 있어요. (B교사 심층면담)

출처 : 신현숙(2017).

(4) 아동학대 관련 갈등상황

아동학대는 사회적 이슈가 되기 때문에 학부모들의 교사를 바라보는 시선이 편안하지 않다. 아동학대에는 부모들이 예민하게 반응을 하여 무조건 CCTV를 보여 달라고 하거나 절차를 설명해도 경찰에 신고하겠다고 하는 경우는 교사들이나 기관은 가장 어려움을 겪는다. 또한 지역의 맘카페를 통해 확인되지 않은 사실들을 올려 교사를 아동학대 가해자로 몰아서 억울한 피해자가 되기도 한다.

생각나누기

우리 어린이집은 신도시에 있어서 지역 맘카페들이 형성되어 있고, 사소한 것부터 아동학대까지 수시로 올리기 때문에 신경이 많이 쓰여요. 만약 미세먼지가 심한 날에 바깥놀이를 한다거나 창문을 열어 놓으면 어린이집에 대한 비방 글이 올라와서 스트레스를 받아요. 원장님은 어린이집의 이미지가 나빠져서 원아 모집에 차질이 생기면 어쩌나 하시니까 저희도 힘들어요. (E교사 심층면담)

출처 : 신현숙(2017).

생각나누기

1층 앞마당에서 2층 유희실이 보이는데 아이들과 함께 있던 모습을 보고 계시던 어머니께서 갑자기 아동을 한쪽으로 몰아서 때렸다는 거예요. 원장님과 저는 CCTV로 확인했는데 구석은 보이지 않았는데 저는 너무 억울했어요. 절대 때리지 않았는데 그 어머니는 머리를 때렸다고 하는데 너무 기가 막혔어요. 저는 너무 자존심이 무너지고 서글퍼서 다음 날은 출근하지 않았어요. 정말 억울해요. (D교사 심층면담)

출처 : 신현숙(2017).

(5) 비협조적인 부모와의 갈등상황

부모 참여 수업이나 교육, 행사에 부모님들의 참석률이 높을 경우 교사나 아이들에게 긍정적인 영향을 주기도 하지만, 여러 가지 이유로 참석을 못하는 부모들이 있을 수 있다. 맞벌이 부부가 직장에서 자유롭게 나올 수 없는 경우에는 참석이 어려워 다른 가족이 대신 참여하거나 참여를 못했을 때 아이가 느끼는 상실감이나 어린이집을 이해하는 데도 어려움이 있을 수 있다.

생각나누기

영아반 아이들은 부모와 헤어지기 싫어서 어린이집 문 앞에서 엄마를 따라가겠다고 울고불고 난리가 나는데 부모참여 수업을 진행하면 끝나고 나서가 더 큰일이에요. 끝나고 부모님이 아이를 데려가면 아이들도 좋을 텐데 엄마가 왔다가 그냥 가니까 아이들은 더 울고 힘들어하기 때문에 영아반은 부모참여 수업을 자주 하면 안 좋다는 생각을 하게 돼요. 그런데 평가인증이나 보육정책적으로는 부모참여 수업을 권장하고 있기 때문에 하긴 해야 하지만 정말 걱정부터 되는 것 같아요. (E교사 심청면담)

출처 : 신현숙(2017).

2) 부모-교직원 갈등 해결 전략

(1) 부모 상담을 위한 교사 교육 제공

교사들은 부모 상담을 위한 교육 경험이 부족한 경우가 많아서 부모와의 상담에 부담을 느끼는 것으로 보고된다. 부모와의 상담은 부모-교직원 갈등을 발생시키는 원인이 되기도 하기 때문에 교사들은 부모 상담을 효과적으로 할 수 있도록 교육이 필요하다고 생각한다. 상담 전문가, 관련 학과 교수, 경력교사, 원장 또는 원감 등 경험이 풍부한 선배 교사들이 경험한 효과적인 대화 방법을 교육받고자 한다. 기관 차원에서 부모 상담에 대한 교육의 기회를 제공할 필요성이 있다.

〈표 10-1〉 부모상담 교육내용

구 분	내 용	빈도(%)
일반적인 부모 상담 교육내용	• 부모상담의 사전 준비사항(환경구성, 필요한 물건 등)	29(6.9)
	• 부모상담에 필요한 자료의 준비 및 활용방법	85(20.4)
	• 부모상담의 진행 방법	83(19.9)
	• 부모와의 효과적인 대화 방법	128(30.7)
	• 부모상담 시 교사의 태도	25(6.0)
	• 부모상담 후 부모와 상의한 상담 내용의 활용	67(16.1)
	전체	417(100.0)
부적응 또는 특수아동의 부모 상담 교육내용	• 아동 유형별 부모 상담 방법	124(29.9)
	• 부모에게 자녀의 부적응 또는 장애 이해시키기	105(25.3)
	• 다른 기관과의 연계 받아들이기	95(22.9)
	• 가정-기관 연계하기	91(21.9)
	전체	415(100.0)

출처 : 육아정책연구소(2010).

(2) 부모-교직원 간의 신뢰성

보육활동보호대응가이드

어린이집에서 발생하는 갈등상황을 해소하려면 기본적인 제도적 장치가 마련되어야 한다는 인식도 있지만 더 중요한 문제는 신뢰의 정도라고 보는 시각이 많다.

갈등의 문제는 기관이나 보육교직원에 대한 신뢰와 학부모에 대한 신뢰가 견고하게 작동하면서 상호 관계를 지지하는 정도, 서로에 대한 믿음의 정도에 따라서 해결되거나 혹은 악화 될 수도 있다. 그러므로 각자의 신뢰에 대한 문제뿐만 아니라 커뮤니케이션의 재구성화를 통해 의사소통을 원활히 할 수 있도록 중립적 조정 역할, 보육교사의 보육활동을 보호할 수 있는 제도적 장치, 의사소통의 방식과 효과 등 다양한 갈등해소의 노력이 필요하다.

(3) 부모의 참여기회 확대

부모들은 자신들의 입장에서 인식하고 의견을 내기 때문에 어린이집의 운영이나 보육교직원에 대한 이해, 원장에 대한 이해를 돕기 위해서는 부모 참여 기회를 확대 운영해야 한다. 부모들의 참여를 높이기 위해서 다양한 프로그램 개발이 요구되며 열린 어린이집처럼 부모와의 교류가 언제든지 원활히 이루어질 수 있도록 시스템을 만들고 부모 교육과 부모참여 방식을 마련해야 한다.

열린어린이집가이드라인

생각나누기

사례를 보고 공동 목표 달성을 위해 노력함에 있어 구성원들의 파트너십이 어떤 영향을 미치는지 논의해 보아요.

어린이집 교사들은 항상 까다롭게 민원을 제기하는 학부모 때문에 머리가 아프다고 한다. 자녀와 관련해서 하나부터 열까지 참견이라고 느껴질 만큼 이야기하시고, 어린이집 운영에 대해서도 말하기 때문이다. 원장은 이 학부모를 운영위원으로 위촉하였는데 현재는 운영위원장으로 꼼꼼하게 어린이집과 학부모들을 위해 일을 하고 계시며, 오히려 어린이집이나 교사들의 입장을 이해하고 부모들에게 설명을 해주는 역할자로 바뀌셨다고 한다. (G시 소재 A국공립어린이집 원장)

열린어린이집으로 전환하는 데 어려움을 겪었던 A어린이집은 원장, 보육교직원, 학부모와의 오랜 논의와 협의 끝에 열린어린이집으로 전환하는 데 성공하였다. 열린어린이집으로의 전환을 고민하였을 때 처음에는 원장과 보육교직원들은 학부모들의 간섭이나 의심의 눈초리 등 염려하는 부분이 많았지만 학부모들의 전폭적인 지지에 오히려 힘을 얻고 서로 신뢰를 쌓아가며 영유아를 돌보는 데 좋은 에너지가 되었다고 한다.

3) 부모-교직원 갈등 사례 탐구

① 부모-교직원 갈등상황이나 어린이집 구성원 간의 다양한 갈등상황에 대한 문제를 원장이 방관했을 때 나타날 수 있는 문제점들에 대해 알아보고 그 원인과 개선 방안에 대한 논의를 해보자.

- 갈등상황에 대한 영상

〈사례 1〉 키즈노트 내용 때문에 발생한 갈등

대전의 한 어린이집 교사의 키즈노트 내용을 보고 뭔가 기분이 안 좋았던 부모가 그 감정을 전했고, 서운한 감정이 들었던 교사가 서운하다는 문자를 보내면서 갈등이 생겼다.

출처 : 유튜브(JTBC사건반장)
https://youtu.be/gv6NfWicwnE?si=o_s80xGRc5WpeGQu

키즈노트 내용 때문에

〈사례 2〉 아동학대 누명에 극단 선택

세종시 어린이집 교사는 아동학대를 했다는 누명을 쓰고 학부모에게 욕설과 폭행을 당했고, 그 일로 고소까지 당했으나 무죄를 받았다. 그러나 무죄선고 이후로도 학부모의 지속적인 민원과 폭언 등으로 교사는 퇴사 후 극단적 선택을 했다.

출처 : 유튜브(JTBC사건반장)
https://youtu.be/Tf7msqjCtM?si=SvGNPdVQ7WUgFM2O

아동학대 누명

〈사례 3〉 아이의 말만 듣고 교사에게 항의

경기도의 한 공립유치원 교사가 아이에게 다른 반으로 가라고 했다는 아이 말만 듣고 부모가 교사에게 전화해서 항의하면서 막말을 하였다.

출처 : 유튜브(JTBC사건반장)
https://youtu.be/DLDo2K3qqa4?si=DJ0Rfqrx73Ls6doh

아이 말만 듣고 항의

② 부모-교사 갈등 해결의 상황을 직접 시연해 보고, 갈등상황을 효과적으로 중재하는 방안에 대해 논의해 보자.

생각나누기

- 우리 기관에서 발생했던 갈등상황을 효과적으로 중재하는 방안에 대해 시나리오를 작성해 보아요.

참고문헌

강정원 · 이옥임(2018). 어린이집 안전사고에 대한 보육교직원과 부모의 갈등과 요구. **유아교육학논집, 22**(4), 219-243.

보건복지부(2020). 2020년 열린 어린이집 가이드라인.

_________(2023). 보육교사의 보육활동 보호를 위한 대응 가이드.

서석원(2014). 학부모 불만 해결 과정에 관한 유아교육기관 교원의 경험. 배재대학교 대학원 박사학위논문.

신현숙(2017). 부모와의 관계에서 보육교사가 겪는 어려움과 해결방안에 관한 연구. 중앙대학교 대학원 석사학위논문.

양보경(2022). 국공립어린이집 원장의 갈등상황 경험에 관한 연구. 중부대학교 대학원 석사학위논문.

육아정책연구소(2010). 유아교육 기관 내에서의 상담 자원과 관련된 요구.

_____________(2015). 유치원 · 어린이집 교사 권익 보호 실태 및 증진 방안.

_____________(2017). 영유아기 부모교육 참여 실태 및 내실화 방안 연구.

_____________(2020). 영유아 교육 · 보육 분야 사회갈등 진단과 대응 방안.

임유진(2010). 갈등해소에 있어 커뮤니케이션 요소의 역할에 관한 연구. 이화여자대학교 대학원 박사학위논문.

전선영(2015). 커뮤니케이션 앱을 활용한 교사-어머니 의사소통 경험. 한국교원대학교 교육대학원 석사학위논문.

정혜영(2020). 유아교육 및 보육 현장의 갈등유형과 관리전략에 대한 이론적 · 실천적 탐색. 한국교원교육학회 학술지, 21-48.

보건복지부 홈페이지 www.mohw.go.kr

서울특별시 보육포털서비스 www.iseoul.seoul.go.kr

유튜브 https://youtu.be/gv6NfWicwnE?si=o_s80xGRc5WpeGQu

https://youtu.be/Tf7msqjVCtM?si=SvGNPdVQ7WUgFM2O

https://youtu.be/DLDo2K3qqa4?si=DJ0Rfqrx73Ls6doh

CHAPTER 11

보육정책 동향 이해

이미애(마포구육아종합지원센터 센터장)

학습목표

- 국내 보육정책의 동향과 관련 쟁점을 잘 파악한다.
- 최근의 보육정책과 그 주요 동향이 어린이집 운영에 미치는 영향을 알고, 이를 반영한다.
- 최신의 보육정책 변화와 관련된 주요 쟁점에 대한 원장으로서의 견해를 형성하고, 보육현장에 필요한 보육정책의 긍정적 변화에 적극 기여한다.
- 코로나19와 같은 위기상황에서 정책동향에 대한 민감성을 높이고 위기상황에의 대응능력을 높인다.
- 공공과 민간부문으로 구성된 다양한 보육서비스전달체계의 특성과 쟁점을 파악하고, 자신이 운영하는 어린이집이 아동중심의 관점에서 효율적인 전달체계로서 기능하도록 한다.

1. 최신 보육정책 변화와 동향 분석

1) 국내 보육정책의 주요 동향

(1) 제4차(2023~2027) 중장기 보육 기본계획 기본 방향

우라나라의 보육정책은 제1차 새싹플랜(2006~2008, 여가부), 제1차 보완 아이사랑플랜(2009~2012), 제2차(2013~2017), 제3차(2018~2022) 기본계획을 수립하고 지속적으로 추진해 왔으며 세부적인 내용은 다음과 같다.

• 아이사랑플랜(2009~2012)

비전 "아이와 부모가 행복한 세상"	
6대 추진과제	
① 부모의 비용부담 완화	② 수요자 맞춤 지원
③ 보육시설 질 제고 및 균형 배치	④ 보육인력 전문성 제고
⑤ 전달체계 효율화	⑥ 보육사업 지원체계 구축

• 제2차 중장기 보육 기본계획(2013~2017)

비전 "아이는 행복하고 부모는 안심할 수 있는 세상"	
6대 추진과제	
① 부모의 보육 · 양육 부담 경감	② 수요자 맞춤형 보육 · 양육지원
③ 공공성 확대와 품질 관리 강화	④ 양질의 안심 보육 여건 조성
⑤ 신뢰가 있고 투명한 보육생태계 구축	⑥ 보육서비스 재정 및 전달체계 개선

• 제3차 중장기 보육 기본계획(2018~2022)

비전 "영유아의 행복한 성장을 위해 함께하는 사회"	
4대 추진과제	
① 보육의 공공성 강화	② 보육체계 개편
③ 보육서비스 품질향상	④ 부모 양육지원 확대

구분	그간의 실적 (2018~2022)	성과분석		중장기 보육 기본계획 (2023~2027)
인프라 확충	국공립어린이집 : 2,578개소 육아종합지원센터 : 130개소 시간제보육서비스 : 393개소	성과	공공보육이용률의 대폭 확대	국공립어린이집 확충 : 2,500개소 취약보육지역 지정 지표 마련 시간제보육서비스 : 어린이집 내 통합반 확대
		한계	취약지역과 공공성 개념 모호	
		방향	국공립어린이집 지속 확대, 서비스 접근성 제고	
가정양육 지원확대	가정양육수당 : 56만 명(연) 영아수당 : 10.5만 건(월) 아이돌보미 : 3천 명(연)	성과	가정양육시 현금성 수당 · 가정방문서비스 대폭 확대	부모급여제도 도입 (0세 100만 원, 1세 50만 원) 부모교육 · 정보제공 플랫폼 구축 지역사회 양육지원기관 연계 확대
		한계	부모대상 종합적 양육지원 체계 미흡	
		방향	맞춤형 정보제공, 틈새 · 긴급 보육 지원 강화	

어린이집 서비스 내실화	보육지원체계 개편 연장반 4.8만 개 운영 보조·연장·대체교사 : 25.6만 명 어린이집 평가 의무화 도입 : 98.1% 참여	성과	어린이집 안정적 운영의 기반 마련	외부 환경에 유연－안정적 대응 관리체계 전면 개선 과정·질 중심으로 어린이집 평가체계 개편 보육교직원 양성체계 개편－교육 강화로 전문성 강화
		한계	정책 환경 적극 대응 미비, 어린이집 자율운영 미확보	
		방향	기관 인적·물적 환경 개선, 자율적 품질관리체계 마련	
추진체계 강화	한국보육진흥원 설립(2019년) 보육통합정보시스템 기능 고도화 표준보육과정 개정	성과	내용·전달체계 기반 마련	보육정책 통계 DB 구축 및 정책 활용 어린이집 공동 운영체계 마련 육아종합지원센터 HUB 기관으로 지역사회 내 자원과 서비스 연계
		한계	외부자원과의 효율적 연계 부족	
		방향	양육·보육 인프라의 효과적 연계 및 조정	

[그림 11-1] 보육서비스의 질적인 도약

2023년 저출산 장기화 등 정책환경과 보육서비스 수요 변화를 반영한 향후 5년간 영유아 보육정책 방향의 종합적 제시가 필요하여 영유아보육법 제11조에 근거하여 보건복지부장관은 중앙보육정책위원회 심의를 거쳐 보육 기본계획을 수립하고 2027년까지 추진한다.

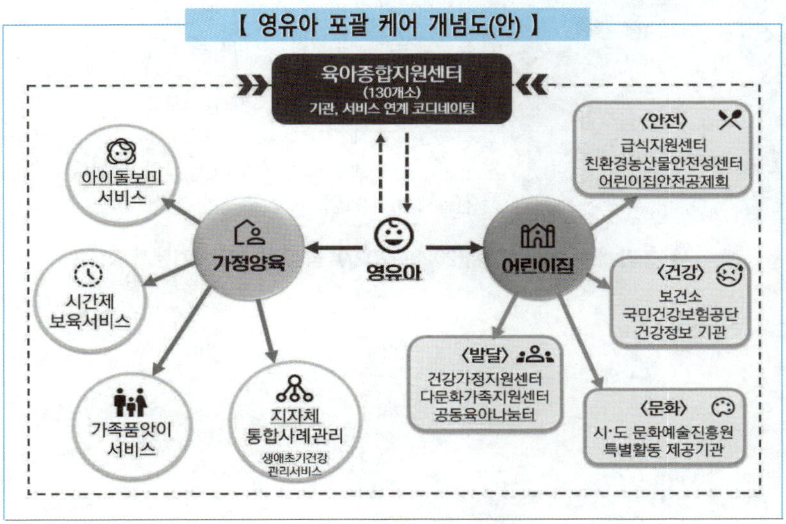

비전	보육 · 양육서비스의 질적 도약으로 모든 영유아의 행복한 성장 뒷받침
목표	■ 영유아 성장발달 시기별 최적의 국가 지원 강화 ■ 미래 대응 질 높은 보육 환경 조성 ■ 모든 영유아에게 격차 없는 평등한 출발선 보장

4대 중점전략 16대 주요 과제

전략		주요 과제
I	종합적 양육지원 강화	1 부모급여 도입으로 양육 비용 경감 2 종합적 육아 지원 서비스 제공 3 맞춤형 양육정보 제공으로 부모 양육역량 강화 4 육아 건강 · 상담서비스 지원 강화
II	영유아 중심 보육서비스 질 제고	1 어린이집 보육 최적의 환경 조성 2 어린이집 품질관리 체계 개편 3 영유아의 건강한 성장발달 지원 및 권리존중 확산 4 놀이 중심 보육 과정 내실화
III	보육교직원 전문성 제고 및 역량 강화	1 보육교직원 양성 및 자격체계 고도화 2 보육교직원 전문역량 강화 3 보육교직원 권익 보호 환경 조성 4 보육교직원 근무환경 및 합리적 처우개선
IV	안정적인 보육서비스 기반 구축	1 어린이집 안정적 · 효율적 지원체계 마련 2 공공보육 확대 및 내실화 3 인구구조 변화에 따른 보육의 사각지대 예방 4 전달체계, 시스템, 홍보 고도화

그림 11-2 제4차(2023~2027) 중장기 보육 기본계획

2) 새로운 보육정책 관련 주요 쟁점

(1) 종합적 양육지원 강화

① 부모급여 도입

출산과 양육 초기의 부담을 대폭 완화(2023. 1.~)하기 위해 부모의 양육 선호와 필요를 반영할 수 있도록 양육에 필요한 비용과 어린이집 이용 비용을 부모에게 통합하여 확대 지급한다. 단계적 확대를 위해 (2023년 → 2024년) 만 0세는 월 70 → 100만 원, 만 1세는 월 35 → 50만 원으로 상향한다. (가칭)아동양육지원법 제정 검토로 양육지원제도 · 수당 체계를 정립(~2027)해 나가도록 한다.

② 시간제보육 확대

시간제보육서비스는 가장 낮은 비용으로 가장 높은 만족도를 보이는 사업으로 2023년부터 제공기관을 확대하고 이용 편의성을 제고한다. 운영모형 다양화로 영아기 전국 단위의 시간제보육 제공을 위한 기반을 마련하고 영아 대상 기존 어린이집 인프라를 적극 활용하여 시간제보육을 제공한 후 지속적으로 인프라를 단계적으로 확대해 나간다. 예로 기존 반에서 정원이 미달될 경우 시간제 보육을 이용 가능한 통합형(정기적 이용) 모델을 도입한다.

③ 양육역량 강화

어린이집을 지역사회 거점 양육지원 기관으로 육성하고 맞춤형 · 참여형 정보제공 확대로 부모의 양육역량 및 효능감 제고를 위해 강화한다.

④ 건강 · 상담지원

영유아 발달검사-상담-치료 연속적 지원을 위해 육아종합지원센터, 의료기관과 발달지원 기관 간 연계 및 정보제공을 강화한다.

3) 코로나19와 같은 위기 상황의 보육

코로나19는 우리 삶에 큰 변화를 가져왔다. 예를 들어, 대면이 필수였던 사회가 어느새 비대면(예 : Zoom)으로 회의와 교육을 선호하고 있다. 이와 같이 변화하는 사회에 맞춰 보육기관을 운영하는 매 순간 위기 상황을 만날 수 있다. 특히 제4차 중장기 보육 기본계획이 시작된 2023년에는 항상 우선순위로 배치되던 국공립확충이 4순위로 밀린 상황이다. 첫 번째 전략이 종합적 양육지원 강화와 함께 부모급여 도입으로 가정어린이집의 영아들이 현재 5월이 되어도 입소가 확정되고 있지 않다. 2023년 1월부터 시작된 유보통합의 논의는 2024년 말 유보통합안을 제시하겠다는 계획이었지만 11월 행안위 법안 통과로 인해 2024년 7월 이후로 정부조직법 개정이 뒤로 밀리게 되었다. 따라서 정책이 가진 한계는 늘 있기 마련이므로 기관을 운영하는 원장은 항상 제도와 정책에 관심을 가지고 있어야 한다. 그렇다면 현재 현장에서 이슈가 되고 있는 쟁점사항들은 무엇이 있는지 생각을 나누며 토의를 해보자.

생각나누기 현재 유아교육현장의 쟁점 이슈들

1. 유보통합
2. 저출생에 대응하는 기관운영 전략 모색
3. 표준보육비용의 한계
4. 기타

2. 보육행정 전달체계의 쟁점

1) 보육전달체계의 특성

(1) 중앙정부에서 어린이집까지의 보육전달체계

보육행정이란 보육정책과 보육현장과의 연결 혹은 보육정책과 보육현장과 연계된 대상자들과의 연결을 의미한다. 행정체계를 구성하는 요소는 다양한 관계를 나타내고 있으며 여러 요소는 보육정책뿐만 아니라 일반적 행정에서도 어떤 사회정책의 성공적인 실행에 있어서 중요하다. 이러한 관계를 형성하고 있는 행정체계는 목적적이다. 그 과정은 정책에 의하여 밝혀진 목적이나 사명으로부터 나아갈 방향을 지시받으며 진행된다. 보육행정이란 어린이집에 의한 직접적 서비스 제공에 필요하며 또한 부수적인 활동을 지원하거나 촉진되는 과정이다. 그리고 구체적인 행정활동은 기능 및 정책의 결정, 기록보관, 회계, 지속적 서비스의 실행 등 기본적 활동과 기타 다양한 내용들이 포함된다고 정의할 수 있다.

보육행정체계는 보육정책에 의하여 수립된 사업의 목적을 달성하기 위하여 고안된 특정의 서비스로 자원을 기획, 조직, 지도, 관리, 평가의 수행을 포함하여 구성되어 있다. 보육행정의 기능은 각 단계의 전달체계로 계속적인 정보와 결과를 환류한다. 이는 서비스 전달의 결과(바람직한 사회변화)에 대한 환류(feedback)로 투입(즉, 가치, 정책, 자원)과 행정과정(즉, 기획, 조직 등)에 영향을 미친다. 보육행정은 보육정책을 보육서비스로 전환하는 과정이며 보육서비스를 효과적으로 공급하고 전달하는 것을 용이하게 하는 방법이다.

2) 보육전달체계에 관한 최근 쟁점

1	국내 보육정책의 새로운 추세와 동향과 그 배경 파악
2	새로운 정책변화가 어린이집 운영에 미치는 영향을 인식하고 대응
3	보육정책에 관한 최신의 논점을 파악하고 어린이집의 운영 방향에 반영
4	변화되는 보육전달체계에 관한 쟁점 이해, 전달체계 개선과 발전 논의

어린이집의 운영책임자인 원장이 보육정책의 현황과 새로운 추세를 잘 파악하고, 이러한 정책변화가 어린이집에 미치는 영향을 민감하게 인식하여, 새로운 보육정책의 흐름에 부응하는 어린이집 운영을 하는 것을 목적으로 한다. 보육정책은 가족의 양육기능 약화에 대한 사회적 지원 대책으로 매우 빠르게 보편화되고 국가지원예산도 확대된 대표적 정책 중 하나이다. 또한 그 기능도 아동, 가족, 사회적 측면에서 다양하고, 보편적 서비스 제공을 위한 전달체계 구축과 관련 쟁점이 사회적 이슈가 되어왔다. 따라서 급변하는 새로운 보육정책의 동향과 그 배경을 잘 이해하는 것이 필요하다. 특히 코로나19 상황과 같은 위기상황에서 보육분야의 대응이 어떠한지 민감하게 받아들이는 것이 필요하다. 또한 이를 근거로 원장으로서의 정책 견해를 형성하고 실무현장의 입장에서 정책개선을 제안하는 등 주체적 자세가 필요하다.

참고문헌

보건복지부(2022) 제4차 중장기보육계획.

보건복지부 www.mohw.go.kr
육아정책연구소 www.kicce.re.kr
한국보육진흥원 www.kcpi.or.kr

저/자/소/개

■ **김지현**
명지대학교 아동학과 교수

■ **김미정**
명지대학교 아동학과 박사수료

■ **김민희**
명지대학교 아동학과 박사

■ **김준희**
명지전문대학 유아교육학과 조교수

■ **김현진**
서영대학교 유아교육과 외래교수

■ **김혜심**
아이젤어린이집 원장

■ **심진아**
마곡14아이마당어린이집 원장

■ **양선영**
명지대학교 아동학과 겸임교수
마음in 심리상담연구소 소장

■ **이미숙**
시립 꿈마루어린이집 원장

■ **이미애**
마포구육아종합지원센터 센터장

■ **정애련**
인천재능대학교 복지케어과 겸임교수

■ **허현정**
명지대학교어린이집 원장

【제2판】

어린이집 원장 일반직무교육(기본과정)

|공저자| 김지현 김미정 김민희 김준희 김현진 김혜심
심진아 양선영 이미숙 이미애 정애련 허현정

|1판 1쇄| 발행 2024년 2월 15일
|1판 2쇄| 발행 2024년 8월 20일
|2판 1쇄| 발행 2025년 4월 25일

|발행인| 김동훈
|발행처| 공동체

|주소| 경기도 고양시 일산동구 호수로 358-39, 동문타워 1차 905호(백석동)
|전화| 031)814-3000(대표)
|팩스| 031)814-3100
|홈페이지| http://www.compub.co.kr
|전자우편| compub@naver.com
|출판등록| 2005년 10월 6일
|등록번호| 제396-2005-36호

|ISBN| 979-11-6725-907-3
정가 20,000원

Memo

Memo

Memo

Memo